国家社科基金
后期资助项目
GUOJIA SHEKE JIJIN HOUQI ZIZHU XIANGMU

体育新论

TIYU XIN LUN

陆作生　著

U0330464

中山大学出版社
SUN YAT-SEN UNIVERSITY PRESS

·广州·

图书在版编目（CIP）数据

体育新论/陆作生著 . —广州：中山大学出版社，2023.4

ISBN 978 - 7 - 306 - 07731 - 8

Ⅰ . ①体…　Ⅱ . ①陆…　Ⅲ . ①体育—高等学校—教材

Ⅳ . ①G807. 4

中国国家版本馆 CIP 数据核字（2023）第 024763 号

出 版 人：**王天琪**
策划编辑：曾育林
责任编辑：曾育林
封面设计：曾　斌
责任校对：黄浩佳
责任技编：靳晓虹
出版发行：中山大学出版社
电　　话：编辑部 020 - 84113349，84110776，84111997，84110779，84110283
　　　　　发行部 020 - 84111998，84111981，84111160
地　　址：广州市新港西路 135 号
邮　　编：510275　传　　真：020 - 84036565
网　　址：http：//www. zsup. com. cn　E-mail：zdcbs@ mail. sysu. edu. cn
印　刷　者：广东虎彩云印刷有限公司
规　　格：787mm×1092mm　1/16　19.75 印张　366 千字
版次印次：2023 年 4 月第 1 版　2023 年 4 月第 1 次印刷
定　　价：98.00 元

国家社科基金后期资助项目
出版说明

　　后期资助项目是国家社科基金设立的一类重要项目，旨在鼓励广大社科研究者潜心治学，支持基础研究多出优秀成果。它是经过严格评审，从接近完成的科研成果中遴选立项的。为扩大后期资助项目的影响，更好地推动学术发展，促成成果转化，全国哲学社会科学工作办公室按照"统一设计、统一标识、统一版式、形成系列"的总体要求，组织出版国家社科基金后期资助项目成果。

全国哲学社会科学工作办公室

序 言

　　体育事业正在蓬勃发展，然而，遗憾的是，体育学在我国还没成为独立的学科门类。早在 2011 年，艺术学就被列为独立学科新门类，而体育学现在还是一级学科。艺术学成为独立学科门类，主要是由于艺术学的内在逻辑比较清晰。体育学要成为独立学科门类，也必须勇于向自身内在逻辑质疑而后明晰。艺术学力争成为学科门类的"独立战争"，不是向统摄自己的"文学"开战，而是向"文学"与"艺术学"之间的逻辑关系开战。那么，体育学要想成为独立的学科门类，不仅要厘清体育与教育的逻辑关系，还要审视体育自身的内在逻辑。

　　体育新论，独辟视角，重论体育，不敢说体育因此就能成为独立的学科门类，但希望能够带来新的思考、新的认识，借以为体育学基本内容研究提供新的思路，在促进体育发展的同时为体育学从一级学科成为独立的学科门类提供依据。

　　我们承认，体育对象是什么、体育是什么、体育过程是什么及如何优化、体育本体目的是什么、体育手段有什么独特性、体育规制有何不同、体育学科体系究竟如何完善或重构、体育思想与体育文化有什么独到之处等问题，都还处于争鸣、探索，甚至严重分歧之中。许多学者都知道，从整体上看，体育学基本内容的内在逻辑不是很清晰，在具体问题上，有的经不起推敲，有的前后自相矛盾。

　　本书对传统体育概念进行了辨析，重新抽象概括出体育的本质内涵，并从体育的对象、过程、目的、手段及其上位概念方面进行解析，重新对体育进行界定，为统一认识奠定了基础。

　　体育概念：体育是为自觉地实现运动价值而不断提高和展现运动水平的文化活动。运动有价值，并可在体育的助力下使运动价值的实现从自发走向自觉，理想的体育就是实现运动价

值的最大化。以"人的运动"为体育对象，自觉地实现的运动价值是体育发展的内在动力，运动水平的提高和展现成为体育目的。

体育过程：体育过程是在一定的条件下，人的本质力量内化于运动，外化于体育活动的过程。内化于运动，就是体育过程参与者的本质力量内化到运动中；外化于体育活动，就是体育过程参与者的本质力量通过运动者的运动展现出来。

体育目的：理想的体育就是最大化地实现运动价值，而为实现运动价值，体育就要不断提高和展现运动水平，因此，体育的根本目的就是提高和展现运动水平。

体育内容：体育的对象是人的运动，那么体育内容就是人的运动的具体形态，即体育运动。体育运动包括体育动作、体育项目和体育活动。体育动作是人的主体能动性的基本表现形式，体育项目是体育动作按照一定规律或方法组合的动作组群，体育活动是以体育动作或体育项目为内容而呈现的组织行为。体育运动不同于体育，也不能代替体育。

体育手段：判定体育手段效果，关键在于"运动水平"有没有得到提高和展现，因此，体育手段应是不断提高和展现运动水平的方法和途径。体育手段包括观赏、模仿、教授、训练、比赛和表演。

体育学科：努力建立相应价值的运动水平体系是体育学科发展的内在要求。以"运动水平"体系为根基，会形成不同的学科体系，从而更好地实现本学科所追求的运动价值。打破以知识为中心划分体育学科的旧体系，以运动水平价值实现程度为标准，划分学科层级，重构体育学科体系，体育发展将呈现主体能动性。

体育规制：体育规制是政府机构、政府授权机构或体育组织依据体育规范条文对体育的素材性内容和条件性内容实施的体育控制或干预行为。从体育规制内涵出发，对我国体育规制的发展历程进行划分，探讨如何对体育规制实践进行客观评判的问题。

体育思想：基于本研究中的体育概念，本书对实现运动价值及提高和展现运动水平的文化活动进行新的审视，突破以往体育思想研究中"以社会精英体育思想研究为线索的循规性书写形态"和"以社会体育思潮研究为中心的话语性书写形态"，更有助于我们对体育文化的理解、诠释和传承。

体育文化：在重新认识体育概念的基础上，"体育是文化活动"也再次被解析，第一次提出人的运动因体育而成为体育运动，体育运动是"人的本质力量运动化"的结果，从体育运动彰显人的本质力量的角度再认识体育文化。体育文化是建立在物质经济基础之上的意识形态，其本质是人的本质力量在运动化过程中形成的精神文化。"人的本质力量运动化"是体育文化的内涵，是体育文化的源泉和内在发展动力。

当人的运动确定为体育对象时，体育学基本内容定然会围绕人的运动进行思考，体育的本质内涵也必然凝聚于人的运动上进行探讨。在以人的运动为体育对象的理性统摄下，本研究认为：自觉地提高和展现运动水平是体育目的；多种多样的运动形态是体育内容，即体育运动；提高和展现运动水平的各种手段方法途径是体育手段；人的运动增值大小和价值实现的程度彰显体育的意义与水平；体育是在"人的本质力量运动化"过程中产生和发展的，是人的本质力量的确证与展现。

期待本书的研究成果，能激起对体育本体的研究热情，为体育发展提供科学依据。用体育对象论视角论体育，许多内容只是对象论的不成熟之见，期盼能得到更多的读者的指正，也希望能带来新的思考和新的认识，抛砖引玉，与广大同仁做更多的探讨。

本书由陆作生（华南师范大学）著，参与编写人员为马勇（衡阳师范学院）、任雅琴（广州体育学院）、王陶然（深圳技术大学）、徐丹（南昌大学）、戴金明（华南农业大学）、赵修涵（山东大学）、王恩祥（广东文艺职业学校）、李因霞（黔南民族师范学院）、孙中俊（肇庆学院）。

目　　录

第一章　体育概念

时至今日，简单地从表述上看，体育概念还是众说纷纭，但仔细研究发现，其实，在我国普遍被教材、学者常引用的概念并没那么复杂。首先，从形式上来说，对体育概念的定义大都是采用"种差＋属"概念的方式；其次，再从内涵上看，内涵范围大体一致，少见有本质区别的表述。所以，从形式到内涵，体育概念看似不同，实则没有质的差异。

当前，体育学界对体育概念的界定长期没有突破困局。体育概念界定的形式及其内涵本质上并没有质的差别，表面上是莫衷一是的概念，其实其界定的形式及其内涵指向范围趋同，这种雷同和趋同形成一种现象，有人不断对此现象发出质疑和诘问，认为对体育概念的探讨大都"还没跳出三界外，还在五行中"。体育理论的创新不仅需要打破传统框架的桎梏，而且还需要有智慧和勇气，有发展体育的责任和担当。另外，体育内涵表述的模式基本都是目的性论述加上手段性论述，本来这种论述无可厚非，但许多界定出于目的与手段，归根到底说的是一类内容，即都是运动方面的事，所以这种界定看似正确，实则自相矛盾。

第一节　传统体育概念界定的辨析

一、国内体育概念界定的辨析

20 世纪后半叶，我国学者对体育概念做出了一些界定。从种差方面来看，大体分为两类：目的性种差和手段类种差。

在目的性种差的表述中，无论是"改造自我身心""谋求个体身心健康，全面发展"，还是"增进健康，提高生活质量""丰富文化生活"等，对体育的定义都没有脱离人，始终都围绕着人的健康和人的生活质量。人类文化活动最终都是为提高人的健康水平和生活质量，所以，这种目的性种差的界定根本没有道出体育所独有的直接的目的，其目的不仅没有有针对性地、有力地指引体育发展的作用，反而使体育走向迷茫和未知。当然，对体育的定义也有"为传授运动知识及技能和提高运动

水平"等以"人的运动"为目的的表述，这种表述也因手段性种差里也有类似的表述而使人感到困惑，比如目的性种差中也存在"以人体运动为基本手段""以自身运动为主要手段""以身体与智力活动为基本手段""通过运动""以身体活动为媒介""以身体练习为基本手段"等以"人的运动"为手段的表述。这些表述中，体育目的是"人的运动"，体育手段是"人的运动"，手段与目的如此相似，难以凸显二者的区别。虽然目的与手段可以转换，但在同一语境下两者不可视为同物。例如，医生以治病为目的，不会以治病为手段。在这种表述中，如果想要将目的表述得正确，那么就需要重新审视手段的内涵。如果想要将手段表述得正确，那么，目的内涵就要有新突破。然而，无论是目的还是手段，许多人对上述两种表述深信不疑。体育与运动密不可分，所以乍看之下这些观点都在学理之中，尽管如此，体育目的与手段如此类同，也会导致两者自相矛盾。

国内学者界定的体育的属概念有"教育""教育过程""文化活动""社会活动""社会现象"等。从长远来看，对体育属概念的界定分为三类：教育类、文化活动类和社会活动类。

通过对体育属概念进行比较，我们不难发现教育相对来说作为体育属概念比较小，不再适合体育发展的需要。但体育发展到今天，还无法摆脱教育属概念的束缚，还有很多人认为，体育即教育。如果这样，那么体育还将继续划分为教育学科门类下的一级学科，成为独立学科门类的设想则难以实现。如果教育不是体育的最邻近属概念，那么从后两者来看，相对较小的属概念则是"文化活动"。当然，也有"活动""过程""行为"等体育其他属概念的说法，但是，这些属概念并没有具体指出体育是教育、文化，还是社会的"活动"的"过程"或"行为"，用它们来表现体育概念界定中的属概念具有不确定性（见表1-1）。

表1-1 国内学者界定体育概念的种差及属概念

来源	被定义项	种差	属概念
中国大百科全书·体育[1]	体育（是）	人们锻炼身体、增强体质、延长寿命的重要方法，是与德育、智育、美育等相配合的整个	教育过程的组成部分

[1] 参见中国大百科全书总编辑委员会《体育》编辑委员会、中国大百科全书出版社编辑部《中国大百科全书：体育》，北京，中国大百科全书出版社，1982年，第1页。

续表 1-1

来源	被定义项	种差	属概念
体育大词典①	体育（是）	人们根据生产和生活的需要，遵循人体的生长发育、生物机能活动能力变化和适应性的规律，以及动作技能形成的规律与认识事物的一般规律，以身体练习为基本手段，结合日光、空气、水等自然因素和卫生措施，达到全面发展身体、增进健康、增强体质，提高运动成绩水平，丰富社会文化娱乐生活为目的的	社会活动
体育理论②	体育（是）	以身体练习为基本手段，以增强体质，提高运动技术水平，丰富文化生活为目的的	社会活动
曹湘君③	体育（是）	（广义的）以身体练习为基本手段，以增强人的体质，促进人的全面发展，丰富社会文化生活和促进精神文明为目的的一种有意识、有组织的	社会活动
	体育（是）	（狭义的）一个发展身体，增强体质，传授身体的知识、技能、技术，培养道德和意志品质的	教育过程
鲍冠文④	体育（是）	以身体活动为媒介，以谋求个体身心健康，全面发展为直接目的，并以培养完善的社会公民为终极目标的	社会文化现象或教育过程
胡晓风⑤	体育（是）	通过运动促进人的全面发展并丰富人们文化生活的一种	社会现象

① 参见陈安槐、陈萌生《体育大辞典》，上海，上海辞书出版社，2000 年，第 3 页。
② 参见全国体育学院教材委员会《奥林匹克运动》，北京，人民体育出版社，1993 年，第 4 页。
③ 参见曹湘君《体育概论》，北京，北京体育大学出版社，1995 年，第 29 页。
④ 参见鲍冠文《体育概论》，北京，高等教育出版社，1995 年，第 34 页。
⑤ 参见胡晓风《关于体育科学体系的若干问题——在成都体院一次学术报告会上的发言》，《成都体育学院学报》1980 年第 1 期。

续表 1 - 1

来源	被定义项	种差	属概念
林笑峰①	体育（是）	教育者向受教育者传授增强体质的知识技能和运用这些知识技能实际锻炼身体的	（教育）过程
熊斗寅②	体育（是）	以身体与智力活动为基本手段，根据人体生长发育、技能形成和机能提高等规律，达到促进全面发育，提高身体素质与全面教育水平，增强体质与提高运动能力，改善生活方式与提高生活质量的一种有意识、有目的、有组织的	社会活动
周西宽③	体育（是）	人类以自身运动为主要手段改造自我身心的	行为或过程
杨文轩④	体育（是）	以人体运动为基本手段，增进健康、提高生活质量的	文化活动

　　为了使体育属概念兼而有之，也有学者将体育分为狭义体育和广义体育。广义体育是指社会活动或者文化活动，狭义体育则专指教育活动。这些观点与其说是对体育属概念的确定，不如说是对体育属概念存在分歧的一种委婉表达。另外，狭广之分并没有真正揭示出体育的概念内涵究竟是什么，如果认为存在广义体育与狭义体育，它们之间没有本质差别，那么准确揭示出广义体育与狭义体育共同内涵才是界定体育概念的正确思路。

二、国外体育概念界定的辨析

　　国内学者经常将"physical education"和"sport"都翻译成体育。无论是从语义还是表述内容上来看，两者都有本质区别，但如果承认两者都是体育，那么重要的不是追究其区别，而是揭示其共性。两者在本质

---

　　① 参见杨文轩、林笑峰、郑俊武等《体育学原理论著选读》，广州：广东高等教育出版社，1996年，第34页。

　　② 参见熊斗寅《什么是体育》，《体育文史》1996年第5期。

　　③ 参见周西宽《体育基本理论教程》，北京，人民体育出版社，2004年，第35页。

　　④ 参见杨文轩、杨庭《体育概论》，北京，高等教育出版社，2005年，第19页。

上不存在差异的情况下，只有从共性中才能找到体育的真正内涵。20 世纪后半叶，国外一些学者对体育概念的界定对于厘清体育概念有启发作用（见表 1 – 2）。

表 1 – 2 国外学者界定体育概念的种差及属概念

来源	被定义项	种差	属概念
韦氏体育词典①（美国）	体育（sport）	一种需要一定的体力或使用某种器械得分的娱乐性或竞赛性的	活动
克鲁格②（美国）	体育（physical education）	通过教学、学习、锻炼以及方法促使身体得到发展和运动技能、体育知识、运动规则的掌握，解决活动中所出现的问题的	教育过程
亚瑟·廷豪斯③（美国）	体育（sports）	以适当和适量的身体活动为方法，使人格、个性得到训练的	体能教育
布切尔④（美国）	体育（physical education）	与发展和养护人的身体有关的	教育过程
百科全书⑤（美国）	体育（physical education）	关于人体构造、身体发展的	教育
马特维耶夫⑥（苏联）	体育（physical education）	教育的范畴，其突出特点就是一个形成运动技能和发展身体的	教育过程
百科全书⑦（苏联）	体育（sport）	为增进健康，发展人的身体能力，并为适应社会实践需要而利用这些能力的一个	社会活动领域

---

① 参见曹湘君《体育概论》，北京，北京体育大学出版社，1995 年，第 27 页。

② Kruger, J. M., Kruger, H., 1977：*Movement Education in Physical Education：A Guide for Teaching and Planning*, Dubuque, Iowa：William C. Brown, 14 – 16.

③ 参见杨文轩、陈琦《体育原理》，北京，高等教育出版社，2004 年，第 26 页。

④ 参见杨文轩、陈琦《体育原理》，北京，高等教育出版社，2004 年，第 26 页。

⑤ 中国大百科全书总编辑委员会《体育》编辑委员会、中国大百科全书出版社编辑部《中国大百科全书：体育》，北京，中国大百科全书出版社，1982 年，第 351 页。

⑥ 参见杨文轩、陈琦《体育原理》，北京，高等教育出版社，2004 年，第 28 页。

⑦ 中国大百科全书总编辑委员会《体育》编辑委员会、中国大百科全书出版社编辑部《中国大百科全书：体育》，北京，中国大百科全书出版社，1982 年，第 351 页。

续表 1-2

来源	被定义项	种差	属概念
百科辞典①（苏联）	体育（physical education and sport）	增进人的健康和发展人的体质的	社会活动的一个领域
相川量平②（日本）	体育（sport）	提高人的生存活力的、具有广义性质的	身体活动

从国外学者对体育概念的界定来看，他们对体育种差的界定与国内学者基本一致，也主要反映在以下两方面：一是目的性，二是手段性。体育的目的性属性里有"身体得到发展""使人格、个性得到训练""与发展和养护人的身体有关""发展身体""为增进健康，发展人的身体能力，并为适应社会实践需要""增进人的健康和发展人的体质""提高人的生存活力""形成运动技能"和"运动技能的掌握"等观点，其中，"促进身体发展"最多，"促进运动技能形成"次之。体育的目的性属性具体提法虽众多，不一而足，但大体分为两类，一是人的身体方面，二是人的运动方面。国外有些学者认为，人的运动方面是指体育目的，如运动技能方面的目的。在他们看来，手段性属性里也有"需要一定的体力或使用某种器械""通过教学、学习、锻炼以及方法""以适当和适量的身体活动为方法"等，从中可以看出手段的表述也有将"人的运动"当成手段或方法，但其他的表述也并不少，如教学、锻炼和使用器械等，这值得思考，引起重视，因为这对解决目的与手段过于同一性这一问题有很大启发。

国外学者体育概念界定中，体育属概念的确定也是说法不一，有"身体活动""体能教育""教育过程""教育""娱乐性或竞赛性活动"和"社会活动领域"等几种，但大体可归为两类：一类是教育；另一类是社会活动。具体来说，"physical education"被认为是教育的看法比较一致，而"sport"及"physical education and sport"被认为是一种活动的看法比较一致。国外两词两解的词语认知与我国一词多解的认知不同。从我国体育概念一词多解的特殊性来看，如果教育和社会活动都是体育

---

① 参见韩丹《俄（苏）体育的基本概念和基本原则》，《体育学刊》2001年第2期，第15页。

② 相川量平：《体育学概论》，东京，文化书房博文社，1981年，第29页。

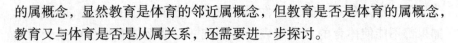

的属概念，显然教育是体育的邻近属概念，但教育是否是体育的属概念，教育又与体育是否是从属关系，还需要进一步探讨。

第二节 我国体育概念的内涵

目前，学术界对体育概念的界定大都使用了"为了什么，以什么为手段"，即以"目的＋手段"的形式来表述体育概念的种差。体育概念中的"目的"和"手段"两个相关的属性相加构成了体育的种差，而这种差规定和决定着体育内涵，使体育与其他种概念区别开来。目前来看，似乎从"目的"和"手段"相加构成的种差来分析阐明体育的内涵，比较符合概念界定的形式逻辑与现状，然而，"体育目的"取向多元，"体育手段"繁复多样，体育"价值意义"与"体育目的"不分，"体育手段"与"体育内容"错乱，凡此种种造成了对体育种差的形式逻辑过于拘泥而忽视对内容逻辑的考证。

一、体育的价值意义与体育的目的

我国以往体育概念的目的内容中，"发展身体""强身健体""增强体质"的目的占据多数，当然也有"改造自我身心""丰富社会生活""改善生活方式与提高生活质量""为一定社会的政治和经济服务""促进人的全面发展，丰富社会文化生活和促进精神文明"等目的，这些目的内容与其说是体育目的，不如说是体育的价值意义。这些内容表达了体育存在于社会中的价值意义，正因为如此，体育才越来越受到社会的重视。

除了将体育价值意义当成体育目的表达之外，在众多的体育概念中，把"掌握和提高运动技能"作为体育目的的也有一定数量。"提高运动成绩""提高运动水平""向受教育者传授增强体质的知识、技能和运用这些知识技能实际锻炼身体""运动技能、体育知识、运动规则的掌握"等都强调了"掌握或提高运动技能"才是体育的直接目的。

综上所述，体育的价值意义与体育的直接目的显然不在同一层面，但为什么会有两类不同层面的目的内容呢？前者是站在人类社会发展的高度，后者是在求索体育本身发展。如果为探求体育发展，那么将前者说成体育的价值意义更为恰当，将后者说成体育的目的也无可厚非。从两者关系来看，前者是后者目的任务的依据，后者是前者实现的手段。

无论是体育的价值意义性目的内容，还是体育的直接目的内容，如果都不能使体育的目的的表述得到统一，那么体育概念中关于目的的表述分歧依然亟待研究。事实说明，如果以两类目的具体化来界定体育的内涵，那么体育概念的分歧将永远存在。既不能以"某些价值意义的目的"来界定体育概念，也不能以"具体的目的"来界定体育概念。

我国以往体育概念内涵中价值意义性目的的内容，实际上是体育价值意义内容，并非体育目的。每一个价值意义内容都是运动价值的取向，所以，它们共同之处就是都在强调某一或某些运动价值的意义，而不是目的，其差异就是取向不同而已，抛开取向，以运动价值表述来整合体育概念中的各种不同的价值意义取向内容，能够使各不相同的价值意义内容取向得到统一的概括。也就是说，"发展身体""强身健体""增强体质""改造自我身心""丰富社会生活""改善生活方式与提高生活质量""为一定社会的政治和经济服务""促进人的全面发展，丰富社会文化生活和促进精神文明"等体育相关表述，都可以抽象地以"为实现运动价值"一语涵而盖之，不再强调具体的价值意义取向。

将"为实现运动价值"作为体育概念的价值意义内涵，也使体育概念不再接受价值意义取向，解决了以具体的价值意义定义体育概念带来的种种困惑。不同的人有不同的价值观，不同的年代、不同的领域，人们追求体育的价值也不尽相同。如果以一种价值意义取向来界定体育，必然会把许多本来是体育的事物排除在界定的体育之外，例如：以"增强体质"为价值意义来界定体育，就会把非增强体质的体育（如竞技体育）排除在界定的体育概念之外；以"改造自我身心"为价值意义来界定体育，就会把对社会的政治、经济、文化起作用的体育排除在界定的体育概念之外。因追求的价值不同也就有了不同的体育，把这些体育称为"价值性体育"，以某一"价值性体育"概念来代替体育的概念，是对体育的片面认识。所以，界定体育概念不能用具体的价值意义取向来规定其内涵属性。

同样，体育的直接目的表达方式也很多，如"提高运动成绩""提高运动水平""向受教育者传授增强体质的知识、技能和运用这些知识技能实际锻炼身体""运动技能、体育知识、运动规则的掌握"等。用"不断提高和展现运动水平"来概括以往"掌握和提高运动技能"类的体育目的的不同表述，那么，体育的直接目的就得到了统一。

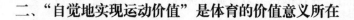

二、"自觉地实现运动价值"是体育的价值意义所在

体育的运动的功能在不断被认知和发现，其价值也在不断取舍。在体育概念的表述上，我们难以穷尽所有的"价值意义"，也难以统一表达其具体的价值意义，但以运动价值来界定体育概念中的价值意义，给予不同时代或不同社会运动价值取向的自由，这样一来就不必因强调某种价值的体育而否定其他价值的体育了，也不必解释用何种语境来理解体育了，因为价值追求就是其谈论价值体育的语境。同时，可以以价值取向的不同而对体育进行分类，有多少价值追求，就有多少种"价值性体育"出现，如休闲体育、健身体育、育人体育和竞技体育等。而这些"价值性体育"就可以用价值取向来界定，不论现在还是未来，体育的价值取向的多寡都始终决定着体育内涵的优劣。

运动有价值，但如何使运动自觉地实现价值，又如何使运动价值充分体现、充分发挥作用呢？的确，运动有价值，但因体育的存在，其价值才得到充分认可和体现。有运动才有体育，体育因运动需要而来。体育的到来是"为自觉地实现运动价值"而"努力"。就像艺术品一样，艺术品有价值，但要体现其价值，甚至使其价值变现，还需要"鉴赏活动"或"拍卖活动"。"自觉地实现运动价值"说出了体育为什么而存在又为什么而发展。体育越发展，越科学，越能自觉地实现运动价值。没有体育，运动会自发地发挥其价值；有了体育，运动价值的发挥就走向了自觉。

体育场地和设施的建设、体育政策法规的完善、体育基本理论的研究和体育的制度的改革等，都是为"自觉地实现运动价值"而发展着；如何使"运动项目化""运动教材化""运动游戏化""运动生活化"等，都是为"自觉地实现运动价值"而探讨着；"健身运动的有效性""竞技运动的公平性""休闲运动的健康性"等，都是为"自觉地实现运动价值"而追求着。运动有价值，但不是所有的运动都自然而然地能够实现。见图1-1。"自觉地实现运动价值"是体育价值意义所在，理想的体育就是最大化地实现运动价值。"自觉地实现运动价值"是体育的追求，也是体育的使命。也可以说，所有体育工作最终所追求的就是实

图1-1 运动价值通过体育自觉实现

现运动的价值，并且都在努力自觉地实现。

三、人的运动成为体育对象

运动价值，并不仅指人体运动价值。如果把运动与人体分开看，所说的"运动价值"是指"裸运动"的价值。按运动的载体，运动可分为人体运动、动物运动、机械运动及虚拟运动等，而这些运动都具有价值，不是只有人体运动才有价值。无论何种运动，都离不开人去设计或者去操纵，这些运动可以说是人的运动，所以不能说运动价值就一定是人体运动的价值，而应说是人的运动价值。

不能因体育为人所用，就只见人体运动中的"人体"而不见"运动"本身。只见人体而轻视运动的"人体化"的体育，使我们因人而迷住双眼，看不见体育的"运动价值"的本质属性。赛马、赛车、航模和电子竞技等比赛是不是体育内容，而是主要取决于体育是否有能力将其发展成为体育内容，而不在于是不是人体运动。这种原有的"人体化"的体育概念已不能反映越来越丰富的体育实践，这种"人体化"的概念内涵把许多非"人体化"的运动都排除在体育大门之外，然而现实却接纳其为体育活动，这确实引起"人体化"的体育概念思考。实践是检验体育概念正确与否的唯一标准，拒绝实践检验的体育概念是伪概念。不变的体育术语与变化的体育实践之矛盾成为诱发体育概念争论的根源①，这说明考究体育概念不得不面对现实。有些事物看似体育，而分析起来又感觉许多本属于体育的事物被"人体化"的体育概念否定掉。

不可否认，体育最后要实现的运动价值是为人民服务、促进人类发展，它是通过体育对象，即人的运动，而不是体育直接作用于人来实现运动价值。就如同语言学研究的对象是人的语言，而不是语言学直接研究人一样，简而言之，体育直接作用于运动而实现人的运动价值。"体育"一词产生于教育领域，受教育影响深刻而长远，所以我们经常考虑体育的对象也是人，体育应直接作用于人，这是"人体化"症结所在。体育作用于运动，当然需要人的力量，需要人发展运动，去提高和展现运动水平，这就是体育所要完成的根本目的任务。体育水平越高，运动价值越能更好地实现。许多运动不能成为体育运动，一是因为这个运动的体育价值不大；二是因为体育水平有限，难以使其成为体育运动。竞

技运动如何才能更引人入胜，休闲运动如何才能更愉悦身心，健身体育如何才能更强体等，都需要人通过发展运动而实现。当然体育的根本目的任务不是对运动载体进行设计和改造，不是直接对人的机体进行改造，不是直接对机械物体进行改造，也不是对动物身体进行改造，而是通过发展运动，提高和展现运动水平来引人入胜，愉悦身心，强身健体，从而促进人类发展。见图1-2。

图1-2　体育通过人的运动促进人类发展

四、体育概念种差："价值意义" + "目的"

人的运动成为体育对象，那么体育的目的是什么？以往的体育概念大都是把目的和手段两种属性相加，作为体育概念内涵。"不断提高和展现运动水平"是对体育目的进行的抽象的总结与概括，同时，也对体育手段提出了总体要求。

在我国，除了"以身体练习为基本手段"外，虽然还有许多说法，如"以人体运动为基本手段""以自身运动为主要手段""以身体与智力活动为基本手段""通过运动""以身体活动为媒介"等，但意思与"以身体练习为基本手段"大体相当，表达的都是以"人的运动"为手段，可以说并没有本质区别。这种说法，站在人类社会发展的立场来说，体育是人类社会发展的手段没有什么不妥；但站在体育的立场，体育本体的目的是什么呢？如果其对象是"人的运动"，那么体育本身的目的就是发展运动，即"不断提高和展现运动水平"。如果这样，体育再以"人的运动"为手段，那么岂不是体育对象、目的和体育手段都是运动了？就如同教育一样，教育的对象是人，其目的是培养人，而人不能成为教育的手段一样，"人的运动"亦不能成为体育手段。

在许多体育概念中，确实都用了"以身体练习为基本手段"表示体育的属性。实际上，"身体练习"是马特维也夫在《体育理论与方法》中的界定。书中认为，"身体练习"是指旨在实现体育教育的任务，并服从其规律性的运动动作类。[1] 也就是说，"身体练习"在其表述中是作

---

[1]　马特维也夫：《体育理论与方法》，姚颂平等译，北京，北京体育大学出版社，1994年。

11

为体育教育的手段，而非体育的手段。教育的对象是人，当然把人的身体练习作为体育教育的基本手段，成为体育教育的本质属性无可厚非，但是，如果体育不再仅是体育教育了，那么这种移植还需要重新考量。在国外，除了有些学者将"人的运动"作为手段外，还有将"使用某种器械"和"通过教学、学习、锻炼以及方法"等作为手段来表达体育概念本质属性。这里所说的手段已经不是运动了，而是运动以外的事物，也就是说，在体育手段方面，有的学者并没有指出是运动。运动是体育的对象，体育是主体，而运动是对象，是改造的客体，认识活动的客体怎么能成为手段呢？目的与手段的关系是既辩证统一，又相互制约的。目的决定手段，有一定的目的就要采用一定的手段。反过来，手段也制约目的。手段不仅制约目的的实现，而且在很大程度上决定目的的产生。如果将"人的运动"直接作为体育手段，那么体育的真正手段就会迷失，或被严重忽视，体育目的的实现将受到干扰和制约。

手段是实现目的的方法和途径，是介于主客体之间的一切中介的总和，所以"不断提高和展现运动水平"的方法和途径，介于两者之间的中介总和才是手段。通过体育教学、体育训练、体育锻炼和体育竞赛等多种方法途径能够"不断提高和展现运动水平"，从而实现运动价值。为实现运动价值，就要对运动水平的提高提出要求，而"不断提高或展现运动水平"对体育教学、体育训练、体育锻炼和体育竞赛等多种体育手段提出了目的性要求，强调了体育手段必须不断提高或展现运动水平，才能自觉地实现运动价值。通过发展体育手段来"提高和展现运动水平"，是体育生存的根本，也是体育发展的不竭动力。如果不提高或展现运动水平，体育将难以有生存和生长的土壤和水源。

体育的"手段"与体育的"价值意义"一样，也很难一一表达，但目的是共同的，可以用"不断提高和展现运动水平"这一目的统一要求，因此，能够提高和展现运动水平的方式方法就是体育手段。体育概念的种差没有统一认识，为了避免体育概念在目的和手段有分歧，并且体育手段丰富多样，也很难在体育概念中穷尽其表达，因此，体育概念的表述形式，可以将"目的＋手段"种差改为以"价值意义＋目的"作为种差更为抽象地表达出来，即体育种差可以表述为"为自觉地实现运动价值，不断提高和展现运动水平"。体育手段与体育对象、体育目的和价值意义的关系见图1－3。

图1-3 体育手段、体育对象、体育目的及价值意义之间的关系

五、运动水平体系成熟推动体育成为科学

把"为自觉地实现运动价值，而不断提高或展现运动水平"作为体育新论的体育种差。当然体育种差的其他抽象概括的提法也同样存在，我们研究提法只是将人的运动作为体育对象。

"为自觉地实现运动价值，而不断提高或展现运动水平"揭示了运动水平与运动价值之间的关系。价值与水平成正向关系，人们追求运动价值是无限的，其提高或展现运动水平的渴望也是无止境的，这就是体育发展的内在机制。见图1-4。当然，运动水平的内涵不仅仅指的是竞

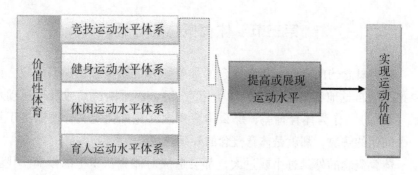

图1-4 价值性体育"实现运动价值"的机制

技运动水平，还有健身运动水平、休闲运动水平等。运动水平是多维的水平，追求的运动的价值不同，其运动水平体系也不同。也就是说，一种运动价值必然有相应的运动水平体系来助其实现。当追求运动的竞技价值时，运动水平指的是竞技运动水平体系，其追求的是"更高、更快、更强"；当追求运动的健身价值时，运动水平指的是健身运动水平体系，其追求的是"更健壮、更健美、更长寿"；当追求运动的育人价值时，运动水平指的是育人运动水平体系，其追求的是"更强壮、更熟练、更有效"。当然，体育还有很多运动价值追求，这些体育价值必然会按各自的规律，由自己的运动水平体系来助其得以实现。

目前，有些体育学科运动水平体系较为成熟，如竞技体育。有些体育学科运动水平体系还不够成熟，如休闲体育，其追求的运动价值比较明确，但其相应的运动水平体系尚未建立，也正因为如此，休闲体育才

被视为新兴体育。只有当休闲体育对应的运动水平体系确立，为提高或展现其运动水平的学科理论得到发展或成为学科体系时，我们才能称休闲体育已经走向成熟。所以，不管追求何种价值性体育，只有当其对应的运动水平体系得以确立，提高或展现运动水平的学科体系得以建立，才能看到这种价值性体育的科学性和成熟性。努力建立相应的运动水平体系，是某价值性体育发展的内在要求。可以说，"不断提高或展现运动水平"的内涵为某价值性体育的发展指明了方向。

由此可见，以确立和发展不同价值性体育的运动水平体系为目的，可以建立不同的学科体系。如此一来，竞技体育就有竞技体育的学科体系，育人体育就有育人体育的学科体系，健身体育、休闲体育也同样都会有自己独立的学科体系。所以，以运动水平体系为根基，会形成不同的学科体系，从而自觉地实现本学科所追求的运动价值。在众多的学科体系的推动下，体育真正成为科学也就不远了。[①]

第三节　体育概念的外延

体育概念的内涵，主要由概念的种差和邻近属概念相加而确定。如果把"为自觉地实现运动价值（价值意义），而不断提高或展现运动水平（目的）"作为体育种差，那么体育概念究竟如何定义，还取决于另一个问题的解决，那就是体育概念的外延。

体育概念的外延过小或过大，都会造成对体育认识上的模糊。找到一个相对临近的属概念，才容易确定体育与其他事物的界限。国内学者界定的体育概念中，属概念大体上有三种，一是"教育"，二是"文化活动"，三是"社会活动"。在这三者中找到一个临近的体育的属概念，才容易看清体育的范畴。究竟哪个是体育概念的临近属概念呢？首先要判断它是真的属概念还是假的属概念；其次要对有从属关系的属概念进行比较分析，判断哪个属概念更临近要界定的种概念，还要寻找还有没有更临近的属概念。

一、体育与教育

"体育"一词，最初来源于教育领域。法国人 1760 年在法国报刊上论述儿童身体教育问题时，首次使用"体育"一词。1762 年，卢梭的

---

① 参见陆作生《我国体育概念的界定》，《体育学刊》2010 年第 12 期。

《爱弥儿》论述儿童教育时，用了"体育"一词。1793 年，德国近代学校体育的先驱古茨穆斯的《青年体操》一书中使用了"体育"一词。"体育"一词的产生和应用有其直接原因，主要是教育学说的发展。当时，许多教育家和社会学家都主张从道德、知识和身体三个方面进行教育，而对身体施行的教育自然就是体育，也即是说，"体育"一词最早是从教育角度提出来的，体育被作为教育的一个组成部分。[①] 因此，国外学者在论述体育"physical education"时，将教育作为体育的属概念。例如 1969 年，美国学者布切尔在《体育基础理论》一书中写道："'教育'这个词再加上'身体'这个词就构成了'体育教育'，是指同维持和发展身体的各种活动有关联的教育过程。"[②]

　·中国"体育"一词来源于日本，并在代替"体操"一词后，在学校教育中被广泛使用。在日本，"体育"这个词是从英语的"physical education"翻译而来的，最初被翻译成"体的教"（1873 年）、"关于身体的教育"（1875 年）、"身体的教育"（1875 年）和"身教"（1875 年）。1876 年，近藤镇三在"文部省杂志"上将它翻译成"体育"。从那以后，"体育"这个词就成了日语的一个普通的用语，被广泛使用。[③]

　　据张天白先生考证，中文的"体育"一词最早是在 1897 年引入我国并见于文字。[④] 1923 年公布的《中小学课程纲要》中，"体育"一词代替了学校中的"体操"一词，体育课则代替了体操课。自此，国内学者大都将体育作为教育的一部分，并将体育的属概念确定为教育，尤其是在学生体质下降、学校体育课被竞技化之时，将教育作为体育的属概念者日益增多。

　　"二战"后，教育作为属概念的体育，已经不能完全反映飞速发展的体育实践，一些国家将"physical education and sport"和"sport""sports"作为体育概念。我国也在某些领域将这些英文翻译成"体育"，如"北京体育大学""国家体育总局"中的"体育"二字都被译成"sport"。英文翻译的"体育"与前面把教育作为属概念的"体育"，汉语里都称为"体育"，这时我国的体育已经存在两种解释了，一种解释为体育是教育，另一种解释为体育已经不仅仅是教育了。也就是说，此时在国内已经出现了体育属概念不是教育的体育了。

---

①　参见叶加宝、苏连勇《体育概论》，北京，北京体育大学出版社，2006 年，第 57 页。
②　熊斗寅：《熊斗寅体育文选》，贵阳，贵州人民出版社，1996 年，第 8 页。
③　参见楠户一彦、孙喜和《"スポーツ"概念的定义》，《体育文化导刊》2007 年第 1 期。
④　参见张天白《"体育"一词引入考》，《体育文史》1988 年第 6 期。

体育对于社会而言有政治、经济、教育等功用，所以常看到体育与其他领域相结合产生的不同的体育，这里把这种体育称为领域体育。那么这些与其他社会领域结合的领域体育是不是体育呢？当然是体育，但又不是纯粹的体育。这样说让人费解，尤其是"体育教育不是纯粹体育"一说更容易让人吃惊，因为一直以来许多人都说，体育最初是教育，有的至今还主张以教育作为体育的属概念。体育最先与教育相结合，甚至有人也会说体育的产生与教育结合是同步进行的。确实，教育为体育的产生提供了契机，是与体育相结合比较早的主要领域，可以说教育既孕育了体育，又促进了体育的发展。即使这样，也不能把体育教育看成纯粹的体育，这不仅因为体育已经脱胎于教育而独立发展至今，还因为即使没有教育，也可以预言"体育早晚也会产生并且独立发展"。所以，与教育相结合而成的体育教育不是纯粹的体育，也可以推而广之，体育只要与某社会领域结合就不再是纯粹的体育了。

体育与教育结合，其交叉部分就是体育教育；体育与旅游结合，其交叉部分就是体育旅游；同样也会有体育医疗、体育传播和体育科技等其他方面。实际上，体育教育只不过是教育与体育交叉而产生的领域体育。与其领域交叉结合而产生的领域体育中的体育成了发展相结合领域的手段，而为了使体育这一个手段更有效，相结合的领域又会积极促进体育本身的发展。不同的领域其目的不一样，其所发展本领域内体育的侧重点也就不一样。体育教育当然侧重学生身心的运动水平的提高和发挥；体育旅游当然侧重吸引刺激旅游消费的运动水平的提高和发挥；其他诸如体育医疗、体育传播、体育科技等领域，也概莫能外。见图1-5。

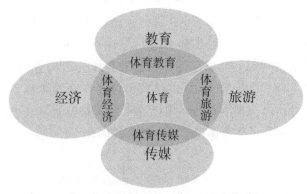

图1-5 体育与领域及领域体育的关系

在领域体育里，人们常常重视领域发展，只把体育当作领域发展的手段，所以领域的特点和现象及领域的自身追求常常把体育本质给掩盖起来了。然而，拨开领域的干扰去寻找体育的本质，又往往是力所不及，所以要想在不是纯粹领域的体育里找到体育的本质是非常难的。但可以确认体育发展至今，体育属概念，不是教育，也不是旅游，也不是医疗，更不能是科技和媒体等。不同的领域体育中，领域的特点各有不同，因此不能以一个领域与体育相结合及发展的早晚和发展势态来理解体育，并将它作为体育的属概念。有的学者在界定体育概念的同时，对两种不合适的观点做了个人评价：一种是单纯以教育作为体育的上位概念，偏窄；另一种是以"人的活动"作为体育的上位概念，偏宽。[①] 见图1-6。

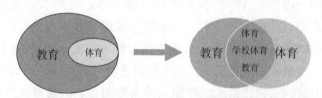

图1-6 体育脱胎于教育并与教育关联

从体育与领域交叉产生的领域体育来定义体育具有局限性，这当然就会使体育的内涵具有不确定性。为什么会有人认为体育概念是变化不定的呢？主要是因为交叉的领域具有多样性及发展性，从领域体育来解释体育，就不能观体育的全身，而只知体育的局部，交叉产生的领域体育越多，对体育的认识就越迷茫，最终就不知道体育是何物了。倒着啤酒的酒杯，人们说这是啤酒；倒着水的水杯，人们说这是水；当把啤酒和水倒掉，人们才说这是水杯。领域体育还不至于，只见领域，不见体育。从领域体育来理解体育，虽然片面但也是认识体育必经的一个过程，而从教育角度理解体育，则是这个认识过程的开始。

二、体育与文化活动

目前，学术界对文化本质的界定的论著已经汗牛充栋，各学科（如社会学、人类学、心理学和哲学等）对文化本质的界定各不相同，而不同流派或不同学者对文化本质的界定也是说法不一。

目前比较主流的观点是将文化划分为广义的文化和狭义的文化两个范畴。广义的文化是指人类创造的一切物质产品和精神产品的总和。狭义的

---

① 参见杨文轩、杨庭《体育概论》，北京，高等教育出版社，2005年，第20页。

文化专指语言、文学、艺术及一切意识形态在内的精神产品。从狭义的文化上讲，体育文化也是人类在物质生产实践基础上形成的，由物质生产实践需要所推动且由物质生产实践能力所决定的，人类一切精神实践活动的过程和结果。只不过体育这种精神文化在实践中是将意识形态或精神凝结和表现于运动中，不像语言是在话语中，文学在文字中，艺术在作品中。

从唯物史观的文化思想出发，目前一种主流的观点是"文化即是人化，是人的本质力量的对象化"。这种观点认为，文化产生于实践活动，是人类有目的、有意识地认识和改造客观世界的过程和成果，是人不断自我超越的本质存在，是人区别于动物的根本属性。[①] 人的本质力量就是由人的自然本质和社会本质所决定的人的肉体和精神两方面的基本能力，是人的一切思维、感觉和实践能力的总和，包括人的智慧、才能、品格、创造力、想象力、审美力、激情、理想、愿望、体力、意志及运动能力、顽强的生命力等。[②] "人的本质力量对象化"就是人的本质力量外化出来，实现在客观对象上，从而使得客观对象体现了人的本质力量。人的本质力量的对象化是从主体即人的角度而言，人通过生产实践把自己的本质力量作用于自然对象，并影响和改造它，使之成为确证人的本质力量的对象。如果说文化是"人的本质力量对象化"的话，那么体育就是"人的本质力量运动化"。

如果说文化是关于价值而非价格的，是关于道德而非物质的，是高尚而非庸俗的，那么文化在人的本质力量对象化过程中，也是有一定的要求的。体育是人的本质力量运动化，但这个过程也是有要求的，即必须满足"不断提高和展现运动水平"的要求。人的本质力量运动化的结果形成各种运动，各种运动中包括了体育运动，当然这种体育运动一定是具有一定水平的运动。人的本质力量运动化就是人的智慧、才能、品格、创造力、想象力、审美力、激情、理想、愿望、体力、意志以及运动能力、顽强的生命力等外化到运动中，实现在运动上，从而使得运动彰显着人的本质力量，寄托了人对真、善、美、雅、自由、崇高、神圣的理解和追求。变换运动形式、创设运动项目、改变运动规则、丰富运动手段、革新运动技术、优化运动要素等活动都是人的本质力量运动化的一种无形的文化活动。见图1-7。正是通过运动，人的本质力量才不

---

① 参见周然毅《"人的本质力量的对象化"与美的本质》，《广西师范大学学报（社会科学版）》，1992年第A1期。

② 参见周然毅《"人的本质力量的对象化"与美的本质》，《广西师范大学学报（社会科学版）》，1992年第A1期。

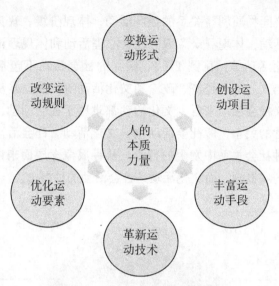

图1-7 人的本质力量运动化活动

断从自身外化，又不断向运动转移，最终在运动中凝结，由此，人的本质力量进步了、显示了、实现了、确证了，从而实现了运动价值。

人的本质力量凝结在运动中，运动就不断地向前发展，运动就在向人们所需要的形态变化，比如运动变成了健身运动、娱乐运动、竞技运动等，就是在向体育运动方向改变。

三、体育与社会活动

社会活动是体育概念的属概念。在现实生活中，人的自然属性与社会属性不能截然分开。人类满足衣、食、住等基本生理需求时的活动，虽然在某些方面表现为本能行为，但当这种活动行为按照一定的文化模式进行时，便带有社会活动的性质。但并不是任何社会人的任何举动都属于社会活动，例如雨天个人打雨伞的活动、个人的候车行动。从社会学的意义上看，当个人的活动涉及他人的活动时，才能称为社会活动。体育不是个人活动，一个人去"锻炼锻炼"可以，但去"体育体育"就不可以，因体育活动涉及他人的活动，如体育管理者、体育指导者等，所以体育是社会活动。

社会活动是人类以群体形式在各种社会关系中发生的行为。① 广义的社会活动包括：体现人与自然之间物质、能量和信息变换的生产劳动，

---

① 参见徐世芳、雷姚琪、郁春霞《英汉汉英灾害科学词典》，北京，北京科学技术出版社，1992年。

体现人与人之间物质利益关系的经济活动，体现阶级、政党和国家各种关系的政治活动，体现群众意识的社会心理活动和体现理论观念的创造与传播的文化活动等，见图1-8。狭义的社会活动不包括物质生产活动，仅指人与人之间的经济、政治和文化活动等。无论是从广义社会活动，还是狭义社会活动来看，文化活动都隶属于社会活动，它们是一种包含与被包含的关系，即社会活动包含文化活动。社会活动是人类以群体形式在各种社会关系中发生的行为。从种属概念层面来讲，社会活动是文化活动的属概念，而文化活动是社会活动的种概念。

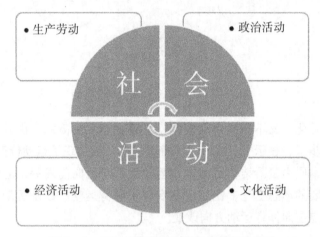

图1-8 广义的社会活动所包含的部分活动

物质生产活动与体育不同，虽然物质生产活动中包括走、跑、跳和投等基本活动，体育中也有走、跑、跳和投等这些基本活动，两者的作用对象不同，目的也不同。物质生产活动的作用对象是能够加工的生产资料，而体育的对象则是运动。物质生产活动的目的是生产物质产品，而体育的目的是自觉地实现运动价值，一个有形，一个无形；一个是生产产品，一个是体现价值。两者虽然不同，但也有相互关系。历史唯物主义认为，物质生产活动是最基本的社会活动，是社会赖以存在的基础和发展的根本动力，社会政治活动和文化活动都以物质生产为基础而不断发展进步。[1] 不同的文化群体或言语社团使用不同的社会语言构建不同的身份和活动。[2] 这是文化活动对社会活动的依赖性和反作用。体育既然是文化活动，当然对社会活动有一定的依赖性，对社会活动也有一

---

① 参见李淮春《马克思主义哲学全书》，北京，中国人民大学出版社，1996年。
② 参见李健民《语篇中社会身份和社会活动的构建》，《重庆工学院学报》2006年第7期。

定的反作用。

体育与经济的关系，表现为体育依赖经济的发展，同时，体育促进经济发展。体育的发展需要物质技术条件和资金的支持，而这些支持要依靠经济的发展。同时，体育与经济结合，也成为经济发展的手段，并且随着社会的发展，体育与经济结合促进了体育产业蓬勃发展。现阶段体育产业已经划分为三个类别：一是体育核心产业，主要是指各种体育服务业，如健身休闲、竞赛表演等；二是体育附属产业，主要是指与体育密切相关的生产企业，这类产业并不是通过体育活动本身来增值体育产品的价值，如体育器材、体育服装等；三是体育连带产业，主要是指随着体育核心产业发展而发展起来的一些新兴体育服务产业，服务产品虽然与体育有关，但不是体育健身和竞赛表演等，它对体育核心产业的发展有一定的促进作用，但其发展受体育核心产业发展制约，如体育传媒、体育中介、体育旅游、培训咨询等。可见，体育与经济密不可分，甚至成为体育产业群，但体育不是经济活动。所谓经济活动就是人类通过劳动，创造和改善自身生存和生活条件的活动。在客观现实中，经济活动是主体（个人、家庭、企业、国家、社会）运用客观现实的事物，争取满足主体客观现实需求的活动。而体育并不是创造和改善自身的生存或生活条件，而是提高和展现运动水平。两者的作用对象不同，一个是"条件"，另一个是"运动"。两者的目的也有区别，一个是客观的现实需求，另一个是主观的运动需求。

政治是建立在一定经济基础之上的社会统治、管理体系，是人们基于某种利益需要建立、维护、参与社会的统治、管理体系，以制定政策来规定和实现特定权利的关系与活动的总和。[①] 体育在参与社会的统治与管理方面的活动比较多，竞技体育常常成为达到政治目标的一种特殊手段。竞技体育能够改善和促进国家之间的关系，提高国家地位和威望，振奋民族精神，显示社会制度的优越性等，使之成为政治的工具。我国的"乒乓外交"改善了我国与美国的外交关系；我国女排"五连胜"振奋了民族精神；我国在北京奥运会获得 51 枚金牌等，都通过竞技体育显示出了政治的力量。当然政治活动与体育活动的关系密切，也不仅体现在正面影响上。第 11 届奥运会上，希特勒拒绝给黑人运动员欧文思发奖，美国和苏联相互抵制对方的奥运会，等等，都体现出了政治对体育发展的严重负面影响。体育与政治尽管关系非常紧密，但体育不是政治，

---

① 参见李元书《什么是政治——政治涵义的再探讨》，《学习与探索》1997 年第 5 期。

政治不是体育。政治和体育的对象不同、目的不同。政治的对象是不同阶级、国家之间的关系，而体育对象是运动，一个是以处理阶级、国家之间的关系为目的，一个是以实现运动价值为目的。体育是政治的手段，为政治服务不是永恒的，体育与政治这种关系是一个阶段的历史范畴。

总之，体育的属概念很多，虽说体育与教育不是从属关系，教育作为体育的属概念过小，但文化活动、社会活动等与体育应是从属关系，可以作为体育的属概念。文化活动外延比社会活动小，更贴近体育，更能看清体育的界限，相比较而言，文化活动作为体育的属概念更临近一些。有的学者也将行为或过程作为体育的临近属概念，可行为或过程比社会活动外延都要大，也不可能是体育的临近属概念。

由本章内容可见，要想真正认识体育，既不能从某一价值来看清体育的真谛，也不能从某一领域来理解体育的本来面目。单一的价值追求、单一的领域理解，都会造成对体育的片面理解。人们追求运动价值是无限的，其提高或展现运动水平的渴望与动力也是不尽的。"为自觉地实现运动价值，而不断提高或展现运动水平"则是体育的本质内涵，是对体育手段发展的总体要求，是体育发展的内在动力和机制，也是体育能够有独自研究对象而存在并成为科学的关键所在。体育是文化活动，是把思想、习惯、道德、智慧、意志、知识、技术和体能等"人的本质力量"运动化的一种文化活动。简而言之，体育就是为自觉地实现运动价值而不断提高和展现运动水平的文化活动。

第二章 体育过程

一切体育规律、体育效果都是通过体育过程进行体现和达成的，但至今对体育基本理论的研究并未对这一重要部分进行深入透彻的剖析。该部分对体育过程的概念进行了界定，提出了体育过程的实质是体育活动参与者主体即人的本质力量运动化的过程，在阐述运动技术和运动技能形成的体育基本理论与规律的基础上，系统论述体育过程的参与者主体及其特点、体育过程的主体要素的优化和体育过程产出结果的评价三个体育过程核心问题。最突出的成果是明晰了体育过程的基本关系和主要关系及优化学理。另外，也有一个突破性进展就是对体育过程产出有了新的认识，即从体育活动效果及其评价来审视要素优化及其关系优化的科学性和合理性。

体育过程是人的本质力量在运动，在凝结和展现的过程。体育过程中的"人的本质力量"是指参与者的本质力量。参与者的本质力量需要内化给运动者，运动者又通过体育活动将自身的本质力量外化给运动需求者，体育过程才得以实现。体育过程的要素优化主要是参与者的优化，包括运动者、指导者、管理者和组织者等的优化，参与者是最活跃、最具主导力的因素；体育过程关系的优化包括贯穿始终的基本关系及其主要关系的优化处理；体育过程产出的结果是体育活动；体育活动质量评价是对产出的体育活动进行评定和优化。

第一节 体育过程再认识

学界经常有谈体育组织管理、体育场地设施等体育条件的论著，也经常有论述体育运动技术、运动技能、运动者和体育指导者等要素的著作，也有很多研究各种形式的体育活动的论著，但是在体育理论中，从系统论角度在体育过程中论三者及其依存关系的研究鲜有所见。

一、体育过程再认识的意义

条件保障缺失，技能不熟练，体育活动如何开展？即使开展了体育

活动，体育活动质量如何保障呢？只有持基于体育过程的系统整体认识，对运动条件、运动技能和体育活动各个环节的关系原理进行深入探析，才能明确三者在体育过程中的位置特征和发展次序。所以，对于体育过程实现的内部机制，我们需要进行再认识和再研究。

体育是指一种文化活动，体育活动是体育文化的载体，体育过程就是体育活动产出的过程，体育事业的发展均通过体育过程来体现和达成。通过对体育过程的研究有助于清晰地认识和分析体育过程的基本理论、体育过程的前提条件、体育过程的要素及其基本关系和体育产出结果（即体育活动），从而促进和推进整个体育事业的发展。

二、体育过程再理解

《哲学词典》对过程的界定较为权威："所谓过程就是物质由于其内部矛盾所推动和外部条件所制约而呈现的运动、变化、发展的次序，是事物发展阶段性和连续性相统一的存在状态，表明其发展的动力、状态和趋势。"[①] 毛泽东指出："矛盾的普遍性或绝对性这个问题有两方面的意义。其一是说，矛盾存在于一切事物的发展过程中；其二是说，每一事物的发展过程存在着自始至终的矛盾运动。"[②] 矛盾无处不在，贯穿一切过程的始终，矛盾是过程的根源，过程是矛盾存在和发展的形式，即矛盾即是过程，过程即是矛盾。

体育过程是体育运动在资金、人力、物质和信息资源的保障下，在运动技术与运动技能之间的基本矛盾的推动下，呈现的发展次序变化的过程。运动技术与运动技能之间的基本矛盾，和占支配地位的体育运动者与体育指导者、体育指导者与体育管理者、体育组织者与体育管理者等之间的主要矛盾，贯穿体育过程始终，基本矛盾与这些主要矛盾是体育过程的根源，决定着体育过程阶段性特征，决定着体育过程的发展变化趋势。

三、体育过程概念辨析

高等学校教材《体育概论》中将体育过程界定为："一个体育教学实践（传授并使体育学习者学习和掌握体育运动知识、技能、方法，培养体育运动兴趣、态度和意识）与体育运动实践、运动恢复（通过运动

① 杨锡让：《实用运动生理学》，北京，北京体育大学出版社，1998年，第5页。
② 毛泽东：《毛泽东选集：第一卷》，北京，人民出版社，1991年，第305页。

实践并结合卫生保健等途径，完成增强体质、增进健康、改善生活方式、提高生活质量等目标）相统一、相融合的过程。"[1] 界定中提到了体育教学实践、体育运动实践和运动恢复，这三个核心用词在逻辑上突出体现"运动"这个概念，即运动技术学习阶段、运动技能展现阶段、运动恢复阶段，将体育过程描述为运动过程。将运动当成体育过程的手段，体育过程的结果又是体育活动形式存在的运动，既是结果又是手段的运动就丧失了主体、迷失了对象。从体育发展的历程来看，不同形式的运动层出不穷，运动是体育过程加工处理的对象，是体育过程输出的结果而非体育过程实现的手段。不能以运动过程代替体育过程，人的运动是体育的对象，对象的过程不是体育过程，以运动过程代替体育过程，体育将失去存在的价值与意义。由此可知，体育过程其实是体育对运动进行加工和处理的过程，体育过程最终输出的"产品"是体育活动。

基于第一章中对体育概念的描述，得出体育是为自觉地实现运动价值，而不断提高和展现运动水平的文化活动。体育过程的目的，就是在一定的条件下，将人的本质力量内化于运动、外化于体育活动的过程。内化于运动，是指体育过程参与者的本质力量内化到运动中，对运动进行加工和处理，推动运动技术革新，促进运动技能形成，从而提高运动水平。外化于体育活动，是指体育过程参与者的本质力量通过运动者的体育活动展现出来，使运动者在体育活动中不断提高和展现运动水平。在将人的本质力量内化于运动又外化于体育活动的过程中，体育过程的内化和外化原理是什么？这是体育理论界需要研究的两大核心问题。另外，体育过程内化于运动又外化于体育活动的质量如何，则需要展开条件性评价、过程性评价和结果性评价。针对体育实施的保障进行体育的条件性评价，针对运动技能的形成进行体育过程性评价，针对体育活动的效果实质进行体育结果性评价。

将参与者的本质力量内化于运动中是体育过程的主要任务，也是将其外化于体育活动以实现体育过程的重要基础。只有运动者、指导者、管理者和组织者等体育过程参与者协调配合，在一定条件下，才能使运动者的运动水平得以不断提高或展现。对参与者及其关系进行明晰和优化，是体育过程实现的必由之路。因此，我们认为，体育过程就是在一定的运动条件下，以形成运动技能为中期目标，最终达到能够参与体育活动的终极目的的人的本质力量的运动化过程。

---

[1] 杨文轩、杨庭:《体育概论》，北京，高等教育出版社，2005年，第125页。

第二节 体育过程的基本理论

体育的对象是人的运动，体育过程就是将参与者的本质力量内化于运动中，推动运动技术发展，促进运动技能形成，最终外化于体育活动的展现过程。因此，运动技术和运动技能的转化是体育过程的基本问题，围绕这个基本问题形成了一系列的体育过程的基本理论，主要有项群理论、运动负荷价值阈理论、超量恢复理论和运动技能形成理论等。作为体育对象的运动项目数目众多，基于运动项目的共性特征和规律的项群理论，运动技能能够指导训练方法和手段选择，有助于参与者的竞技运动技能的形成和竞技运动水平的提高。运动技能形成的理论揭示了运动技能形成过程的规律性和阶段性，对循序渐进掌握运动技能有重要的指导意义。根据运动负荷价值阈理论，按照不同运动技术水平需求，合理安排运动负荷，是进行健身、竞技、休闲等不同难度的体育活动的重要原则。超量恢复理论是体育技能训练实现的根本理论，该理论旨在通过训练，人体机能和能量储备超过原来水平，形成超量积累，训练水平不断提高。以上四个理论在体育过程中具有不可或缺的地位，缺少其中之一，体育过程将难以实现。

一、项群理论

项群是一个集合概念，它根据不同运动项目的共性特征及共性规律，将相似特征及规律的运动项目归成一类，称为某一项群，每个项目内部有基于共性特征衍生出的项目迁移规律和训练规律，促进项群内项目技术水平的提高。项群理论创立的目的是化繁为简，将运动项目进行归类，揭示出各项目的内在特点和规律，探索出不同运动项目在教学、训练、比赛和表演时采用的针对性对策，从而有效促进运动技能的形成，强化运动技能水平，进而提高体育活动质量。

一般训练学、项群训练学和专项训练学三层次运动训练学理论体系的建立是基于项群理论提出的基础上创建的。项群理论搭建了一般训练学理论和专项训练学理论的沟通桥梁，使运动训练学理论体系研究迈向新的里程碑，与此同时，也拓展了运动训练学的研究空间。项群理论最大的突破在于由运动训练学科框架的构造转向知识模块的集合，这使我们更易于明晰运动项目内隐的必然规律，把握各运动项目的共同特征，抓住体育过程中的主要矛盾，解决关键问题，具有重要指导意义。

（一）有利于运动者和指导者在体育过程中的合理流动

由于同一项群内部各运动项目之间存在着共性，决定运动水平的因素相类似，所以在运动员和指导员人才储备不足时，尤其新兴项目，运动员和指导者可以从邻项中选拔和培养出来。因此，依据项群理论，我们可以有目的地促进体育人才资源的合理流动和优化配置。

（二）有利于体育过程中物质资源的合理配置

体育过程产生的前提物质条件是保障，在资源有限的情况下，如何合理配置资源，保障体育过程顺利进行？项群理论有一定的指导价值，同群项目可以共享资源，也可以根据优势项群、发展项群和开发项群来合理配备资源。

（三）有利于体育过程中指导理念和策略的迁移

体育过程中的运动项目是在开放式的状态下发展的，与外界信息进行交互时，会从其他运动项目吸收先进的指导理念和策略，同时，也会将自身的有效经验传授给其他指导者。这种信息交互多发生在同项群内不同的运动项目中。同属于同一项群的弱势运动项目，可以参照和汲取优势运动项目的指导理念和策略，使其更好地提高和发展，逐步转向优势运动项目的行列中。

（四）有利于提高体育过程的统筹管理与组织

项群理论可以作为充分利用的有限资源，统筹制订计划、方案来实现既定目标的一种系统的组织与管理方法。不同项群运动竞赛的竞赛特点和竞赛规律均不同，而且运动成绩的决定因素具有鲜明的项群特点，可以针对项群特点，对不同项群体育过程及活动进行组织与管理，能够提高组织与管理的目的性和有效性。

二、运动负荷价值阈理论

在自觉实现运动价值，不断提高和展示运动水平的体育过程中，运动负荷对运动价值和运动水平的质量与效果产生重要影响，是运动水平提高的重要手段。

运动负荷价值阈是体育方法学关于运动负荷标准的原理，它按照一

定的心率区间确定运动负荷的计量标准，是体育锻炼的理论依据。① 运动负荷价值阈理论应用范围较广，不仅是体育锻炼的理论依据，也是其他体育活动形式的运动水平提高的理论依据，促进运动价值的实现。运动者有机体在体育过程中发生相应的变化，依据运动负荷价值阈原理，我们可以更加科学合理地安排负荷量和负荷强度，从而不断提升和展现运动水平。

运动中，受神经体液调节，心率加快，心肌收缩力增强，在一定范围内（一般认为，健康成人在心率不高于110～130次/分），每搏输出量增加，那么心输出量随之增加。当心率加快至一定水平时，舒张期缩短，回心血量减少，心室充盈不足，每搏输出量减少，但由于减少的程度低于心率增加的程度，心输出量仍然增加。一般认为，健康成人的心输出量在心率处于180次/分以下时，能保持在较高的水平，当然，这取决于此人的心脏功能水平，心脏功能弱的人心率达到150次/分时，心输出量就会减少，而优秀耐力运动员心率达到200次/分时，仍能保持高水平的心输出量。普通人当心率高于180次/分时，舒张期明显缩短，心肌收缩力下降，每搏输出量减少到原有水平的50%，心输出量不再增加，甚至开始下降。因此，有学者认为，只有当心率在120～180次/分时，心输出量才能维持在较高的水平，使心输出量处于较高水平的这一心率范围，称为最佳心率范围②。

运动锻炼过程中，由心搏量发动期到急剧上升再到心搏量极限期这区域称为心搏量极限区间，心搏量极限区间心率一般在110～140次/分，这时身体基本处于有氧代谢运动状态，此时的负荷也可以称为有氧运动最佳运动负荷，此区间称为健身运动最佳运动负荷价值阈。心搏量极限期到心输出量极限期这段区间是心输出量极限区间，心输出量极限区间心率一般为140～180次/分，这时身体开始有无氧代谢运动状态，此时的负荷也可以称为无氧运动最佳运动负荷，此区间可称为竞技运动最佳运动负荷价值阈。价值阈以下的运动负荷，身体相应的代谢指标没有明显变化，对于提高相应运动水平效果不佳，可以称为无价负荷。价值阈以上的运动负荷，相应的机能指标发生很大变化，超过身体正常代谢的承受能力，可以称为有害负荷。虽然运动价值有负荷阈，但阈限也因人而异，优秀运动员在运动训练时，由于心交感神经强烈兴奋，不仅增加

---

① 参见杨锡让《实用运动生理学》，北京，北京体育大学出版社，1998年，第5页。

② 参见邓树勋、王健、乔德才等《运动生理学》，北京，高等教育出版社，2011年，第131页。

心率，也增加心肌收缩能力，故搏出量在心率超过 200 次/分时，才开始减少，心率在180 ～ 200次/分时，心脏仍然处于较高的泵血水平。[1] 由于运动者在不同的年龄段和不同的运动水平状态的身心特点各不相同，则运动负荷价值阈也要进行相应幅度的调整。

运动负荷价值阈理论对提高体育活动质量和效果提出以下几方面的要求。

1. 运动时，运动负荷应处于运动负荷价值阈内，使心搏量或心输出量处于相对较大状态，并且持续运动时间占总时间的近1/3。运动负荷持续时间在心率曲线上可以反映出来，这部分时间可称为有效运动时间段。

2. 阈内运动负荷持续训练一段时间后，运动水平得以提升，这时候如果再用之前的阈内负荷进行运动，则心率会下降，心搏量或者心输出量相对减少，此前阈内有价值的负荷的相应价值就减少了。减少的负荷我们称为跌了价值的负荷，那么为了不断提高运动水平，运动负荷就不能再停留在跌了价的负荷水平了，应增加一定的负荷，增加的量称为增量负荷。

3. 运动水平不断提高，运动负荷就要不断增加，但运动负荷增加也要符合运动负荷价值阈理论，就是新的运动负荷也应使心率处于心搏量或心输出量相对较大的区域。使心率重新处于心搏量或心输出量相对较大的负荷，可以称为适当增量负荷，即在前期有价负荷的基础上增加的科学、合理、恰当的负荷。

三、超量恢复理论

超量恢复是指在体育过程中，运动者运动恢复后身体机能和能量储备超过原有水平的一种现象。超量恢复理论已被广泛地认可和接受，是运动训练学经典体育基础理论之一，是实现运动训练存在的必要前提，为运动训练实践提供科学的理论性指导。

人体机能能力和能量储备在承受负荷后会出现暂时的下降和减少状态，但在恢复的过程中，能源物质的补偿不仅恢复到负荷前水平，而且在一定时间内超过原有水平，这种现象叫作超量恢复[2]（见图 2 -1）。超量恢复表现为三个阶段。第一阶段，当运动时，人体代谢过程异化作用

---

[1] 参见邓树勋、王健、乔德才等《运动生理学》，北京，高等教育出版社，2011 年，第132 页。

[2] 参见田麦久、刘建和《运动训练学》，北京，人民体育出版社，2000 年，第105 页。

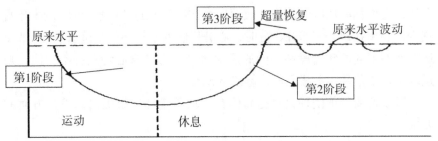

图 2-1　超量恢复现象示意图

占优势，能源物质的消耗过程占据绝对性优势，物质能源消耗大于恢复，由此，人体的各器官系统工作能力下降；第二阶段，运动后，人体代谢的异化作用减弱，物质能源消耗过程减弱，恢复过程则明显占据优势，此时，人体能源物质和各器官系统功能逐渐恢复到原来水平；第三阶段，在继续恢复时，人体代谢的同化作用占优势，人体所消耗掉的能源物质得到补济，各器官系统功能得到恢复，甚至超过原来的运动水平，但这时如果不进行运动，没有形成超量积累，身体机能和能量储备保持一段时间后又会重新回到原有的运动水平。

　　超量恢复训练原理是基于对超量负荷现象的认识的基础上所提出的。超量恢复理论认为："物质能量的贮备超过原来水平，从而提高机体的工作能力。"[①] 由此可知，在超量恢复阶段时，不断进行运动训练会形成超量积累，使运动水平达到最佳竞技状态。也就是说，人体各器官系统功能得到恢复进入超量恢复阶段时，再次施加一定的运动负荷，人体的机能水平会不断地提高。因此，在指导运动者运动时，应重视超量恢复，促进超量积累的形成。

　　1. 形成超量积累，需要三个条件，一是运动负荷，二是恢复时间，三是恢复手段。

　　2. 要合理安排运动负荷。运动过程中，不仅要合理安排运动负荷量和运动负荷强度，还要明确适当增量负荷去引起超量恢复和超量积累的价值和目的。没有足够的运动负荷刺激，机体就没有适应性反应，代谢水平也就没有太大的变化，运动者的身体机能水平难以得到提高。

　　3. 要合理安排运动训练时间。应科学设计运动训练密度，比如在周期计划中合理地恢复时间的间隔是指在超量恢复形成阶段安排下一次运动。如果在超量恢复消失后再进行运动，间歇时间太长，则超量积累无

────────────

① 　王伯英、曲宗湖：《体育教学论》，成都，四川教育出版社，1988 年，第21～22页。

法形成，人体机能水平得不到提升。间歇时间过短，恢复阶段前期就进行下一阶段运动，容易形成疲劳，致使人体机能水平不断地下降。疲劳长期得不到恢复，运动伤害或者积劳成疾就容易发生。

4. 运动目的不同，需要超量恢复程度不同。体育目的有健康、健身、休闲、竞技等，追求的异化程度也有区别。竞技属于比较激烈的体育活动，疲劳较深，超量恢复程度也较大。休闲类的项目，则需要多次体育活动的异化和同化作用才能产生超量恢复。无论哪种模式，都应注意不能让身体过度疲劳，影响超量恢复，保护运动者的身心健康。

5. 重视恢复手段，促进身体的超量恢复。超量恢复的产生不仅取决于运动负荷大小，而且还取决于运动后恢复期的充分必要、恰到好处的恢复手段，如康复按摩、蜡疗、热水浴等；恢复手段也包括轻微运动，比如采用大、中、小负荷组合循环方式进行运动训练，会明显地加速超量恢复的出现，使人体机能尽快恢复到最佳运动状态。

四、运动技能形成理论

体育过程的基本任务就是学习运动技术，形成运动技能。运动技术与运动技能的关系是体育过程的基本关系，它们相伴相生、相辅相成。运动技能形成过程有规律性和阶段性的特点。把握运动技能形成过程和规律，有助于快速形成熟练的运动技能。运动者按照技术要求不断地练习，运动技能将达到不同水平阶段。反过来讲，也可以通过不同水平阶段的技术指标对运动技能水平进行评判。

费茨和波斯纳（1967）提出了经典的操作技能由 3 个阶段组成[1]，第一阶段是认知阶段，运动者主要建立认知表象，认知各动作的原理、序列排列、反馈等知识，此阶段主要是获得程序性的知识；第二阶段是联结阶段，运动者的各部分动作已经建立了固定的联系，对认知阶段的认知活动发生了变化，动作技能逐渐趋于连贯、流畅；第三阶段是自动化阶段，运动者在低意识的控制下完成运动技能，表现为动作熟练、省力、精确、优美。金泰尔（1972）提出操作技能形成的 2 个阶段[2]，即第一阶段是运动观念获得阶段，运动观念是为了实现某一目标，运动者

---

① Oxendine, J. B., 1984：“*Psychology of motor learning*”, 2nd ed, New Jersey：Prentice-Hall, pp. 72 –129.

② 参见张厚粲《当前西方心理学的主要思潮——认知心理学》，《外国心理学》1983 年第 4 期。

必须要认知动作的概念及相关理论知识。此阶段必须完成两个确定，一是确定与运动技能形成的有关和无关刺激，有关刺激是能够调整动作执行的环境信息，运动者必须重点关注它们，无关刺激是容易引起运动者分心的信息，这些刺激会阻碍运动者完成技术动作；二是要确定有效地获取运动技能所需的最佳动作方式。第二阶段是运动技能形成的固定化和多样化阶段，固定化主要倾向于闭合性技能，如跑步、骑自行车等；多样化主要倾向于开放性技能，如球类项目、健美操等。运动者要根据动作要求完成既定的动作，通过不断的练习，使技术动作达到熟练化程度。

结合上述两种操作技能形成理论，将体育过程中运动技能形成理论分成 6 个阶段：运动技能的表象阶段、运动技能的模仿阶段、运动技能的改进阶段、运动技能的定型阶段、运动技能的技巧阶段、运动技能的技艺阶段。

第一阶段是运动技能的表象阶段。此阶段主要是让运动者在大脑中建立动作的正确表象和概念，运动者采用观察、观赏的方式形成运动技能的表象。第二阶段是运动技能的模仿阶段。此阶段使运动者认识技术动作的序列和组合，运动者在姿态上进行动作模仿，其动作紧张、不协调、缺乏控制，并伴随着多余动作的出现。第三阶段是运动技能的改进阶段。此阶段使运动者发现问题、及时纠正、持续练习、改进并提高运动技能，运动者采用反复练习法、比较分析法等了解动作之间的内在联系，消除原有错误的技术动作，确保技术动作得到改进。第四阶段是运动技能的定型阶段。此阶段使运动者加深各动作组合要素间的内在联系，掌握技术动作的细节，从而建立起动作的动力定型。第五阶段是运动技能的技巧阶段。此阶段是运动者掌握运动技能之后的高级阶段，让运动者能熟练灵活地运用运动技术，形成牢固的运动技能，并使运动技能长期地保持下去。第六阶段是运动技能的技艺阶段。此阶段超越运动技能基本要求阶段，是运动技能形成的最高阶段，通过技能与技巧相结合，实现运动价值最大化，并形成个人的运动风格。

体育过程实质是运动参与者的本质力量以运动为对象内容的内化和外化过程。运动技能形成理论是内化的理论基础，而体育活动理论是外化的理论基础。与参与者本质力量内化的理论相比，参与者的本质力量外化的理论研究成果还比较匮乏，需要在后续研究中深入探讨。

第三节 体育过程的参与者

体育过程遵循体育过程基本原理，发挥人的本质力量内化于人的运动中，外化于体育活动之上。这种内化与外化过程涉及很多要素。"人"是体育过程要素的主体，也就是说在体育过程中，核心要素是体育过程的参与者，主要包括运动者、指导者、管理者和组织者等。这些参与者是体育过程自觉促进运动增值和实现运动价值的最活跃、最有创造性的要素。

一、体育运动者

通常人们还是习惯竞技体育、学校体育和社会体育的三分法，把以竞技比赛为目的的运动者称为"运动员"，把以教育为目的的运动者称为"学生"，把以休闲娱乐和强身健体为目的的运动者称为"锻炼者"。虽然三者按三分法都有不同的称呼，但他们都有共同的特点，都是运动参与的主体，所以可以统称为体育运动者。

无论运动员、学生还是普通的锻炼者，无论儿童、青少年还是老年；无论精英还是大众民间，只要是运动的主体，都称为运动者。运动者的体育运动根本目的就是为自觉地"实现运动价值"而不断"提高和展现运动水平"。运动员指主要从事竞技体育运动的人员，在我国运动员分为运动健将、一级运动员、二级运动员、三级运动员和少年运动员 5 个技术级别。学生指在学校、学堂或其他地方受教育的人，学生有大学、中学、小学等学段差异。锻炼者是指参加体育健身活动的人，锻炼者有年龄段上的差异，如儿童、青少年、老年等。

在体育过程中，不同的运动者追求的目标不尽相同，而身份相同的运动者，他们在体育过程所追求的目的大同小异。竞技运动员追求的是提高运动竞技水平；学生追求的是身心健康发展；锻炼者追求的是身心健康愉快。不同的运动者，所追求的运动水平类别不同，而相同的运动者，其运动水平也有高低之分。运动者运动水平有高低，这主要取决于两个方面：一是与运动者本身素质有关，良好的体能素质和心理品质是提高运动水平的基础；二是与运动者所采用的手段有关，运动者运用的教学与训练和比赛等手段越系统、科学、合理，其运动水平会越高。

二、体育指导者

体育指导者是指在体育过程中对运动者学习运动技术战术、形成运

动技能者进行指导的人。体育指导者一般有教练员、体育教师和社会体育指导员。指导者的共同任务就是帮助运动者提高运动水平。

教练员是"运动训练过程中直接负责培养和训练运动员的人员。须具有专项运动的理论、相关的科学知识和较高的技术水平，掌握先进的教学和训练方法，有为发展该项运动、培养优秀人才的志向，并对运动员的思想、身体、技术、战术和道德品质等方面全面负责"①。教练员等级分为国家级、高级、一级、二级和三级 5 个层次。体育教师是促进学生身心全面发展、增强学生体质、使学生掌握科学锻炼身体方法的授业者，是发现、培养和输送优秀体育人才的启蒙者，不仅要懂得教育规律和教育教学技能，而且还要掌握一定的与体育运动相关的理论知识和技能。教师等级分为高级、中级和初级，在大学、中学、小学中具体称呼略有差异。社会体育指导员是指在社会群众性体育活动中从事运动技能传授、锻炼指导和组织管理的工作人员。指导员是发展我国体育事业、增进公民身心健康、提高生活质量、建设社会主义精神文明的一支重要力量，对推进社会体育的发展发挥着积极的作用②。社会体育指导员等级分为三级、二级、一级和国家级 4 个等级。

指导者应具备以下几种基本能力：一是教学训练能力；二是协调沟通能力；三是组织能力。除了基本能力外，我国也有明确优秀指导者的要求标准，如：能够观察了解运动者的身心发展情况和预判运动可能存在的风险，并据此制订科学有效的体育计划；能够根据运动项目的特点和规律，组织并指导运动者进行科学有效的体育运动；能够注意观察运动者运动的心理变化，对其进行心理干预和技术战术指导等。

三、体育管理者

管理者是指对体育组织者、体育条件、运动者、指导者及体育过程各环节等具有一定管理权力的人。在体育过程中，对于不同的管理对象，管理者的身份也不同，有体育组织管理者、体育场地设施管理者、体育运动者管理者、体育指导者管理者等，当然，在实际工作中，管理分工并不明确，人力不足、身兼多职的现象也屡见不鲜。体育管理者工作主要是对体育人力、体育物力、体育财力和体育信息资源进行有效协调、统合和盘活体育资源等方面的管理。管理者级别分为部级、厅级、处级、

---

① 夏征农、陈至立：《辞海》，上海，上海辞书出版社，2009 年，第 1100 页。

② 参见邓星华《论我国社会体育指导员的培养》，《体育学刊》2001 年第 1 期。

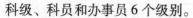

科级、科员和办事员 6 个级别。

体育管理者业务活动较为广泛且复杂，要综合全面地把控和掌握体育过程动态阶段，不仅起到监督管理组织者以及上传下达的作用，还要在体育过程中，最大限度地开发和管理好体育人力、物力、财力和信息资源的分配和应用。体育管理者应善于通过建立制度来规范体育过程，通过交流来营造良好的人际关系，建立人脉网络资源，这样既有利于监督，又有利于与各部门人员进行沟通协调，使体育过程能够顺利完成。体育管理者还应熟练掌握和运用现代信息技术和智能网络以及物联网技术，以提高管理效率和水平。

四、体育组织者

体育组织者是指在一定的社会环境中，为实现共同的运动价值目标，按照一定结构形式将运动参与者结合起来，根据特定规则开展体育活动的人员或组织。体育组织者在体育过程中承担组织的功能，通过有计划、有组织地开展体育活动，将离散状态的运动者和指导者及相应的管理者等运动参与者聚集在一起，实现人们参与体育活动的愿望和满足提高和展现运动水平的需要。体育组织者有行政管理型、经营营利型和公益服务型 3 种类型。行政管理型是指体育事业行政管理部门；经营营利型是指以营利为目的的体育企业；公益服务型是指体育社团以及体育事业组织。

组织者是体育过程的发起者、推动者和领导者，组织者应制定体育活动方案和目标，制定相对稳定的规章制度，汇聚资源，设计责权结构，以保证体育过程顺利进行，并最后能够组织开展高质量的体育活动。良好的组织者应具备良好的政治素质、思想素质、心理素质、知识和技术素质等。除了具备这些基本素质外，为确保体育过程的顺利开展，体育组织者应具有安全隐患防范的能力、组织能力、创新能力、活动推动能力等。

总之，体育的运动者、指导者、管理者和组织者虽然在体育过程中的角色地位作用不同，但只要能够各司其职，体育过程就能够启动开展。电影好看要有好的剧本、好的导演和演员，同样地，体育过程为了顺利、圆满和精彩，需要有出色的体育管理者、体育组织者、运动者、指导者等众多参与者。见图 2-2。

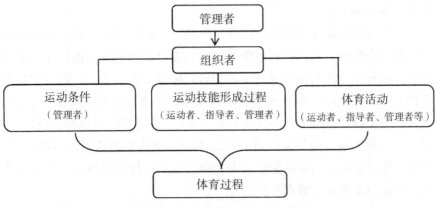

图2-2　体育过程中的运动参与者

第四节　体育过程的优化

一、提高体育过程参与者素质

体育过程参与者素质的高低决定着体育过程能不能圆满进行，因此，如何培养训练这些参与者，提高其体育素养素质和能力至关重要。

（一）提高运动者文化水平和体育素养

体育是为自觉地实现运动价值而不断提高和展现运动水平的文化活动。运动者能够自觉实现运动价值，不断提高和展现运动水平，必须具备一定的文化水平。只会机械运动、没有文化的运动者，头脑简单，四肢发达，难以自我觉醒、自我反省、自我创建，更难以对体育地位作用、发展历程和未来有充分认识，也难以肩负起体育发展的历史重任。体育是文化活动，是人的本质力量运动化的过程和结果，培养运动者提高体育素养，才能提升其本质力量，将本质力量内化到运动中，并通过体育活动外化展现出来。

提高运动者文化水平和体育素养必须实现体教融合发展，才能促进体育运动与文化素养两者交相辉映，促进体育运动增值，充分自觉地实现运动价值。体教结合并不是形式上的体育与教育简单的相加，而是充分把握两者的区别和联系，遵循体育与教育规律，统筹规划，协调发展。我国体教结合实施开展以来，虽然有了长足的发展，但还存在许多问题。对运动员来说，不仅需要强大的四肢，还需要聪明的头脑，但长期以来，运动成绩与升学压力俱在，学训矛盾旷日持久；对于学生来说，体质持续下降，运动愿望被禁锢，全面发展的思想与应试教育的现实矛盾多年没有得到缓解。如何一体化、一贯制地在体教结合中培养运动者，提高其体育素养是体育发展和教育发展的共同诉求。

体育素养是在先天遗传素质的基础上，通过后天环境与体育教育的影响所形成的，包括身心健康、体质水平、体育知识、体育意识、体育行为、体育技能、体育个性、体育品德等要素的综合素质与修养，也就是说，体育素养是个体具有利于促进个人发展的不同身体活动的运动能力[1]。体育素养是受体育教育的影响而形成的，因此应推进体育和教育部门牢固树立体教协同育人的理念，打破行政壁垒，早日形成小学、中学、大学一体化、运动者的一贯制培养和训练体系。

在体育素养中运动竞技能力至关重要，但其形成和提高都离不开体育与教育。运动者竞技能力主要由 5 个要素构成，具体见表 2-1。竞技能力指运动者的参赛能力，是运动者参加比赛的主观条件或自身才能，由具有不同表现形式和作用的体能、技能、战术能力、心理能力及知识能力所构成，并综合地表现于专项竞技过程之中[2]。

表2-1　竞技能力的构成要素及其在比赛中的主要表现

竞技能力构成要素	主要竞技表现
体能	力量、速度、耐力、柔韧、协调、灵巧
技能	动作质量、动作稳定性
战术能力	自身发挥、干扰对手、影响判定
心理能力	参赛情绪动员、比赛情绪控制、竞技意志保持
知识能力	竞技知识的掌握与运用

从木桶模型理论来看，运动者的总体竞技水平往往取决于最短的木板，该理论揭示出运动者竞技能力各要素应均衡发展。体育与教育相互协同，才能促进运动者均衡发展和全面发展，缺"体"缺"教"或者少"体"少"教"都难以培养合格的运动者。从积木模型理论来看，运动者总体竞技能力常常处于非均衡状态，难以补短板，但可以通过训练不断地强化优势要素，在一定程度上对弱势要素进行补偿，确保总体性的

---

① Mandigo J., Francis N., Lodewyk K., et al, 2009："Physical literacy for educators"，*Physi Health Edu J*，Vol. 75，No. 3，pp. 27-30.

② 参见田麦久《赛前训练中运动员竞技能力的优化组合》，《中国体育教练员》2015 年第23 期。

竞技能力仍处于较高水平。有时是体育方面的，有时是智育方面的，有时是德育方面的，并且竞技能力形成的不同阶段其优势要素也不同。因此，单靠任何一方面的"育"也难以强化优势要素。实际上，在竞技能力形成过程中两种理论实践应用互为补充，运动者在全面发展的基础上，是取长补短还是扬长避短，都离不开体教结合中体育素养的提高。

（二）提高指导者指导能力

指导者的素质和能力在很大程度上决定了运动科学化水平，直接影响着运动者的培养成功与否。我国体育指导者无论是数量还是质量都有很大发展，虽说术业有专攻，不同类别指导者专业性不同，但都有共同特点，那就是对运动者的指导能力要强而有效。指导者指导要求包括：指导统筹规划，力求计划方案一贯制；指导方式方法寻求突破努力创新；知识结构应科学合理且与时俱进；积极推广有价值示范性的指导科研成果等。各级各类指导者应统一协调，制订连贯的指导计划，打通区、块、链上的衔接，实现一贯制的规划统筹，竞技与教育、群体与竞技都应相通相融。教育领域的"注入式"，竞技领域的"师徒式"，群众领域的"自由式"都或多或少存在不足，指导形式和方法如何创新，如何高效？在信息化社会里，在互联网物联网人工智能发达的今天，慕课、微课等精品教学以及共享共识共评等方式方法都应运而生，在形式上首先突破了传统，提高了指导效率。

体育指导者是发展体育运动的关键所在，是直接负责培养和训练运动者的人员。国家体育总局前副局长李富荣曾说过，"一名优秀的教练员可以培养出一批高水平运动员，一批高水平教练员可以保证运动项目的持续发展"①。因此，指导者的职业素养和水平直接影响着体育运动的发展。

终身学习对于指导者来说也同样重要，在知识爆炸更新快的时代，指导者应学习先进前沿科学知识，指导与学习相互促进、教学相长的强化能力，提高指导水平。指导者仅凭经验指导，不注重科学研究的价值，因循守旧或故步自封都难以提高指导效果。为了提高指导者指导水平和效果，持续地开展各级各类培训，建立培训和认证系统，并且制定出相应的指导规范非常有必要。指导者可以进行多级培训，如基础性培训、综合应用培训、专类提高培训。

---

① 参见郭玉成《论体育教练员的哲学素养》，《中国体育教练员》2013 年第 1 期。

虽然我国在学校体育、竞技体育和社会体育领域中教师、教练员和社会指导员都具有相应的等级，其等级也具有对应的指导领域和相应的要求，但在各类各层上指导者指导能力的规划发展还不充分不均衡，这方面可借鉴国外先进经验。2005 年开始，日本开始推行新的指导者制度。日本体育运动指导者分指导员、高级指导员、教练员、高级教练员、教师和高级教师 6 类。每类体育运动指导者都规定了其主要指导领域及作用，为日本体育发展奠定指导者人力资源基础。指导者制度要求指导者应熟悉培养运动者一贯制指导计划，对于运动者能够给予最适当的指导，同时，还要以"优秀指导者"为榜样，不断提高自己的资质。日本许多联盟都明确了优秀运动员指导者形象，这也是指导者充分发展的一个写照。如网球优秀运动员指导者的形象被概括为：

1. 理解运动员培养计划（一贯指导系统）的理念和方法，根据年龄、技能和要求进行最恰当的指导。

2. 为了帮助运动员提高斗志和拥有自立精神，熟练掌握沟通交流技术。

3. 帮助队员友好交往。

4. 为了网球生涯的快乐，能够提供好的内容与方法。

5. 协同医学和恢复调整的负责人及管理人员，为运动员提供舒适的环境。

（三）提高管理者与组织者水平

体育管理者与组织者都不是运动直接参与者，而是间接参与者，其管理与组织水平直接影响运动直接参与者，从而影响体育过程效率效果。体育过程对于间接参与者有着许多共同要求：一是体育过程主要是人参与的过程，需要保障安全；二是体育为了自觉实现运动价值，需要向正确的方向推进和指引；三是体育需要运动场地设施条件，应共享盘活条件资源，提高场地使用效率；四是体育过程是人的本质力量运动化过程，应创造运动机会，促进本质力量运动化；五是提高体育活动质量，保证体育文化活动满足人类社会需要。为此，应对管理者与组织者等在以下几方面加强教育培训：

1. 重视与体育过程相关的知识学习。加强学习管理学、组织学、经济学、体育政策法规、心理学、竞赛学以及运动和运动环境方面的理论知识并应用于体育过程之中。

2. 熟悉体育过程实际各环节和阶段，在总结经验的基础上，学习国

内外先进经验，积累大量实践经验，保障体育过程顺利高效开展。

3. 提高问题意识，发现体育过程存在的问题，明确主次，掌握处理问题的方式方法，为体育过程顺利进行扫除障碍。

4. 熟练运用各种组织沟通协调工具和方法，避免体育过程因协调组织管理不当而松散涣散，甚至出现危机。

体育管理与组织能力的高低直接决定体育过程的整体水平，所以应建立健全多渠道、多层次的培训途径。培训采用长期与短期、定期和不定期相结合等方式灵活进行；培训可以采用专家讲座、录像、网络、课堂教学或现场模拟等方式多样化地开展；培训内容可以包括基础知识、专业知识、岗位职责、政策法规等；在培训过程中，应为培训创设良好的环境，对培训人数、时间、次数及后续培训工作进行科学的规划和统筹安排。

在培训提高能力的基础上，还应在实践中提出工作要求，加强改进工作作风，提升效能，健全机制，强化监督，以身作则，率先垂范等，具体有以下几方面：

首先，强化责任，明确职责。我国体育管理者与组织者的责任与义务主要依据所处的组织或团体及群体而确定，不同层次、不同领域其责任与义务有区别。为促进两者发展，应根据层次或领域特点明确其责任与义务，制定相应的专业性等级评价制度，全面落实岗位责任制和首问责任制。

其次，为运动参与者服务，完善服务制度。在体育过程中，围绕"以民为本、为民服务"的宗旨，建立健全服务制度，包括建立群众评价组织者和管理者机制，提升运动参与者对体育工作的满意度。

再次，公开公正，提高工作效率。公开办理条件、手续材料、办理程序、办理时限、风险点及防控措施等内容。纠正庸政懒政、办事推诿扯皮、效率低下，有章不循、无章可循，有令不行、有禁不止等失范行为。

最后，严格考核，落实目标管理。应把考核制度和考核办法全面纳入体育过程开展当中，对胜任能力进行考核和评定是优化人才的重要组成部分，也是衡量体育过程组织者和管理者水平的重要指标。确定工作目标，实行目标管理，打造实现人们在任何时间、任何地点的任何运动愿望都能满足的体育社会。这就必须对组织、管理体育过程和开展体育活动的层次、次数、频度提出质和量的要求。

日本为实现体育社会，重视目标管理，对组织和管理者要求安排一定的层次、次数、频度及要求的赛事活动。一贯指导系统中各年龄阶段网球比赛级别与频度的安排目标，见表2-2。比赛活动次数和级别的安排体现了一种由低到高的连贯性特点。日本"一贯指导系统"是一个完整连贯的培养体系，在科学全面培养的基础上，体现出运动内容设置以及训练指导要求和比赛活动的安排的连贯性。在比赛的安排上，随着年龄的增加和技术水平的不断提高，参加比赛的次数和级别也在不断增加提高，每个年龄段都会规定运动员适宜参加的比赛次数和级别，各级比赛的安排也体现出一种系统连贯的特点。

表2-2　一贯指导系统中网球运动员各阶段的比赛级别与频度①

年龄段	各阶段的比赛级别和次数	
儿童时期	3～5岁	球类游戏
少年时期	6岁	球类游戏
	7岁	体验各种各样的体育活动
	8岁	设计五年计划目标
	9岁	30种决定胜负的评分游戏方法
第一发展期	10岁	40次比赛（俱乐部内）
	11岁	50次比赛（县级水平）
	12岁	60次比赛（地域间），设立10年目标计划
	13岁	80次比赛（地域—全国运动会）
第二发展期	14岁	增强体能，越野赛跑（每月一回）
	15岁	开始参加国际青少年体育运动会
	16岁	巡回比赛（作为一般选手参加）
	17岁	自觉走向专业，制订比赛计划
	18岁	参加协会的比赛
顶级运动	20岁	设短期、中期目标，参加大型比赛

二、体育过程中基本关系与主要关系的正确处理

体育过程效果不仅取决于体育过程参与者水平，还与其之间关系密不可分。正确处理体育过程参与者之间关系的理想状态就是体育过程中实现运动价值最大化。体育过程是人本质力量运动化的阶段性和连续性

---

① 《各年龄一贯指导系统计划（3～20岁）》，见 http://124.40.17.208/img/pdf/ikkan/ik-kanpro.pdf.

相统一存在的状态，是其内部矛盾所推动和外部条件所制约而呈现的运动、变化、发展的次序呈现。体育过程参与者之间的关系都是围绕体育过程基本关系而展开的。这个基本关系就是运动技术与运动技能之间的关系。

（一）体育过程中的基本关系及处理

基本关系也称为基本矛盾，基本矛盾在某一事物或现象的发展过程中起着决定性作用，贯穿着体育过程的始终，在体育过程中它不会消失。

体育过程的基本关系是运动技术与运动技能的关系，运动技术与运动技能始终贯穿体育过程的始终，这也是体育过程区别于其他领域过程最本质的特征。

2004 年出版的《体育科学词典》中把"运动技术"的概念定义为："完成特定的体育活动的方法，或能充分发挥人的身体能力，合理有效地完成动作的方法"[1]。运动技术是一种方法论，它是人们在体育运动实践中，对动作技术进行不断的修正，并在不同阶段实现技术动作科学合理有效的一种方法。"动作"是运动技术概念的构成部分，由 7 个要素构成，即动作姿势、动作轨迹、动作时间、动作速度、动作速率、动作力量以及动作节奏。动作姿势表示在技术动作中运动的整体和各部分所处的状态和位置；动作轨迹表示在技术动作中运动部位的移动路线；动作时间是指在技术动作中运动所持续的时间；动作速度表示在技术动作中单位时间内的运动位移速度；动作速率表示在动作技术中运动重复的次数，也称为频率；动作力量表示在动作技术中运动克服阻力的力量；动作节奏表示在技术动作中运动快慢、大小、幅度、时间间隔的合理交替。动作的 7 个要素相互发展、相互制约。其中，动作速度和幅度直接与动作的力量成正相关；动作的速率与动作的幅度相互制约，共同决定动作速度的快慢[2]。动作的 7 个要素在时间和空间上环环相扣，密不可分，每个技术动作都是按照它所规定的动作程序或动作要求来说明，若违背其中任何一项要求，或者任何一项要素缺失，完成动作的方法都不完美。由上可见，运动技术就是动作方法，就是动作要求，是一种知识，可以认知、理解和记忆。

将认知、理解与记忆的技术，通过一定的体育手段，如教学或者训

① 吴启超：《论运动技术与运动技能的关系》，《体育文化导刊》2004 年第 3 期。
② 参见叶加宝、苏连勇《体育概论》，北京，人民体育出版社，2005 年。

练才能形成技能。虽然有的学者将运动技能定义为按照一定的技术要求，完成某种动作的能力①，但实际运动技能不仅是完成某个动作的能力，而是要求熟练完成动作，也有说运动技能是经过努力学习实践后而形成自动化的运动行为方式，而运动能力是运动技能的内在心理品质基础。在体育过程中，能否展现出精湛的运动水平，要依靠运动技术转化为运动技能的熟练程度。参照运动技能形成理论，可以将运动技能形成过程分成多个阶段，即表象阶段、模仿阶段、改进阶段、定型阶段、技巧阶段和技艺阶段。表象阶段是运动者采用观察、观赏和认知的方式认知运动技能，形成动作表象，此阶段没有行为，只有大脑意识，是认知阶段到行为阶段的中间阶段；模仿阶段是运动者将动作表象与自我动作形象进行连接，主要依靠视觉从内在认知阶段转化到外在行为阶段；改进阶段是运动者经常采用分解法和纠正错误法，运用反复练习法、比较分析法等方法，主要依靠视觉和动觉联合控制改进和提高技术动作水平阶段；定型阶段是运动者在运动中理解各动作组合要素间的内在联系，主要依靠本体感觉在变化和比赛环境中掌握和巩固技术动作细节关键阶段；技巧阶段是运动者在各种复杂而困难的条件下，依靠清晰本体感觉，通过观察阅读运动态势变化，依情依景能够灵活熟练展现动作技术阶段；技艺阶段是运动者根据外在运动场景，体察他人的心理状态和运动变化判断，在此情此景能够充分发挥自身本体感觉优势，形成自己独特风格阶段。

运动技术与运动技能的关系是客观存在的，不以客观条件的变化而转移。另外，运动技术与运动技能是相互影响和相互作用的。运动技能形成的每一阶段都是对运动技术的理解、认知以及再理解再认知，最后还会对运动技术再发展再创造提供实践基础。运动技能形成与提高和运动技术要求与发展之间的这样的矛盾关系不断推动体育过程的发展变化。运动技术质量要求主要体现在动作的 7 个要素方面，它们贯穿在运动技能形成各阶段，对运动技能形成不断提出 7 个方面修正。体育过程就是通过多种体育手段将运动技术要求转化为运动技能实践，从而形成运动技能，反之，运动技能实践又促进运动技术发展。体育过程最优化就是在短时间内，运动者将运动技术要求转化为运动实践形成运动技能，进

---

① 参见邵伟德《学校体育学科中运动技术、运动技能和终身体育习惯等概念之关系探讨》，《北京体育大学学报》2004 年第 1 卷第 27 期。

而又促进运动技术改良。因此，两者在要求与发展上构成了体育过程基本关系。

（二）体育过程中的主要关系及处理

体育过程基本关系是体育过程主要关系的基础，体育过程主要关系是体育过程基本关系在某个时间阶段的特殊表现。体育过程基本关系具有客观存在性，不会随着时代的不同而改变。体育过程的主要关系具有时代性和阶段性，但其变化不能脱离体育过程的基本关系。体育过程主要关系的变化需要以基本关系为出发点，体育过程参与者需要把握运动技术与运动技能关系的规律性和特殊性，注重学习运动技术过程中本体感觉的建立和运动技能的形成，保证体育过程的良性运行。

另外，体育过程主要关系还需要结合时代发展的特征进行转变。当前我国体育事业的发展方式正处于重要转型期[20]，人民群众日益增长的体育需求得不到满足[21]，在体育发展过程中出现地区、体育项目、硬件、人群等方面的不平衡不充分发展的问题。体育过程主要关系变化需要适应体育事业发展的方向，着力改善并解决体育过程当前存在的问题。

体育过程的主要关系就是体育过程参与者之间的关系，主要包括运动者与指导者、指导者与管理者、管理者与组织之间的关系。这些主要关系的正确处理是体育过程得以顺利开展运行的保证。

1. 运动者与指导者的关系及处理。运动者是根据自身的运动兴趣爱好、发展需求、身体状况和运动能力等参与体育活动。指导者是体育过程中运动技术与运动战术的指导者，还在体育过程中担任协同组织者、管理者和策划者的角色，对体育过程的发展起着至关重要的作用。

正确处理好指导者与运动者之间关系是体育过程管理工作的基本问题，也是稳定和保障体育过程良性运行的重要基石。在体育过程中，运动者与指导者在互动中难免会遇到各种问题、分歧甚至矛盾冲突，这符合体育发展规律，即体育过程从无到有，从不畅到顺利，从矛盾到磨合再到效益发展的规律。运动者和指导者互为依存，双方的关系紧密，为典型的社会共生关系，即人与人之间的社会互动关系。运动者在两者关系中处于主体地位，运动者在指导者的指导下掌握运动技术，形成运动技能。指导者在两者关系中处于指导地位，在提高运动者运动水平的同时也实现了个人价值。

在运动者参与体育运动的过程中，指导者给予运动者指导意见，发掘运动者的运动潜力，制订适合运动者自身发展的计划，在体育过程中制定运动者本质力量内化于运动技能形成中、外化于运动技能表现中的策略，并付诸实施。运动者具有主观能动性，相对指导者来说是面对运动客体起着主体性作用。运动者因人而异，由于不同的兴趣爱好、发展需求、身体状况和个人能力等情况，主动选择适合自己的体育运动和体育组织，参与制定自身技能学习目标和教学训练以及比赛表演等计划，并在实践中身体力行，提高自身运动水平，实现自己所要追求的运动价值。在指导者与运动者这种共生关系中，体现出供给与需求、主导与主体以及服务与消费等关系，这些是复杂的人际互动关系，在运动技术水平提高的不同时期，运动者与指导者的水平状态影响着关系存在状态。

指导者与运动者关系复杂，但无论哪种关系，指导者的指导作用最重要。指导者都是利用自身运动理论知识和丰富的运动经验把运动技术传授给运动者，只不过运动者在运动技能形成中具有阶段性关系特征。在体育过程的初级阶段，运动者运动技能水平相对较低，对指导者容易形成认可和信任，指导者也易于建立自身的威信，指导者按照自身的经验和意志期望对运动者进行严格的要求和管理，运动者也容易接受指导。但随着运动者运动水平的不断提高，有时会排斥指导者的指导，从而彼此间便产生了冲突。这种冲突如果处理不当，两者关系可能僵化乃至终止。只有指导理念与水平同运动者不断变化的追求相匹配、相切合，满足运动者运动水平的发展需要，才能有利于冲突化解，正确处理好两者之间的关系。这种冲突促进了指导者不断更新指导理念，提升自身指导水平，也推动了体育过程不断发展与变革。

实际上，指导理念和水平与运动者不断变化的追求很难时刻都相匹配、相切合，经常会出现不良关系状态，如"家长制""保姆式""朋友型"等关系。处理好两者关系，除了彼此选择认可及体育过程中不断调整自我之外，还要以"契约"方式建立契约性关系。明确两者之间的权利和义务，以法律协议和平等的关系理念来构建两者之间的关系，才容易保证其关系的稳定性，即使出现关系危机，救济途径也非常明确，冲突也容易缓解甚至化解。

2. 体育指导者与体育管理者的关系及处理。体育指导者是体育运动过程中运动技能形成过程的执行者，体育指导者的管理者（这部分体育管理者特指体育指导者的管理者）是体育指导过程的规划管理监督者，体育指导者和体育管理者构成利益共同体，从与体育运动关联上看，两者是管理与执行的关系，有着共同的主要行动目标：运动者掌握运动技

术、习得运动技能。体育管理者是拥有规划设计、管理服务、监督指导运动过程的权力者，其管理水平直接影响体育指导者执行状态和效率。体育指导者是运动过程顺利开展的执行者，其专业能力是影响运动者运动技能形成的关键因素，也是提高管理者管理有效性的主要因素。

正确处理好管理者与组织者之间的关系是体育过程公平公正有效的制度保障。从体育过程系统运行机制来看，体育管理者要给予体育指导者支持和保障，要建立指导者的管理制度和相应的评价标准。指导者依据管理者要求，通过培训提高专业技术水平，扎实掌握有关基础理论知识，培养实践应用创新能力，保障能够提供多元化的指导服务。

体育指导者与体育管理者的关系存在内部矛盾与冲突，主要体现在指导者专业技术水平、指导质量与管理者要求和制度规范及标准之间的矛盾冲突。矛盾冲突的化解要通过业务水平、管理水平不断提高，共生机制不断磨合，才能实现共同目标。随着社会的发展，不同时期指导者和管理者之间又会产生新的矛盾，同时也转化成为系统发展的内部动力。建立有效的体育过程运行机制来保证指导质量是管理者的基本职能，而为指导者构建服务平台，对指导者进行专业培训是体育活动质量不断提高的必要保证条件。

根据服务对象群体的不同，体育指导者可分为体育教师、教练员和社会体育指导员等。三种不同的体育指导者虽然是任务不同、服务不同的群体，但服务目的是一致的，均致力于运动技能的形成。运动过程中管理与执行系统内部冲突特征也体现出一定的共性，相互越位、各行其道和相互推诿等在管理与执行关系中司空见惯。体育指导者与体育管理者之间应形成一种各尽其责、各司其职的相互依赖关系。管理者要充分尊重指导者在技能形成过程中的主导地位和主导作用，创设条件、改善环境、优化机制促进指导者的专业水平提高。体育指导者要将运动过程目标与体育指导者自身目标相互融合发展，从体育过程要求出发，在体育管理者的组织、协调、管理下，在指导运动者将技术转化技能过程中传播体育精神文化，树立发展体育责任意识。

3. 体育组织者与体育管理者的关系。相对于体育组织者而言，体育管理者是指对体育组织者具有一定管理权力的人。体育组织者是体育活动的缔造者，是体育过程的"设计师"，组织者对体育过程率先发起，并对体育过程各要素进行组织引导，推动体育过程顺利实现。体育管理者为促进体育过程顺利开展应设立法制规范，给予支持和保障，并有引导、监督和管理组织者的责任与义务。

体育管理者与体育组织者之间的关系，从两者与运动的关系来看，是管和办的关系。体育管理者是在体育过程中发挥着治理、协调、监督、评价等"管"的作用。体育组织者是体育过程方案的"设计师"和"导演"，发挥着编制、安排、调动、推进等"办"的作用。体育过程中既要有体育组织者，又要有体育管理者，二者缺一不可，但体育组织者与其管理者不能集于一身。

为确保体育过程顺利进行，圆满达到预期结果，组织者应主动接受管理者管理，管理者应依法依章程制度来治理，为组织者保驾护航，共同努力建立相互协调关系。在体育过程组织管理体系中，既要突出体育组织者的组织功能，又要明晰体育管理者的管理职责；既要保证组织者的自主性，又要保持管理者的独立性，建立权责清晰、管办分离、政企分开的管理制度，以便处理好管理者与组织者的关系。

组织者和管理者受到体育体制制约，如果体制不健全完善，组织者和管理者权力边界容易模糊不清，权责不明确，职能会被弱化。在体育活动举办中，组织者和管理者存在"管办不分""政企不分"的情况，体育管理者往往扮演双重角色，既是管理者又是组织者，因此体育过程中建立和完善分工明确、权责清晰、义务明确的管理者和组织者相关制度迫在眉睫。体育过程的良性运行离不开体育管理者和组织者的配合与合作，只有建立必要的管理制度和组织制度，规范组织者和管理者的工作职能，才能有效地调动他们的积极性，最大限度地发挥他们的作用，确保体育过程顺利实现。

第五节　体育活动质量的评价

质量是体育活动开展的重要保障，评价又是体育活动质量的重要反馈。体育活动质量是体育过程最终阶段的效果反映，也是体育过程是否能持续进行、能否赢得口碑、受到欢迎的内在原因。体育活动质量作为体育过程的最终阶段产物，它的评价可以为今后体育过程的开展运行提供一定的参考价值，切实做到以评价促发展，提高体育活动效果。

一、体育活动质量的感知评价

感知的质量是顾客对一个企业的总体的完美程度和所具有的优势的

判断①。在体育过程中，体育活动质量的好与坏、高与低是由运动参与者，主要包括运动者、指导者、体育管理者、体育组织者、运动需求者对体育活动总体的完善程度和所具有的优势的判断。它体现着一种态度，具有一定的主观性。

在构建感知体育活动质量评价模型中，见图2-3，最先要考虑到运动者、指导者、体育管理者、体育组织者和运动欣赏者的个人体育需求、体育文化知识结构、现有运动技术水平、以往运动体验、口头交流、媒体宣传等方面因素的影响。无论是运动者、指导者、体育管理者，还是

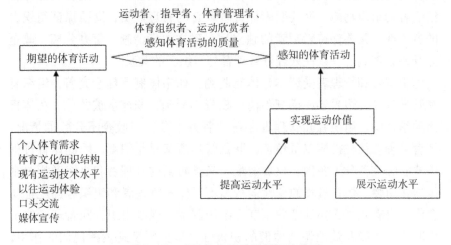

图2-3　感知体育活动质量评价模型

体育组织者和运动欣赏者，他们均通过什么方式得到或感受到高质量的体育活动呢？提高或展示的运动水平通过运动价值的实现影响运动者、指导者、体育管理者、体育组织者、运动欣赏者感知体育活动质量。实现运动价值是人类社会以体育为手段长期追求的目标，也是个体的心理需求中高级的愿望。如果没有实现运动价值或者运动价值大打折扣，而只是一味强调运动水平高，那么参与者对体育活动难以有好感知、好评价。如果强调运动价值的实现，而没有高水平运动，那么感知不生动、不形象，印象难深刻甚至躲避感知。体育活动质量是通过直观的运动水平，以抽象的运动价值实现为中介而得到感知，生动的直观易于感知，抽象有价易于接受，从而形成良好的感知评价。因此，体育过程中提高

① Zeithaml, V., 1987: *Defining and Relating Price, Quality, and Perceived Value*, Cambridge, MA: Marketing Science Institute, pp. 87 – 101.

和展现体育水平，不能脱离人类社会价值追求，否则最后输出的有失范和越轨行为甚至犯法违纪的体育活动终将被唾弃和抛弃。

体育活动感知评价因其主观性，除了与体育活动本身质量有关外，还与感知者对体育活动的质量期望有关。如果感知符合或者高于期望，则会获得较高的满意度，从而认为体育活动质量较高，反之，则认为体育活动质量较低。期望存在着渴望和满意两个不同的水平，渴望水平认为体育活动质量应当是希望得到的状态；满意水平认为是可以接受的体育活动质量。渴望水平之下有一个容忍区，满意水平处在容忍区内。当体育活动质量处于容忍区之下，体育活动质量将会引起不满，忠诚度减弱。当体育活动质量达到或超过渴望水平时，体育活动参与者会感到惊喜，忠诚度增强。不同的运动参与者在可靠性、有形性、敏感性、可信性和个性化的容忍区不同，不仅如此，运动水平的可靠性容忍区相比其他方面的容忍区会更小。另外，期望水平是动态的，再次参与体育活动的期望往往比前一次期望会更高，容忍区会变小，其主要原因是满意水平容易波动，尽管渴望水平也有提高，但比较缓慢且幅度不大。影响容忍区的变化因素很多，其中最重要一点是解读期望体育活动的性质及其决定因素。

二、体育活动质量差距分析

（一）体育活动质量差距

根据服务质量差距分析模型，可以分析体育活动质量。体育活动质量差距分析模型主要说明体育活动的质量是怎样形成的，可以用来分析体育活动质量问题的根源所在。该模型把体育活动质量看作运动者、指导者、体育管理者、体育组织者和运动欣赏者等体育过程参与者所感受到的体育活动服务质量与期望的体育活动服务质量之间的差距，并且强调五者的体育活动满意度是由他们实际感知的体育活动质量和所期望的体育活动质量之差决定的。

在构建体育活动质量差距模型中，见图2－4，上半部分是体育过程中的主要参与者，下半部分是体育过程中所涉及的提供体育活动的各种属性。该模型中体现的差距主要集中在体育过程中所提供的运动者、指导者、体育管理者、体育组织者和运动欣赏者所感受到的体育活动的质量和所期望的体育活动均存在着不一致的情况，这些不一致的情况所带来的差距又来源于体育活动各个环节中的水平差异或质量差距。这样的

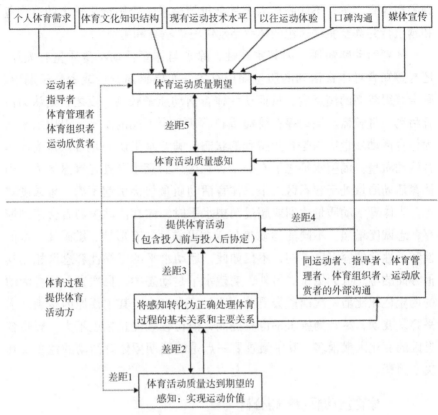

图2-4 体育活动质量差距分析模型

差异性既存在于体育过程所提供体育活动的内部，也存在于体育过程所提供体育过程的外部。体育活动质量差距模型认为，感知的体育活动质量低于所期望的体育活动质量水平时，说明运动者、指导者、体育管理者、体育组织者和运动欣赏者对所提供的服务不满意，反之亦然。

在构建体育活动质量差距模型中体现出5个差距，具体如下：

差距1：体育活动提供方所了解的运动者、指导者、体育管理者、体育组织者、运动欣赏者的期望与实际期望的体育活动质量需求之间的差距。

差距2：体育活动提供方所了解的运动者、指导者、体育管理者、体育组织者、运动欣赏者的期望与预期设定的体育活动目标之间的差距。

差距3：体育活动质量标准与运动参与者实际传递体育活动质量要求之间的差距。

差距4：实际传递的体育活动质量要求与外部市场沟通所承诺的体育活动质量的差距。

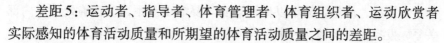

差距 5：运动者、指导者、体育管理者、体育组织者、运动欣赏者实际感知的体育活动质量和所期望的体育活动质量之间的差距。

在这 5 个差距中，最为重要的是运动者、指导者、体育管理者、体育组织者和运动欣赏者实际感知的体育活动质量和所期望的体育活动质量之间的差距。体育活动提供方必须以运动者、指导者、体育管理者、体育组织者和运动欣赏者为中心，采取相应的措施对体育活动质量弥补这一差距。

（二）体育活动服务质量差距产生的原因分析

体育过程最终阶段是体育活动，体育活动质量不仅存在于体育活动中，还存在于体育过程其他环节之中，也就是体育活动质量来源于整体体育过程，来源于 5 个差距。

差距 1：管理者理解的差距。

这个差距是体育活动管理者对需求者期望的体育活动质量的理解不够准确造成的：一是调研和需求分析的信息不准确；二是没充分分析需求；三是对有关期望的信息做了不准确的解释；四是传递给管理者的信息少而差；五是传递过程中信息衰减、歪曲或丢失。纠正这个差距就是要加强调研获取真实的需求者期望信息，并在内部及时准确传递信息内容，以及深入正确分析信息本意及属性特征。

差距 2：体育活动质量目标设计的差距。

管理者对需求期望有一定的理解，但制定体育活动质量目标时，有些脱离自己的理解，造成体育活动质量目标与管理者自己理解的需求期望不一致而产生的差距。产生原因：一是没有重视和支持体育活动质量目标的制定；二是质量目标设计水平差，目标设置模糊不清；三是质量目标制定后未与体育过程参与者讨论确定；四是质量目标过于僵硬，盲目满足期望的风险管控。纠正这个差距需要管理者重视和支持质量目标的制定，提高质量目标设计水平，发扬民主，调动体育过程参与者参与制定质量目标。

差距 3：体育活动质量目标传递的差距。

体育活动质量目标，在向体育过程参与者传递中，没有严格按照质量目标进行传递而产生的差距，其原因归结为：第一，体育过程中正确处理体育过程的基本关系及重要关系的能力欠缺，传递过程中关系紧张或者矛盾引起误差；第二，体育活动质量目标不切合实际，或者过于复杂和僵化，体育过程参与者难以接受和理解；第三，没有得到体育过程

参与者赞成，质量目标难以推行落实。要缩小差距，应正确处理好内部关系，发挥民主精神，制定切合实际、参与者赞成的质量目标，建立与质量目标一致的评价机制，加强内部营销与管理。

差距4：宣传承诺的差距。

这个差距就是实际提供的体育活动质量与向外部承诺的体育活动质量的差距。差距产生的原因：一是过分夸大宣传和虚假宣传，过分承诺；二是体育活动没有按质量目标开展；三是内部计划与外部宣传沟通协调失控。为了消除差距，体育活动宣传要规避在新媒体宣传和市场沟通中的过度承诺；加强内部计划与外部宣传沟通，遵守服务信誉。

差距5：可感知体育活动差距。

这个差距是实际感知的体育活动质量和所期望的体育活动质量之间的差距，也是体育过程中出现其他差距的共同结果。差距产生原因：一是对体育活动质量期望过高；二是体育活动质量差，口碑差；三是与前面4个差距有关。缩小可感知活动差距应从以下方面着手：一是前4个差距应尽量缩小；二是提供高质量的体育活动；三是树立形象，形成好口碑、好品牌；四是尽量弥补体育活动感知不足的地方。

三、体育活动质量评价指标的维度

从体育过程序列视角分析，体育过程输出的最终结果是体育活动质量的承诺。体育相关部门要向社会公众提供体育活动质量承诺，并根据有关体育规制的要求、约定俗成的社会道德责任等明确体育活动质量标准，再根据体育活动质量承诺和体育活动质量标准要求提供体育活动。

体育过程各环节，各阶段参与者素质及其相互关系是影响体育活动质量的关键所在。体育过程的控制对体育活动质量起着至关重要的作用，它是指控制和测评各环节完成的准确程度、各环节运作的和谐程度等。其控制的方法主要有流程管理和痕迹管理两种[①]。流程管理是对体育过程从体育资源投入到产出的各个环节的控制与测评，包括对体育过程预期目标的设定、运动效果的确定、整个环节的控制。痕迹管理主要是对以政府为核心的体育部门的工作职责、监督管理及考核奖惩等工作内容的印记管理，有利于对体育过程的跟踪、监督、检查和指导等。据此形成体育活动质量评价的指标维度，主要体现在体育过程管理职责、体育

---

① 参见董丽《基本公共服务质量评价问题研究》，长春，吉林大学，博士学位论文，2015。

过程投入和运动效果 3 个维度，具体见表 2-3。

表 2-3 体育活动质量评价的指标维度

维度	标准	指标
体育过程 管理职能	体育过程的战略和目标	体育活动质量的战略和目标制定
	体育制度规范	体育过程中有专门的组织机构，职能设置合理
		体育过程明确管理规章制度
		体育管理机构保证良好的工作效率
	以公众为中心	主动识别公众的体育需求和期望
		正确处理公众的反馈意见
		与公众进行充分的沟通
体育过 程投入	体育人力资源	体育管理者、体育组织者、指导者拥有合格的 业务能力
		确保体育人力资源进行定期的专业培训
	体育物力资源	健全体育人力资源激励机制
		体育场地和空间充足，满足体育活动的需要
		体育活动设施齐全，能适应不同的活动需要
	体育财力资源	体育活动设施和辅助器材便于操作，使用率高
		体育场地设施做到定期维护，保证安全性能
		拥有多种渠道的资金支持来源
	体育信息资源	互联网 + 、大数据等体育信息平台的搭建
		开展体育文化方面的宣传教育
运动效果	实现运动价值	提高或展示运动水平
		人的本质力量运动化程度

体育过程管理职责的标准体现在体育过程的战略和目标、体育制度规范、以公众为中心。其中，体育过程的战略和目标指标是体育活动质量的战略和目标的制定，这个指标是对体育过程整体的策划和指导。体育制度规范的指标包括体育过程中有专门的组织机构，职能设置合理，分工明确；体育过程明确管理规章制度，使体育过程在公平、公正、公开中顺利进行，确保体育过程的良性运行；体育管理机构保证良好的工作效率，在规定的时间内完成工作任务。以公众为中心的指标包括与公众要进行充分的沟通，主动识别公众的体育需求和期望，这是体育活动质量评价最为重要的指标，判断出公众实际感知的体育活动质量与期望

的体育活动质量之间的差距，做好补差工作；正确处理公众的反馈意见，根据反馈意见及时优化体育过程，为公众提供满意的体育活动。

体育过程的投入是指在体育人力资源、体育物力资源以及体育财力资源和体育信息资源方面的投入。体育人力资源主要包括运动者、指导者、体育管理者、体育组织者等，要求无论是资质、知识、能力，还是素养都能胜任体育过程的相应工作；确保体育人力资源进行定期的专业培训，不断地更新理念，提升体育专业技能；健全体育人力资源激励机制，确保体育人才不流失。体育物力资源包含体育场地和活动空间。体育活动设施应齐全多样，满足不同体育活动需求；体育活动设置和辅助器材要简单便于操作，使用率高；体育场地设施应进行定期维护，保证安全。体育财力资源的指标是拥有多种渠道的资金支持来源，如政府在安排财政转移支持资金和本级财力时要对体育过程给予支持，再如向社会募捐资金到体育过程中等。体育信息资源包含互联网＋、大数据等体育信息平台的搭建，实现不同需求的体育信息资源共享，促进区域间的体育信息资源均衡配置；开展体育文化方面的宣传教育，让更多公众认知体育、热爱体育。运动效果由实现运动价值来衡量，实现运动价值指标代表不断地提高或展示运动水平和人的本质力量运动化的程度。

第三章　体育目的

在文化的作用下，人类的身体活动逐渐产生了分化，劳动活动、军事活动和教育活动等成为人类生活的重要内容，相比之下，体育活动分化得比较晚，但体育发展到今天已经与我们息息相关，我们真正意识到体育的存在，却总是无法看清体育到底为何物，这其中与我们对于体育目的的认知不无关系。由于不同主体对体育的价值取向不同以及认识上的差异渊源，体育的教育性目的、生物性目的、心理和社会性目的并存，使得体育目的争论已久但尚未取得统一认识。

人类社会发展任何领域的最终目的都是为人的发展，如果体育的目的是为人的发展，其目的太过宽泛和宏大，体育将因此失去针对性，容易忽左忽右盲目发展。如果将体育的目的说成是育人，那么体育从教育学学科门类中脱颖而出成为独立学科门类的日子会更久远。体育与运动关系最密切，体育因运动而来，运动因体育得到了更好的发展，显然体育的目的不能离开运动。

理想的体育就是最大化地实现运动价值，而为实现运动价值，体育就要不断提高和展现运动水平，因此，体育的根本目的就是提高和展现运动水平，其主要目的任务就是改进和完善运动条件，促进运动发展。改进和完善的条件就是体育要达到的目标。其条件包括运动所需要的人、运动所需要的场地设施、运动所需要的组织以及运动所需要的自然环境等。研究再次明确提出体育的根本目的，再次明确体育的目标，将目的、目标围绕运动更具体地提出，体现了体育目的的独特性，为体育发展准确地指明了方向。本章将对体育目的的不同认识进行梳理，在此基础上阐释"运动"在确立体育目的时所扮演的角色，进而从全新的角度阐明确体育目的，明确体育任务。

第一节　新解体育目的之意义

体育目的为体育活动指明方向，是体育活动的初心和归宿，贯穿于体育事业发展的全过程。体育制度、政策及重大措施的出台，要依据体

育目的；体育事业领导者制订每一时期工作计划，要依据体育目的；各局部体育目的任务的确立，也要有高一层次体育目的的导向。明确了体育目的，不仅对体育事业发展具有重要的导向意义，对于体育学科的基础理论建设也具有重要作用。总体来看主要表现在以下方面。

一、识别体育目的特性

从本体论的角度对某事物的目的进行考察，应该包括对该事物存在发生的内在原因与依据的考察，包括对存在的深层本质的考察[①]，这说明某事物的目的是涉及该事物的本质核心的。因为每一事物有每一事物的目的，最后的目的只能是该事物的目的，而不再以其他事物为目的，即不再作为其他事物的手段[②]。马克思主义哲学告诉我们，在意识观念中形成的目的，不等于是在实际中实现了的目的，目的必须否定自己的抽象的主观性，否定自己单纯的观念形态，才会给人带来实际的满足，反之目的也就失去了自身成为目的的规定性。以此来说，目的要求自己实现从主观到客观的转化，任何活动都要按照预设的目的进行转化，以便于确保这项活动的独立性抑或在本质上的排他性。

体育活动虽然是为了满足人类的需求、促进人类的发展而存在，但如果仅从此点出发，那么教育活动、医疗活动同样因此而存在，这样就无法区别体育活动与其他促进人类发展活动的区别。从体育的目的概念看出，体育是伴随着运动而出现，并因运动需要改变而不断发展变化，它所表现出的对于运动水平的提高，对于运动价值的彰显，是其他任何活动都不能代替的。因此，体育目的的首要作用就是它是构成体育这一事物与其他各种事物之间本质区别的一个核心方面，体育目的也必定是使其与其他事物区别开来的一个本质特征，这也许是我们非要弄清体育目的的最原始的出发点。

二、明确体育内容

内容是揭示事物的内在要素和它的结构以及表现方式，是构成事物要素的总和，包括事物的内在矛盾及由这些矛盾所规定的运动过程和发展趋势；本质是事物所固有的普遍的、相对稳定的内部联系，决定着事物的性质，由事物本身所包含的特殊矛盾构成[③]。从内容与本质的关系

① 参见丁念金《走出教育目的研究误区的途径》，《教育评论》1998 年第 6 期。
② 参见陈长礼、杨忠伟《体育的目的价值分析》，《体育学刊》2006 年第 5 期。
③ 参见金炳华《马克思主义哲学大辞典》，上海，上海辞书出版社，2003 年，第 257 页。

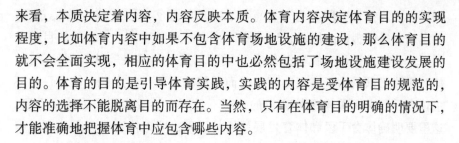

来看，本质决定着内容，内容反映本质。体育内容决定体育目的的实现程度，比如体育内容中如果不包含体育场地设施的建设，那么体育目的就不会全面实现，相应的体育目的中也必然包括了场地设施建设发展的目的。体育的目的是引导体育实践，实践的内容是受体育目的规范的，内容的选择不能脱离目的而存在。当然，只有在体育目的明确的情况下，才能准确地把握体育中应包含哪些内容。

三、调控体育过程

体育过程是否有效，过程中环节设置是否合理，虽然可以也必然有非常细致的评价标准，但是所有细化的评价标准的最高价值预设都来源于体育目的。体育过程涉及多个因素，复杂多样的社会因素总是对体育及其过程产生这样或那样的影响。要确保体育过程的合理性，必然要时刻铭记体育目的的任务，在目的的指引下监督和调控体育过程。主要包括3个层面的调控：一是通过确定价值的方式来进行调控。这一点主要体现在对体育价值取向的把握上。体育的产生和发展既是社会的需要，也受社会所制约，社会在利用体育来满足自身或人的发展需要时，无不赋予它特有的价值取向。因此，体育目的总是体现为带有一定价值实现的要求，并成为衡量体育价值的内在根据，进而调控实际的体育活动，使其对价值不可违背。二是通过制定标准的方式进行调控。体育目的对体育活动的影响，往往通过制定具体的标准和规范来实现。足球运动通过改革确立了发展目标，体育场地设施建设有其数量目标，体育产业的发展也同样设置了产值上的目标，这些标准和规范具有调控作用，直接影响体育从业者行为的选择。三是通过建立目标的方式来进行调控。体育目的向实践转化的过程中，会衍生出系列的短期、中期或长期的目标。正是这样一些目标，铺开了体育目的可以实现的操作路线，具体调节和控制体育的各种活动。

四、规定体育手段

目的与手段是人类自觉的对象性活动中两个互相联系的因素。目的是活动主体在观念上事先建立的活动的未来结果，它必须通过主体运用手段改造客体的对象性活动来实现。目的同时也是引起、指导、控制、调节活动的自觉的动因。它作为规律决定着主体活动的方式和性质。手段是实现目的的方法、途径，是在有目的的对象性活动中介于主体和客体之间的一切中介的总和，尤指实现目的的工具和运用工具的操作方式、

活动方式。体育手段是为了有意识、有目的地实现人（或人的某方面）的运动水平的提高或展示运动水平而采取的各种途径。什么样的目的就需要什么样的手段，比如是体育手段而不是政治手段等什么别的手段。体育手段必须是为了实现体育目的而采用的手段，相应地，体育目的要求体育手段必须能实现体育目的，而不是所有手段都能作为体育手段。这里要明确体育手段和体育发展手段的区别，明确体育手段是体育自身的手段而非其他事物的手段。

五、评价体育结果

体育目的既为体育活动指明了方向，又为检查和评价体育活动的质量提供了衡量尺度和根本标准。体育目的是体育活动所追求的结果，是评价各种体育实践活动的根本标准，可以用来检测体育工作成效。无论是过程性评价还是终结性评价，都必须以体育目的为根本依据。同时，体育目的只有具体体现在体育活动的各个评价体系之中，才能切实发挥其导向和调控功能。体育目的对体育活动的评价主要表现在以下两个方面。

一是对价值变异情况的判断与评价。体育实践过程中会出现各种利益、需要、目的等方面的矛盾与冲突，常常导致体育上的冲突。这就使得体育活动的进行总是面临多种多样的体育价值观的影响和干扰，并不是事先已被赋予了明确的目的或多层次目标就能保证体育活动顺利进行的。这种影响和干扰虽不能马上取代已经正式确定的体育目的，但有时却容易在实践上导致体育活动的方向模糊不清，甚至使其被赋予了另外一种价值取向。比如，足球运动有其自身的逻辑和规律，我国足球事业经历了曲折的发展过程，一些脱离足球运动发展的价值取向是曲折的主要原因，对于这种情况，如果不坚持用所确立的正确的足球价值观进行衡量评价，就不能意识到足球活动价值的变异，也难以使其得到有力的纠正。二是对体育效果的评价。依据体育目的确立的各层级的体育目标，一般都是根据具体体育问题提出的，比如人均体育场地设施面积发展目标，它不仅是具体体育活动可操作可实现的目标，而且是评价具体体育活动效果的直接依据。体育实践活动既然以体育目的为出发点和归宿，那么检验体育实践活动成功与否的最根本标准也应是体育目的。

第二节 体育目的新解

一、体育目的的认识分歧

体育是个体化之人依据个体化发展需要发明的，体育亦是基于人类社会构建需求而发明的①。在价值与功能的指引下，体育是为"人类需求"而被发明创造的，也就由此衍生出第一种类别的体育目的，即围绕人构建的体育目的，诸如"增进健康""丰富社会文化活动"等；随着人们对体育需要的多样化，提高运动技术水平也被写入体育目的，形成了第二种类别的体育目的，即围绕人的运动构建体育目的；最后一种体育目的则做了归和，将"人"和"运动"同时视为体育的目的所在。

（一）以"人"为中心的体育目的

身体是体育运动的物质基础，尤其在运动人体科学中这种认识更被放大化。可以说从体育被定义为"体育"以来，体育是对人身体的教育就深入人心，这既和体育与教育关系有关，也和人日常接触体育所行为的思维定式有关。纵观各国对体育的期许和愿景，围绕人进行目的内容构建的占了绝大多数，从各国不同体育定义中的目的表述可见一斑。《美国百科全书》将"体育运动"（physical education and sport）定义为：一切非生产性的体力活动，即从兴趣出发，以竞技为目的和以强健身体为目的的体力活动。这是将"physical education"和"sport"放在一起的定义，明确地提出了体育的目的包括了竞技和强身健体。即使将"physical education"和"sport"分开定义，体现出以人为对象的目的同样占据了主流，如《美国百科全书》中对体育（physical education）的定义是：关于人体构造、身体发展的教育，包括人体生理机能、力学原理及其有效运用的研究。美国学者亚瑟·廷豪斯博士认为体育是以适当和适量的身体活动为方法，使人格、个性得到训练的一种体能教育。美国学者布切尔认为体育（physical education）指的是与发展和养护人的身体有关的教育过程。这些观点同样表明体现了以人为对象的观点，认为体育重视的是对人格、个性的体能教育。在欧洲的体育认知历史中，体育作用于人的观点同样影响深远，如1962年，"欧洲体育用语统一国际研究会"

---

① 参见王宏、郑薇娜《体育功能与体育价值双向关系及模型构建》，《山东体育科技》2015年第37卷第4期。

把"physical culture"界定为体育的上位概念，认为"体育不只是包括体育教育，还包括身体的休闲、消遣、娱乐、竞技等活动，以及有关身体方面人类所创造的物质和精神财富的总和"。这一定义中明确了体育是围绕身体方面的文化。《不列颠百科全书》更是从生理学的角度对体育进行了解释，认为"体育是关于人体构造，身体发展的教育，它包括人体生理功能、力学原理及运用的研究"。

因为政治体制的不同，苏联的体育发展无论是在体制上还是在目的上都与欧美国家有着较大的差别，但在体育目的的设定上同样体现了"人"的重要位置。《苏联百科全书》认为："体育运动是社会总文化的一部分，是为增进健康，发展人的身体能力，并为适应社会实践需要而利用这些能力的一个社会活动领域。"《苏联百科辞典》认为："体育是社会文化的一部分，是为增强人的健康和发展人的体质而开展社会活动的一个领域。"它的社会活动的标志是："人的健康和体质发展水平，在教育、生产、日常生活领域中进行体育活动的程度，竞赛项目的成绩等。"苏联的一些学者将体育放置于教育的范畴理解，更加注重体育以人为主的目的。马特维耶夫认为体育的突出特点就是一个形成运动技能和发展身体的过程。苏联教育科学出版社出版的《教育科学辞典》中做了如下定义："体育是以增进人体健康和达到身体正常发育为目的的一种教育。"

日本于1961年颁布的《スポーツ振兴法》里，对于体育（スポーツ）的定义是："竞技运动及身体运动（包括野营活动等其他野外运动），是为了促进身心健全发展而进行的。"中小学《学习指导要领》中的"体育"（小学）和"保健体育"（初中、高中）目标以及国语辞典中的"体育"概念，主要是指"通过适当、合理的运动实践，促进身体健全发展，培养运动能力和过健康、安全的生活态度"。此外，日本一些著名学者也对体育做了较为权威的界定，如相川量平的体育概念为："体育可以说是包含着提高人的生存活力的、具有广义性质的身体活动。"

新中国成立初期，"增强体质"首先被写入我国体育目的。在开国大典前夕，《中国人民政治协商会议共同纲领》第四十九条就规定了"提倡国民体育"[①]。1个月后，朱德提出"体育为人民服务，为国防和国民健康服务"的基本任务，在此基础上，1952年毛泽东提出"发展体育运动，增强人民体质"。1954年，中共中央批准国家体委《关于加强

---

① 转引自陈杨勇《建设新中国的蓝图》，北京，社会科学文献出版社，2013年。

人民体育运动工作的报告》，其中就阐明了"改善人民的健康状况，增强人民体质，是党的一项重要任务"。① 从国家法律法规到高层领导人意志基本明确了这一段时期我国体育发展的指向，即"还体育权于百姓"，这一政治任务奠定了日后新中国体育事业的基本方针。新中国成立之初，百废待兴，人民体质羸弱，为了摘掉"东亚病夫"的帽子，"增强人民体质"成为这一阶段我国体育发展的诉求。总体来看，在以人作为体育对象的观念下，体育目的的内容主要集中在强身健体、发展与养护人的身体、增强人的运动能力、增进健康、增强体质等。

（二）以"人体运动"为中心的体育目的

随着人们对体育认知的不断加深，对于体育对象的认知也在逐渐发生变化，围绕运动进行体育目的构建的观点也同样受到学者们的重视。美国《韦氏体育词典》认为体育（sport）是一种需要一定的体力或使用某种器械得分的技能的娱乐性或竞赛性活动。这一定义虽然没有明确说明体育的目的，但可以看出体育应该不断地优化这种娱乐性或竞赛性活动。与此类似地，《简明不列颠百科全书》认为体育泛指那些需要一定体力或技巧的娱乐性或竞赛性活动。日本自有体育概念以来，也出现多种定义，其中将运动作为体育对象的概念占据了一席之地。1995 年《辞苑》（第一版）及 1988 年《辞苑》（第三版）将体育定义为"从田径、棒球、网球、游泳、划船比赛等到登山、狩猎等，包含游戏、竞争、身体锻炼要素的运动的总称"；《大辞林》对于体育的定义是"为了余暇活动、竞技、增强体力而进行的身体运动，是田径、游泳、各种球类运动、滑雪、滑冰、登山等的总称"；《广辞苑》认为竞技运动是"从田径、棒球、网球、游泳、划船到登山、狩猎等一切含有竞争和锻炼要素的身体运动的总称"。这些定义都体现出运动是体育作用的对象，但是都是指身体运动，体育的目的就是发展身体运动。我国在改革开放后，体育进入为国争光的时代，"提高运动技术水平，为社会主义建设服务"② 被写进我国体育目的。1979 年 11 月国际奥委会正式宣布恢复中国奥林匹克代表权，中国体育全面登上国际体育大舞台，体育成为在国际舞台上展示新中国形象的有效工具。1980 年、1984 年和 1986 年，国家体委分别颁布

---

① 参见刘峥《新中国体育发展战略的演变（1949—2008）》，北京，北京体育大学，博士学位论文，2011。

② 参见 1986 年出版的师范院校本科《体育理论》及 1987 年出版的体育院校《体育理论》教材。

有关文件，进一步强化竞技体育，突出"奥运争光计划"，明确提出体育要提高人民健康水平和运动技术水平，争取在世界舞台上创造优异成绩，更好地为"四个现代化"服务。此外，国家领导对竞技体育在为国增光、提高民族凝聚力、加强社会主义精神文明建设和满足人民群众需要等方面的意义与作用予以充分的肯定。[①] 这一时期，创造优异运动成绩是政治发展对体育提出的主要要求，为国争光的政治任务成为体育快速发展的重要推动力。基于此，我国体育目的在"增强人民体质"的基础上增加了"提高运动技术水平，为社会主义建设服务"的内容。在"提高运动技术水平"的关照下，竞技体育得到了空前的重视和发展，体现出了较强的指导性。

围绕"运动"进行体育目的的构建，拓宽了体育目的的范围，这是与体育认知有很大关系的。这里的运动虽然包括了"身体运动""运动项目""运动技术水平"等运动要素，但通常还是指人体运动，并没有对运动本身的概念进行深入的分析，仍然具有一定的局限性。

（三）以"人"和"运动"为中心的体育目的

以"人"或者以"运动"作为体育目的的内容构建的对象，表面上看是具体内容上的差别，但背后是两条完全不同的逻辑支撑。但随着体育内涵的不断扩大，似乎两者都不能很好地阐明目的，因此，"人"与"运动"归和到一起进行目的阐述似乎可以把所有问题都囊括在内。美国学者克鲁格认为："体育（physical education）是教育过程，它通过教学、学习、锻炼以及方法促使身体得到发展和运动技能、体育知识、运动规则的掌握，解决活动中所出现的问题。"这里将运动技能、知识、规则等纳入体育目的中，但这一切都是围绕着对人的教育进行的。前民主德国所出版的《奥林匹克百科全书》中把人的身体教育以社会的措施、条件、因素、手段等都纳入其中。苏联《体育理论概论》一书中将体育放置于广义的教育这一总概念下定义，认为体育是有目的地形成人的运动技能、提高身体素质。我国在改革开放后，逐渐将"改善人们生活方式，提高生活质量""促进社会主义物质文明与精神文明建设"纳入我国体育目的。1992 年党的十四大明确提出我国经济体制改革的目标是建立社会主义市场经济体制，社会主义市场经济改革的不断深化对我国的

---

① 参见杨桦《20 世纪 80 年代以来我国竞技体育发展的成功经验及存在的问题》，《成都体育学院学报》2002 年第 28 卷第 1 期。

产业结构和经济发展方式提出了新的要求，第三产业开始发挥越来越重要的作用，体育产业对国民经济发展的促进作用开始显现。此外，党的十四大还提出了必须努力实现的十个方面关系全局的主要任务，其中第九条提出要"不断改变人民生活"，这里的改变并不仅仅是人们生活条件的改善，而是生活方式、生活质量、价值标准等多方面的变革。体育逐渐成为改变人们生活方式的重要手段，赛事欣赏、运动健身等体育服务丰富了人们的社会文化生活，在塑造人们生活方式上起着越来越重要的作用。1995 年颁布的《中华人民共和国体育法》总则第一条规定体育的目的是"增强人民体质，提高体育运动水平，促进社会主义物质文明和精神文明建设"。此后"改善人们生活方式，提高生活质量，促进社会经济健康、文明发展"等一些类似的体育目的也被写进 20 世纪的体育教材中。

通过对于体育目的内容的梳理可以看出，不同历史时期不同国家都会根据社会发展的需要不断增加体育目的的内容，这些内容在一定历史时期内促进了体育的发展。整体来看，体育目的内容主要有三条脉络：第一，围绕"人体"进行目的内容的构建，如"发展身体""强身健体""增强体质"等；第二，围绕"运动"进行目的内容的构建，如"掌握和提高运动技能""提高运动成绩""提高运动水平""向受教育者传授增强体质的知识、技能和运用这些知识技能锻炼身体""运动技能、体育知识、运动规则的掌握"等；第三，兼有"人"和"运动"的目的内容构建，如"丰富社会生活""改善生活方式与提高生活质量""为一定社会的政治和经济服务""促进人的全面发展，丰富社会文化生活和促进精神文明"等。归结起来，第一种构建方式将人作为体育的对象，在对象上就出现了偏差，第二种虽然以运动作为对象，但仍然没有脱离人，主要是指人体的运动，"纯"运动要素体现不足，而第三种将两者包含其中，虽然在目的表述上已较为全面，但同时降低了体育目的对体育实践工作的指导作用。由此看来，将人作为体育作用对象，看似符合体育发展的大众认知，但是在学理上无法给出合理的解释。那么体育目的到底为何物？我们应该从哪种角度去认识体育目的呢？

二、体育目的中的"运动"

（一）运动手段论

运动手段论认为，运动是体育的手段，体育借助运动实现运动以外

的社会目标。在许多体育概念中，都可以看到运动手段论的身影，如"以人体运动为基本手段""以自身运动为主要手段""以身体与智力活动为基本手段""通过运动"以及"以身体活动为媒介"等，但意思与"以身体练习为基本手段"大体相当，表达的都是"人的运动"，可以说并没有本质区别。但我们仔细考虑一下，运动或者"人的运动"真是体育的手段吗？如果是，那么体育与运动的关系也就是手段与目的的关系。手段是指为达到某种目的而采取的方法和措施，当把运动作为体育的手段时，说明运动是体育为达到某种目的的方法和措施。如果学校体育的范畴中将运动作为方法或措施而达到某种目的，似乎可以满足人们将运动作为手段的想法。实际上"身体练习"是马特维也夫在《体育理论与方法》中的界定。书中认为"身体练习"是指旨在实现体育教育的任务，并服从其规律性的运动动作类。① 也就说"身体练习"在其表述中是作为体育教育的手段，而非体育的手段。教育的对象是人，当然人的身体练习作为体育教育的基本手段，成为体育教育的本质属性，这是无可厚非的。

（二）运动目的论

运动目的论认为，运动是体育的目的，体育借助一定的手段实现运动这个目的。目的论者意图将运动作为体育发展目的，如果运动是体育的目的，那么体育将作用于谁实现这种目的呢？目前学界对于我国体育目的的表述中，无论生物性目的如"增强体质，增进健康"还是心理和社会性目的如"改善人们生活方式，提高生活质量，促进社会经济健康、文明发展"，抑或是"提高运动技术水平"等，都体现出体育的作用对象是人。但是我们能就此说体育的作用对象是人吗？社会中很多事物的发展最终目的都是为了人的发展，将"人"作为体育目的的直接作用对象并不能将体育与其他事物区别开来，显然体育是通过某种媒介作用于人的，而这种媒介正是我们所要寻找的体育的直接作用对象，就像医学也是为了人的发展，但是医学的直接作用对象是"疾病"，医学通过作用于疾病，进而促进人的健康。由此看来，人只是体育的间接作用对象。显然在运动目的论中，体育的手段以及作用的对象又会变得模糊不清。

从运动手段论与运动目的论的观点来看，这实际上涉及人的实践活

---

① 参见马特维也夫《体育理论与方法》，姚颂平等译，北京，北京体育大学出版社，1994 年。

动中的价值关怀问题，在人类的理性活动中，目的和工具分别是人类实践的"两大尺度"的主观（目的）和客观（手段）的表现形式，以目的和工具为尺度，构成了人类理性活动的两大类型——价值理性和工具理性，人的实践活动正是在这两个尺度辩证统一的引导下展开的①。从社会历史的角度说，每个人或事物都不单纯是目的，也不是单纯的手段，而是目的和手段的统一，片面强调某一方面，都会陷于虚妄。可以说，正是作为人类实践的一个根本矛盾的两个方面，即目的和手段的相互联系，相互促进、相互转化，才使人类本身得以存在和发展。目的和手段不是单层的关系，是多层的关系。只有将具体的两件事物相对比的时候，才能讲出谁是目的、谁是手段，而对一件复杂关系中的事物来说它是目的还是手段则往往是含糊的。"我要 A，为了 A 而要 B 与 C……，为了 B 而要 X、Y……，这种复杂的关系有时被简化成"我要 A，我要 B，我要 C……我要 X、Y……"，手段经常上升为目的，这样一来往往手段与目的不分，真正的目的通常被各种手段所淹没而被遗忘。

（三）运动对象论

无论将运动作为手段还是目的，都会引起体育手段和目的的迷失，我们不禁思考应该如何安放"运动"。从体育实践的角度说，运动并不是单纯的目的，也不是单纯的手段，片面地将运动作为手段或者目的，都会使体育在寻找对象时走入迷途。从前文对于目的概念的辨析可以认为，体育目的无外乎是指那种作为努力的最终结果而呈现出来的有关物质或有机体的改善状态。从这一点来看，体育的存在是为了努力改善某物质或有机体的状态。那么体育努力改善的某物质或有机体到底是什么呢？前文已经说明，体育虽然最终要促进人的发展，但是并不是直接作用于人的，体育是通过作用于某种媒介进而促进人的发展的，这就说明处于人与体育中间的媒介才是体育努力改善的目标。在寻找这媒介时，我们不禁要回到我们的体育概念中来，体育为运动而来，为促进运动水平的提高而存在着，体育通过改善运动进而满足人类发展的需求，运动才是体育想要改善的目标。为了促进运动水平的提高，我们需要不断地完善制度、培养优秀的体育人才、创造丰富运动项目等，而这一切都是为了改进和改善运动。由此可以看出，运动既不是体育的手段也不是目的，而是体育直接作用的对象。

---

①　参见陈长礼、杨忠伟《体育的目的价值分析》，《体育学刊》2006 年第 13 卷第 5 期。

三、体育目的再确立

体育的目的着眼于发展体育运动，通过对体育运动的发展，进而促进社会的发展和人的全面发展，因此应当根据人与社会需要来确定目的。

（一）体育目的确立的依据

体育目的确立的依据之一是运动发展需要。把"运动"从人体分离出来，只看"运动"自身，即"裸运动"。运动分为人体的运动、动物的运动、机械的运动以及虚拟的运动。这些运动都具有价值，而如何更好地实现这些运动的价值，需要人去设计或者操纵这些运动，促进运动的发展，从而使运动的价值得到彰显。但是，怎样的运动才具有价值，运动的价值又是如何展现的呢？这其中必然离不开运动水平的提高，正是在运动水平不断提高的过程中，运动的价值才得以不断彰显。运动水平的提高是多种条件下综合作用的结果，体育正是为了优化这些条件而来的。因此，在确定体育的目的时，必然要厘清运动水平提高需要哪些条件，以及这些条件应该达到什么样的程度。

体育目的的确立的依据之二是社会需要。体育日趋成为人类社会有机体的重要组成部分，受到社会发展的客观需要制约，这些客观需要可以从政治、经济、文化以及教育四个方面予以概括。体育目的的确立应符合社会政治的要求。人类进入阶级社会以来，政治活动成为人类最重要的活动之一。马克思主义政治观对政治的基本特征、属性和内容都做了规定。从唯物主义角度看，政治的基本特征是"经济最集中的表现"，它反映了社会经济生活中各个集团、各个阶级的根本利益和利害冲突；政治的属性是"各阶级之间的斗争"，它表征了因生产关系而形成的阶级关系必然以政治形式表现出来。在这个发展过程中，体育逐渐被被统治者用来宣传政治理念，以奥林匹克运动为例，奥林匹克运动是在阶级社会中孕育、产生和发展的，政治斗争不可避免地要对这一运动产生积极或消极的影响。[①] 无论是将体育作为政治理念的宣传工具还是某国体育制度的设立，体育都需要在一定程度上满足需求主体的政治诉求，因此在确定体育目的时必然要考虑到政治的需要。体育目的确立与社会经济的发展相协调。社会的物质生产水平从根本上决定着体育运动发展的规模和速度，决定着体育事业内部的结构和比例。在新的世纪里，社会

---

① 参见易剑东《百年奥运史》，南昌，江西出版集团，2008 年，第90～121页。

化大生产不断向广度和深度高速发展，将给人们提供越来越多的物质财富和精神财富，随着生活方式的转变，人民的生活质量得到了很大的提高，反映了人民生活质量的恩格尔系数正在下降，在经济水平进一步提高后体育事业的发展必将得到更大的社会支持。因此，体育目的的确立必须要与当前的经济发展水平相适应，而超出某一社会经济发展水平的体育目的势必会成为"镜中花，水中月"，不能对体育实践提供很好的指导。

体育目的确立的依据之三是个人需要。体育作为一种文化活动，它最终总是指向人的需要和发展，因此，人的发展的需要也是体育目的确立不可忽视的重要因素之一。人的发展具有各方面的需要，包括物质的和精神的需要、现实的和未来的需要、生存和发展的需要等。在现代社会中，随着体育的普及程度越来越高，人们的认识尤其是对体育的认识有了很大的变化，今天人们对体育的态度可以说已经开始转向了主动。人们开始把体育作为自己的一种不可剥夺的权利，开始将体育作为重要的生活方式，开始将体育看作提升自己生命价值的重要途径。而且，社会生产力的迅速发展也给人们提供了更多的自由时间，人们也因此有了更多的生活需求。这些需求在体育活动或体育目的上表现为更重视个体身心发展的特点和规律，更重视个人多方面的发展需求。确定体育目的时必须正视个人的主体性需要，注意个体需要在人生发展过程中由于受到社会要求的影响而发生的变化，调整体育目的。

（二）体育目的的内容

体育目的应该是体育本身的目的，而不是他者的目的，应当体现出体育的独特性。依循本研究所确立的体育概念，我们应当从运动的角度去谈体育的目的。将目的、目标围绕运动更具体地提出，将更有利于体现体育目的独特性，为体育发展准确地指明了方向。

运动有价值，但并不是所有的运动价值都能自然地呈现，"更好地实现运动价值"是体育的追求，也是体育的使命，运动价值的展现离不开运动水平的提升。如果以人的运动为对象，那么体育目的任务应着眼于发展体育运动，如丰富运动内容、制定运动标准、加强运动场地设施建设、提高运动场地设施使用率、培养高水平运动人才、组建体育运动社团组织、制定体育运动规章法制等。结合体育概念来看，体育的根本目的就是提高和展现运动水平。那么，从更微观的角度讲，体育所做的一切到底是提高运动的哪部分水平呢？运动水平的内涵不仅仅是指竞技运

动水平，追求的运动的价值不同，其"运动水平"体系也不同。从竞技运动所涉及的要素可以看出，运动水平包括运动技术水平、运动战术水平以及运动比赛水平。运动技术水平可以理解为合理、正确运用运动技术水平的能力，体育运动离不开运动技术的运用，无论是高水平的运动竞技抑或是运动休闲，都不能脱离运动技术而进行，运动技术水平是决定运动技能水平高低的重要因素；运动战术水平是指运动者根据主客观的实际采用的个人和集体配合的手段的综合表现，运动战术水平是构成运动技能水平的重要因素，高水平的运动技能需要高水平战术进行支撑；运动比赛水平运动是对运动者技术、战术的综合检验，反映出了技战术掌握的程度，但是提高比赛水平除提高技战术水平外，还有其他一些方式，比如高标准的场地设施基础、组织管理等。而体育的目的之一就是要通过作用于影响比赛水平的要素来提高运动比赛的水平。

第三节　新目的引导下的体育任务

体育目的的实现离不开体育目标任务，即只有完成了任务，才能实现目标，实现了目标才能达到目的。从前文所确立的体育目的来看，若要实现体育目的，需要不断地改进和完善运动所需要的条件。通俗地讲，体育需要做很多事情，才能实现其目的，如不断提高物质基础建设，满足提高运动水平所需要的场地设施；不断培养运动人才、规范运动组织，满足提高运动水平所需要的人才和组织；不断增加政策法规、标准的供给，满足提高运动水平所要的制度保障等。

一、优化运动物质资源配置

运动的发展离不开场地设施、器材等基本的物质资源，运动价值的彰显、运动水平的提高也在一定程度上依赖于相关物质资源的优化。但新时代人民日益增长的运动需求和场地设施等物质资源供给不平衡、不充分之间的矛盾已成为体育强国建设过程中的主要矛盾之一。[①] 当前我国人均体育场地面积 1.86 m^2（2019 年数据），距离《体育强国建设纲要》中提到的"到 2035 年，人均体育场地面积达到 2.5 m^2"的目标依然有很长一段距离要走。体育场地、设施等物质资源不平衡、不充分发

---

① 参见赵修涵《权利冲突视域下公共体育设施使用冲突与解决》，《体育科学》2018 年第 38 卷第 1 期。

展，在一定程度上会影响"全民健身""健康中国"等国家战略的推进，制约人民美好生活愿望的实现，因此优化运动物质资源配置应当是新时代我国体育发展的重要任务。结合当前我国体育场地设施的发展实际来看，应该包括两个方面：第一，继续加大体育场地建设力度，以实现"健康中国"战略中"2030 年人均体育场地面积不低于 2.3 m²"的战略目标；第二，优化配置结构，以地区差异、群体需求差异等为导向促进供需结构均衡，提高资源配置的效率和公平性。

二、丰富运动内容，完善大众运动技能等级标准

体育是人的本质力量运动化的过程，综观体育发展史，随着人的本质力量的发展，无论是竞技领域项目还是喜闻乐见的大众项目，其内容都随着时代的发展不断扩充。在新的历史时期，人们的运动需求呈现多元化发展趋势，且随着时代的发展这种需求势必会出现新的变化，电子竞技运动的出现便是一个很好的例证。面对多元化的运动需求，必须将人自身本质力量运动化的过程持续下去，改造更多的要素来丰富运动内容，以满足人们日益多元的运动需求。运动技能是运动参与的基础，在体育"提高和展现运动水平"这一目的的指引下，建立健全运动技能等级标准应该是体育发展的主要任务之一。运动技能是体育运动价值和水平的主体性知识，当前我国已经制定了较为完备的《运动员技术等级标准》，但针对普通大众运动技能评定的标准长期缺位，导致了我国体育发展中的诸多问题解决乏力。[①]《学生足球运动技能等级评定标准（试行）》《青少年运动技能等级标准》等标准的制定揭开了运动技能等级标准制定工作的序幕，在新的历史时期针对普通大众的各运动项目运动技能等级标准的制定工作应抓紧提上日程，从而建立健全业余与专业有效衔接的运动技能等级标准体系，这对于不断提高和展现运动水平，推动全民健身和竞技体育的发展具有重要意义。

三、加速推进我国体育标准体系建设

加速体育标准供给、推动体育标准化是助力体育强国建设的重要抓手[9]。体育标准化工作对推动体育事业和体育产业协调发展中具有重要作用，但"毒跑道"等事件折射出当前我国体育标准化标准少、标龄

---

① 参见唐炎《〈青少年运动技能等级标准〉的研制背景、体系架构与现实意义》，《上海体育学院学报》2018 年第 42 卷第 3 期。

长、水平低、标准涵盖范围不全、标准化建设队伍薄弱、标准执行与监管不严格等诸多问题。体育标准化事关我国体育领域的整体发展水平和国家竞争力，当前我国体育领域要加强建立适应新时代标准化要求的体育标准体系。2018年10月22日，国家体育总局和国家市场监管总局正式联合印发的《体育标准体系建设指南（2018—2020年)》明确了体育标准工作架构、体育标准体系的结构、框架以及服务要素框架，指明了我国体育标准化工作的方向，强调了标准要服务2022年北京冬奥会，推动群众体育、竞技体育、体育产业协调发展。该标准的颁布吹响了新时这代体育标准体系建设的号角，标志着未来一段时期内体育标准体系建设是我国体育领域的重要任务。从体育标准化工作内容来看，体育标准体系建设的任务应该包括：制定体育标准化发展规划和标准体系、组织制定和修订体育标准、宣传贯彻与实施体育标准、监督体育标准的实施等。

四、加强体育治理体系和治理能力现代化建设

运动水平的提高和运动价值的展现离不开相关规则、制度的规范，强化体育治理体系和治理能力现代化建设既是实现体育目的的保障，也是当前我国推进国家治理体系和治理能力现代化的要求。党的十九大报告中明确指出必须坚持和完善中国特色社会主义制度，不断推进国家治理体系和治理能力现代化。体育作为国家全面深化改革布局的组成部分，也应当把推进体育治理体系与治理能力现代化作为新时代体育改革的核心任务。当前我国的体育治理仍面临着体育法律法规体系不完善、政事分离的职能转换不彻底、行业管理制度不健全等诸多问题。面对上述现实问题，结合治理理念的核心要义（多主体、网络化等）来看，新时代我国体育治理体系和治理能力现代化建设应该包括四个方面：第一，在治理主体上，推进一元管理主体转变为多元治理主体；第二，在治理结构上，构建网络型体育治理结构；第三，在治理机制上，推动多部门协同治理机制建设；第四，在治理保障上，完善体育法律、法规建设，推动依法治体。

人类认识的局限性决定了某事物的目的是需要我们逐渐去认识的，正如体育的存在肯定有一个终极目的，对于终极目的我们需要一个认识的过程。但如果我们不去理性地对待这个过程，继续从体育在某一领域的价值谈目的，继续围绕着"人"去确定体育的目的，那只会让我们永远走不出这个迷宫。当前最重要的也许并不是揭示这个终极目的，而是

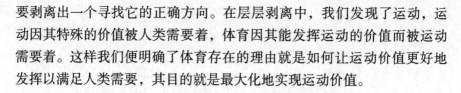

要剥离出一个寻找它的正确方向。在层层剥离中，我们发现了运动，运动因其特殊的价值被人类需要着，体育因其能发挥运动的价值而被运动需要着。这样我们便明确了体育存在的理由就是如何让运动价值更好地发挥以满足人类需要，其目的就是最大化地实现运动价值。

第四章 体育内容

以往的体育理论著作常把"体育内容"说成"体育手段",体育内容变成了体育手段,张冠李戴,造成内容与手段错位,因而限制了体育手段研究,还丢失了体育内容。体育作为一级学科,当然有其自己的内容。内容与对象的关系密切,内容不能离开对象。体育的对象是人的运动,当然内容应是对象的具体形态。

学界大都根据"手段"包含内容与方法的哲学定义,将"体育内容"涵括在"体育手段"之中。这主要是因为哲学上关于手段的定义没有指向性,也就是说针对万事万物的,过于宽泛,当具体指向体育时,体育手段主要是方法、措施和途径等,将内容作为手段的,在各领域较少见。以本书体育的概念为逻辑起点,我们认为"手段是实现目的的方法和措施",体育内容并不包含在体育手段之中。因此,在实际论述中,体育手段部分论述重心大都应在方法和措施上。

内容与手段如影随形、相互制约,手段离不开内容,内容也离不开手段。内容是手段选择的依据,是手段作用的对象,是手段有效性的内因。手段是内容实现自身价值的方式途径,是内容发挥作用的外在促进要素。两者不能混淆,不能替代,一个是内在要素,一个是外在要素,外因通过内因而起作用。人的运动是内在要素,是体育内容;教学、训练、比赛是外在要素形式,是体育手段,是运动实现自身价值的方式途径。

体育对象是人的运动,那么运动的具体形态就是体育内容。人的运动包罗万象,分类梳理至关重要,但在目前的研究中,还很难看到专门研究体育内容的理论篇章对其进行分类。当前研究以人的本质力量所操控的对象为视角,将运动形式分为4种:一是操控自身的纯粹人体自身的运动;二是操控器械的自身运动;三是人操控器械的对抗运动;四是人操控动物的运动。除了运动类别外,研究还认为运动应有价值性运动水平等级标准,这样更有利于体育内容深入发展。运动水平等级不仅是衡量运动水平的参照系,也可用以判断提高和展现运动内容价值实现程度。运动内容有类有层次等级才能构建体育内容体系。

第一节 体育内容的新视界

一、体育内容的认知现状

（一）体育理论著作中的体育内容

1. 毛泽东《体育之研究》涉及的体育内容。1917 年 4 月，毛泽东在《新青年》杂志第 3 卷第 2 号上，以署名"二十八画生"发表了著名的体育论文《体育之研究》，这是迄今毛泽东最早公开发表的文章，也是近代体育史上不可多得的"体育理论"佳作。文章主体部分有八节，涉及体育的释义、功效、本义、目的和原则等，并对其个人体育锻炼原则和方法做了详尽的讨论。其中提到的"动之属于人类而有规则可言者曰体育"虽不是对体育的严格定义，也说明了种类繁杂的运动中的"人类有规则的运动"才属于体育。最后一节"运动一得之商榷"[1] 介绍包含手部、足部、躯干部、头部、打击、调和部分运动内容。《体育之研究》提到的"人类有规则的运动"便是体育内容。

2. 新中国成立前体育理论著作中体育内容相关部分。新中国成立以前，中国体育学原理著作大概有十多种（见表 4 - 1），其中方万邦、吴蕴瑞和袁敦礼都是留美学生，他们撰写的《体育原理》深受美国体育的影响。从两本"体育学"和六本"体育原理"的目录来看（见表 4 - 2[2]），这一阶段的理论研究重点还是在概念、目的、功能、本质等方面，都没有独立章节阐明体育内容。

表 4 - 1　1949 年以前中国体育学原理相关专著作出版情况一览表[3]

出版年代	学科名称	著者
1912	体育之理论与实际	徐福生（译）
1924	体育学	罗一东
1927	体育学	章凌信、杨少庚

---

① 毛泽东：《体育之研究》，北京，中共中央文献研究室，1990 年，第65～81页。

② 参见王颢霖《从学科交叉与分化管窥近代中国体育学演进发展》，《体育科学》2015 年第 35 卷第 6 期。

③ 参见"国立"教育资料馆《体育理论基础经典丛书：上》，台北，"国立"教育资料馆，2007 年，第5～7页。

续表 4 – 1

出版年代	学科名称	著者
1927	新体育	谢似颜
1929	体育原理	宋君复
1933	体育原理	方万邦
1933	体育原理	吴蕴瑞、袁敦礼
1936	体育哲理	庞醒跃
1943	体育之基本原理与实际	王学政
1945	体育原理	江良规
1948	体育的基本原理	叶琛

但从目录看，"体育内容"还是散见其中，按照体育内容是人的运动具体形态观点，可以在各论著和教材中，把与"体育内容"密切相关的部分找出来。仔细分析此阶段的论著与教材，其中"体育教材之标准""体育教材""运动练习之南针""基本的技能""体操之价值及其练习""运动技能的教学技术""体育课程内容及其教学方针"等章节部分有一些与"体育内容"相关的介绍。

表 4 –2　民国时期《体育原理》6 种版本目录一览

宋君复《体育原理》(1929)			吴蕴瑞、袁敦礼《体育原理》(1933)	
第一章	第一节	体育之历史	第一章	绪论
	第二节	体育之制度	第二章	历史的背景
	第三节	体育之目的	第三章	社会之背景
第二章	第一节	运动之哲学与理论	第四章	心身关系与体育
	第二节	运动在体育上之价值	第五章	人之性质与体育
第三章	第一节	体育与道德	第六章	体育之目的
	第二节	体育与健康	第七章	体育上相对之主张
	第三节	体育与工作	第八章	体育与教育
	第四节	体育与文化	第九章	体育与他种活动之关
	第五节	体育在群众生活中之价值		
	第六节	体育对于心灵之价值		
	第七节	体育对于政治之影响		

续表4-2

宋君复 《体育原理》（1929）	吴蕴瑞、袁敦礼 《体育原理》（1933）
第四章　第一节　儿童之分析 　　　　第二节　体育材料之选择 　　　　第三节　体育与教导人材 　　　　第四节　体育教材之标准 　　　　第五节　运动员之精神	

方万邦 《体育原理》（1933）	王学政 《体育之基本原理与实际》（1943）
第一章　体育原理的滥觞和内容 第二章　人类的本性和进化 第三章　心身关系与体育 第四章　体育之目的及目标 第五章　文野生活和体育的关系 第六章　体育教材及教学法之选取标准 第七章　自然体育与非自然体育 第八章　体育之测验及测量 第九章　我国体育之新途径——六化主义的 　　　　体育 第十章　体育实际问题之解答	第一章　原始农业化和今日工业化 　　　　的生活与体育之关系 第二章　体育的意义 第三章　体育的目标 第四章　人类的本性及其进演 第五章　体育课程内容及其教学方针 第六章　体育的学习方法 第七章　训练的规律 第八章　运动练习之南针 第九章　基本的技能 第十章　军事体育述要 第十一章　体操之价值及其练习 第十二章　身体普遍的缺点及其矫 　　　　　正法

江良规 《体育原理》（1946）	叶琛 《体育的基本原理》（1948）
第一章　绪论 第二章　体育之史的考察 第三章　体育之生理学基础（上） 第四章　体育之生理学基础（中） 第五章　体育之生理学基础（下） 第六章　体育之社会学基础 第七章　体育之心理学基础 第八章　体育之哲学 第九章　德美两国体育概况 第十章　理想之中国体育行政系统	第一章　体育是什么 第二章　体育的目的与目标 第三章　体育的历史背景 第四章　体育的科学基础 第五章　体育的程序 第六章　运动道德纲目及其训练方法 第七章　运动技能的教学技术 第八章　体育卫生

3. 新中国成立以来体育理论著作教材中体育内容相关部分。新中国成立初期，在全面学习苏联的大环境下，我们全盘接受了苏联的体育理论体系，较有影响的是凯里舍夫的《苏联体育教育理论》和库库什金的《体育教育理论》，此阶段我国并未出版独立的体育理论专著。直到1961年，在苏联体育理论的基础上，才开始建立自己的体育理论体系，出版了体育学院本科《体育理论》讲义，研究重点集中在体育教学、运动训练原理与方法等问题，对体育内容还是没有明确的论述。

十年"文革"期间，体育理论研究停滞不前。"文革"后，于1981年出版了全新的《体育理论》，书中"体育内容"并未单独成章，但有关于"运动训练内容"和"体育锻炼内容"的阐述。之后，许仲槐、王国辉编著的《体育原理讲义》（科学普及出版社广州分社，1985）第四章为"体育内容论"，是较早将"体育内容"作为独立章节进行论述的著作。书中将"体育内容论"分为"体育的分类"和"身体练习"两节，认为体育内容是"为实现一定的体育目的任务，人们必须采用一条或几条基本途径"，"各类体育必须以各类体育对象的生理特点为依据，研究其对象生长发育的年龄特征的相互关系，这将是体育内容论所研究的中心内容之一"。"为提高运用体育手段的效果，分析研究身体练习的技术结构及其要素，这是体育内容论中一个重要研究课题。"① 受限于当时体育概念的争论和学科分化等问题，其"体育内容论"与当时体育理论著作中"体育手段"的大部分内容区分不大，但可以明确看出许仲槐、王国辉认为体育原理著作中不能没有"体育内容"这一章节。

周西宽等编著的《体育学》（四川教育出版社，1988）也没有"体育内容"的章节，但在"体育的结构"中论述了体育的运动实践形态和运动分类。在"体育方法"部分，分别介绍了运动锻炼效果的测定与评价、运动学习成绩的考核、运动员竞技能力水平的测定与评价和运动竞赛中评定成绩和名次的方法，可以看出这些都与体育内容密切相关部分。后期，周西宽主编的《体育基本理论》（人民体育出版社，2007）将运动的具体形态内容都放在了第七章"体育手段"当中，将游戏、体操、竞技运动项目、舞蹈、我国民族传统体育项目当成传统体育手段，将极限运动当成时尚体育手段，将运动动作要素及运动质量与效果评定都作为体育手段内容来阐明。

---

① 许仲槐、王国辉：《对重建〈体育原理〉的初步探讨》，《广州体育学院学报》1985年第2期。

　　杨文轩、陈琦编著的《体育原理导论》（北京体育大学出版社，1996）认为体育的手段是"人体运动"，将体育运动和竞技运动归类为"体育手段"。两位学者合著的《体育原理》（高等教育出版社，2004）一书"沿用手段包含内容和方法的思路，主要从体育内容和体育方法来论述体育手段"，定义体育手段是"根据体育的目的和目标所需要选择的各种内容和方法"①，因此将"体育内容"归类为体育手段。杨文轩与杨霆主编的《体育概论》也是将身体运动与体育运动技术及体育运动项目作为手段单独成章。

　　将运动的具体形态及密切相关内容作为体育手段来论述，实质上是体育手段论的看法。如果将运动当成体育手段，那么体育内容是什么呢？将数学题当成数学内容，将文字文章当成语文内容，那么这些运动技术项目也应该是体育内容。体育经常是作为其他领域发展的工具，当然这些运动技术项目成为工具也是必然。从教育立场看，数学内容、语文内容、体育内容都是教育的手段，也就是说将体育作用于外界对象时，如教育、运动可以是手段，但站在数学、语文、体育本身发展的角度看问题时，其作为外在功能的手段就成为自身的内容了。数学题、文字文章、运动形式都应是各自领域的内容。体育原理也好，体育概论也好，究竟什么是体育内容，主要看其编著是研究体育本体论问题，还是研究体育手段论问题。

　　（二）"体育内容"研究存在的问题

　　1. 对体育概念理解不同导致"体育内容"的不确定。时至今日，体育学界对"体育"的概念依然有多种解读，没有达成统一的认识。有学者认为起因是新中国成立初期全面学习苏联的时候，对身体"文化"（ф. к.）、"体育"（ф. в.）、"竞技"（спорт）等词的翻译出现了混乱，这为后来20世纪80年代"大体育""小体育"概念的形成埋下伏笔②，也就是体育的广义与狭义之分。随着体育事业的蓬勃发展和体育理论的深入研究，人们越来越少地去区分体育的广义与狭义，而是更多地挖掘体育概念的本质内涵，虽然达不成统一认识，但在本质内涵的理解上看法还是一致的，就是体育与运动密不可分，有运动才有体育，有体育才能促进运动发展。但是，运动是体育手段，还是体育目的，还是

---

　　①　杨文轩、陈琦：《体育原理》，北京，高等教育出版社，2004 年，第 107 页。
　　②　参见杨文轩、陈琦《体育原理》，北京，高等教育出版社，2004 年，第 8 页。

体育对象？看法不同，也就形成了体育内容是什么的困惑。

各种体育原理、体育概论的著作中，不把"体育内容"以独立的章节进行论述，究其原因是体育存在手段论、目的论及本研究所说的对象论，不同的看法，所说的体育内容不尽相同。如果将"体育原理"或者"体育概论"都说成是"体育学"，那么体育手段论将不存在。因此，研究从体育本体角度来看，认为体育对象是运动。体育与运动关系司空见惯，当然也有人视而不见，认为运动没什么好研究的，不值得细究或显而易见不必论述的情况也有，这也影响了体育内容在各著说中论述。

2. 哲学中体育内容与体育手段的关系。人们将体育内容包含在体育手段之中也是有原因的。马克思主义哲学描述手段是：有目的的活动的主体与有目的的活动所指向的客体之间的一切中介的总和，包括各种物质工具系统、语言符号系统、逻辑思维形式系统、操作运算及推理的方法系统等，其中有决定意义的是物质工具系统。[1] 依此，手段既包括属于稳定静态的物质工具，也包括变化动态的方式、方法。

"我们不但要提出任务，而且要解决完成任务的方法问题。我们的任务是过河，但是没有桥或没有船就不能过。不解决桥或船的问题，过河就是一句空话。不解决方法问题，任务也只是瞎说一顿。"[2] 这是我国管理学中讲到方法时常引用的例子，认为桥与船是过河的方法。但实际上，人们是凭借桥与船的物理属性实现过河任务，桥与船是人们有效办事的物质中介因素，即手段。而怎么过桥、怎么使用船则是实现过河任务的方法，即人们有效办事的意识中介因素。

以上论述可以看出：手段包括静态的物质内容和动态的方法；手段和内容、方法不是并列关系，而是包含关系。据此，体育学界将内容包含在手段之中，把"体育手段"定义成"为了实现目标或达到目的而采取或选择"的"多种内容和方法""各项活动内容和方法""各种身体活动的内容和方法""选择的各种内容和方法"等有其自身逻辑。哲学上手段包含内容和方法，然而人们通识又认为手段与方法可以互相解释，因此，三者关系也影响着论述中自身的严谨性。

---

[1] 参见李淮春《马克思主义哲学全书》，北京，中国人民大学出版社，1996 年，第 643 页。

[2] 毛泽东：《毛泽东选集：第 1 卷》，北京，人民出版社，1991 年，第 134 页。

二、体育内容的新解析

（一）体育"内容"的逻辑存在

"内，入也。从口，自外而入也。""容，盛也。从宀从谷，屋与谷皆所以盛受也。"这是《说文解字》① 中对"内容"二字分别的解释。从字面上，内容可以理解为"容纳在里面的东西"。《辞海》② 对内容的解释也是基于哲学层面，内容是"构成事物的内在诸要素的总和"，包括"事物的各种内在矛盾的构成和发展"，形式是内容的存在方式，也是其结构和组织。《现代汉语词典》③ 中内容的释义是："事物内部所含的实质或存在的情况。"一般情况下，可以由形式揭示内容，也可以由内容大致推测形式的类型。

哲学上，内容是揭示事物的内在要素和它的结构以及表现方式，是构成事物要素的总和，包括事物的内在矛盾及由这些矛盾所规定的运动过程和发展趋势；本质④是事物所固有的普遍的、相对稳定的内部联系，决定着事物的性质，由事物本身所包含的特殊矛盾构成。从内容与本质的关系来看，本质决定内容，内容反映本质。体育学中，对体育本质的不同认识虽然影响体育内容的判定，但体育永远与人分不开，人的运动是体育对象，这一本质性问题，决定着运动的具体表现形态及其构成要素应成为体育内容。

"为更好地实现运动价值，而不断提高或展现运动水平"揭示了运动价值与运动水平成正向关系，"运动水平"能不断提高或展现，"运动价值"实现程度就越好。运动水平的不断提高或展现是通过体育教学、体育训练和体育锻炼、体育竞赛等方法和途径达成的，这些方法和途径就是体育手段。

前文论述过手段、方法和内容的关系，"体育手段"属于动态的方法，只有将动态的方法通过物质中介作用于一定的客观对象，才能使"运动水平"不断提高或展现出来，进而实现运动价值。"运动"介于"体育手段"和"运动水平"之间，是"体育手段"作用的对象，是能被"体育手段"加工从而实现运动水平不断提高或展现的目的，也就是

---

① 参见（汉）许慎《说文解字》，天津，天津古籍出版社，1991 年，第 109、150 页。
② 参见《辞海》，上海，上海辞书出版社，2009 年，第 1650 页。
③ 参见《现代汉语词典》，北京，商务印书馆，2005 年第 5 版，第 988 页。
④ 参见金炳华《马克思主义哲学大辞典》，上海，上海辞书出版社，2003 年，第 257 页。

说，作为体育内容的运动的具体表现形态及其构成要素是体育手段加工的对象，体育手段必须作用于体育内容才能实现最终体育目的。

（二）从体育对象论看体育内容

体育发展初期，人类社会重视体育手段的价值意义，并未重视体育本身，当社会发展到一定程度，体育作为手段得到认可，但需要人们学习运动，因此，运动成为体育目的，体育从手段论发展到了目的论。体育要成为有效手段，人类不仅要学习运动、研究运动、创造运动，还要改进和发明运动，运动这时也就成了体育对象。

体育对象论将原有的体育手段论的体育概念形式"目的＋手段"，按对象论要求改成"价值意义＋目的"形式即体育是"为自觉实现运动价值而不断提高和展现运动水平的文化活动"。体育对象论认为体育对象是人的运动，那么内容与对象的关系密切，内容不能离开对象。体育的对象是人的运动，当然运动的具体形态及其构成要素应为体育内容。

人的运动具体形态包罗万象，从走、跑、跳、攀、爬等基本活动到各种动作技术，最后到各种运动项目以至于到各项群体运动，这些具体运动形态就是体育内容。体育内容非常丰富，仅奥运会运动项目就多达近百个大项，非奥运会项目成百上千，再加上民族民俗运动形式，说成千上万也不为过。

然而事实上，人们经常将"运动具体形态当成了手段"。在我国，除了"以运动为基本手段"的说法外，虽然还有许多说法，如"以身体练习为基本手段""以人体运动为基本手段""以自身运动为主要手段"以及"以身体活动为媒介"等，但意思与"以运动为基本手段"大体相当，表达的都是"人的运动"，可以说从手段角度讲并没有本质区别。"以运动为手段"，这样的说法司空见惯，从体育手段论角度看应为理所当然，而一旦将具体的运动形态当成体育内容可能就感觉有些不当。如果理解基础教育内容包括智育中的外语、语文、数学没有什么异议，那么将人基本活动、运动技术动作、运动项目等当成体育内容也应该被人理解。

在体育概论教材中也好，在体育原理教材中也好，将体育内容这部分细致阐明的很少，多数在体育手段中阐述一些体育内容，体育内容迷失在体育手段中，其原因就是受体育手段论影响，然而，作为体育概论或者体育原理等教材又不能没有体育内容。实际上，体育内容这部分有许多需要阐明的，最基本需要阐明的除了运动技术和运动战术内容外，还应有运动要素、运动分类和运动等级划分等，这样才能对体育内容进行体系化研究。目前我国关于大众和青少年各运动项目等级标准制定研究如火如荼，实际就是体育内容研究，而非体育手段研究。

第二节　运动形态与构成

哲学上的运动是物质的存在形式及其固有属性，包括宇宙中所发生的一切变化和过程，从简单的位置变动到复杂的思维活动。运动有 5 种类型：机械运动、物理运动、化学运动、生物运动和社会运动。[①] 相对于哲学概念的运动，体育意义上的运动是一个下位概念，是一种特殊的运动形式；而对于体育领域的动作、活动、运动项目等，它又是上位概念。体育意义上的运动反映各种运动形式的共性，是人们为了实现体育目的而采取的各种具体运动形式的总称。[②]

一、运动的形式与分类

体育运动的形式不是单一存在的，而是具有多样性的特点，各种形式的体育运动可以按照一定的标准进行分类。

（一）运动的形式

体育运动形式的多样性源于体育的多样性，依据不同的标准"体育"可以划分出许多种类，各类体育的运动形式又不尽相同。

体育运动有竞技形式，也有非竞技形式；有娱乐形式，又有非娱乐形式；有集体形式，也有个体形式；有套路形式，又有非套路形式；有器械形式，也有徒手形式；有规范化形式，又有随意性形式。[③]

（二）运动的分类

体育运动是运动的一种特殊形式，是人直接参与或操控、训练其他事物进行的有目的的活动，这种有目的活动包含哲学意义上的 5 种类型，见表 4 - 3。

1. 外在运动。外在的运动是在外部环境中，人体或人体操控的器械发生了运行、移动或转动，外在运动是一种或几种动态的外部呈现。

[①]　参见余源培《哲学辞典》，上海，上海辞书出版社，2009 年，第 30 页。
[②]　参见周西宽《运动学》，成都，四川教育出版社，1990 年，第 17 页。
[③]　参见孙金亮《浅谈体育的分类及其它》，《天津体育学院学报》1990 年第 3 卷第 8 期。

表 4 - 3　运动分类

分类标准	分类结果	
呈现方式		外在运动
		内在运动
运动载体		人的躯体运动
	物体运动	人体操控或支配下人与器械共同的运动
		人体操控或支配下器械或物体的运动
		经人训练的动物按照人设规则完成的运动
		意念运动
		虚拟运动
运动时能量代谢方式		有氧运动
		无氧运动

2. 内在运动。内在的运动存在于一定的内部环境，包括物质与能量的转换、气体的运转、神经冲动的传导等。内在运动的动态没有外部的呈现，类似哲学中对静止的解释，是一种相对的运动状态。

3. 物体运动。新西兰的体育教学内容是按照人体基本活动形式划分的，他们将人体基本活动形式分为移动、跳跃、旋转、摆动和平衡。[①]像自行车运动、赛车运动、武术中的器械类项目、羽毛球运动中人手和球拍的运动等，属于人体与其操控的器械共同完成了移动、跳跃、摆动等动作。像被击打出去的乒乓球、经人手投篮动作后离手飞行的篮球、经人体拉弓射箭动作后飞行的箭镞等，都属于在人体操控或支配后，把人体的生物能转换成物体的机械能的运动。像航空航海模型的运动，属于在人体操控或支配下物体的运动。像赛狗、斗鸡等，属于经人训练的并按照人设规则完成某些动作或过程的动物的运动。

4. 意念运动。意念属于心理学范畴，是人的意识活动服务于一定活动任务、有预定目的，并付出一定意志努力的思维状态。意念运动存在于东方强调意念运行和呼吸运动的体育养生运动中，像吐纳功、印度瑜伽的冥想；也存在于运动员心理训练的过程中，像坐式太极拳就非常注重意念运行。坐式太极练习者多为下肢残疾或年老体弱、常年处于坐姿的人群，其所进行的每个动作都通过意念活动来带动下肢，以达全身锻

---

① Ministry of Education, 2003：*Health and Physical Education-The curriculun in action-Moving in Context-Years7 - 8*，Welling-ton，New Zealand：Learning Media Limited.

炼的效果。①

5. 虚拟运动。虚拟运动是相对于真实存在的运动而言的，是基于人的认知与想象力而存在的。虚拟运动中一类是效仿、模仿人的真实运动，称之为模拟运动，如 NBA2K 游戏、实况足球游戏和 VR 技术支持的虚拟现实体育活动等；一类是根据运动的规律和固有属性，自动确定其运动状态来实现运动的再现，如魔兽争霸、CS（反恐精英）等电子体育竞技。②

二、体育运动的构成

体育运动是体育内容，是体育对象人的运动的具体形态。体育运动包括体育动作、体育项目和体育活动。体育动作是人的主体能动性的基本表现形式，体育项目是体育动作按照一定规律或方法组合而成的动作组群，体育活动是以体育动作或体育项目为内容而呈现的组织行为。

（一）体育动作

哲学上，动作是指主体指向环境对象的行动或行为。瑞士儿童心理学家皮亚杰将人的动作分为两类：一类是直接作用于客体的个别动作；另一类是由个别动作组成的动作系统或认知格式，它们并不直接作用于客体，而是用于主体动作本身的协调。动作要素的构成见图 4-1。

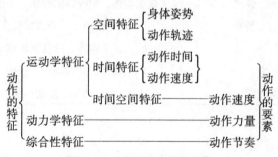

图 4-1　动作要素的构成③

---

① 参见黄兴裕等《高校体育保健课开设坐式太极拳的必要性与可行性》，《体育学刊》2013 年第 6 期。

② 参见赵睿翔《数码艺术中的虚拟运动》，《上海工艺美术》2008 年第 2 期。

③ 参见吴向宁《从动作要素的构成导引运动技能学习及其效果论证》，《体育科技文献通报》2013 年第 2 期。

    动作是生活的关键，并存在于生活的一切领域中。当一个人做出有目的的动作时，他是在协调着认知、动作技能和情感领域。[①]。动作是人类最基本，也是最重要的发展领域，是主体能动性的基本表现形式，有利于人类的生存与发展。[②] 从现代竞技体育的角度来说，动作是运动技术的源头；完成动作时的身体知觉能力是完整专项技术优劣的基础；动作的质量决定了整个运动过程的动力和消耗；动作的质量可以提高运动效率并减少受伤风险；高质量的动作是衔接和融合体能与技术的重要通道。[③]

    1. 动作要素。体育运动中的每一个完整动作都由若干要素组成，从动作的运动学特征和动力学特征，动作要素可分为 7 个方面：身体姿势、动作轨迹、动作时间、动作速率、动作速度、动作力量、动作节奏。见图 4 - 1。

    2. 动作分类。动作是人类最基本的运动形态和方式，当这些基本动作是为了体育的目的，就可以称之为"运动动作"。按照不同标准，动作的大致分类见表 4 - 4。

表 4 - 4　运动动作的分类[④]

分类标准		分类结果
人体参与活动的基本方式		走、跑、跳跃、投掷、攀登、爬越、悬垂、支撑和平衡等
人体结构		上肢动作、下肢动作、头颈动作、腹背动作、全身动作
肌肉工作	强度	大强度动作、中等强度动作、小强度动作
	特征	动力性动作、静力性动作
动作条件		徒手动作、持器械动作
动作环境		水上动作、陆地动作、空中动作
动作难易程度		简单动作、复杂动作

（二）体育项目

《运动学》对运动项目的定义是"具有竞赛性的、按照严格的规则

---

    ① 参见 A. J·哈罗、E. J·辛普森《教育目标分类学：第三分册动作技能领域》，施良方、唐晓杰译，上海，华东师范大学出版社，1989 年，第 7 页。

    ② 参见辛利、周毅、庄弼《动作教育在幼儿园课程设置中的地位》，《体育学刊》2015 年第 11 期。

    ③ 参见周毅、庄弼、辛利《儿童早期发展与教育中最重要的内容：动作教育与综合训练》，《广州体育学院学报》2014 年第 6 期。

    ④ 参见王建、侯斌《体育原理导论》，武汉，华中师范大学出版社，2002 年第 8 期。

进行的运动形式，是竞技运动的主要构成内容，是实现体育目的、任务的重要手段"①。如此定义只考虑了体育的竞技功能，只是下属概念"竞技运动项目"的定义，并不能代表全部的运动项目。大众健身的运动项目如广场舞、抽陀螺、抖空竹等，并不具有鲜明的竞技性；娱乐休闲类的运动项目如徒步、滑板等，也不一定有严格的规则或必须按照严格的规则进行。对运动项目进行界定，还应该追溯到体育的概念。只要是能达到运动目的，能实现运动的价值，在运动中展现个人或群体的运动水平，并在运动参与过程中不断地提高运动水平的活动形式都应该属于运动项目的范畴。

从运动项目的形成过程来看，其是身体练习发展的最高形式。而身体练习的发展起初是一个个的单个动作，单个动作连接在一起形成了一个个的小组合，在小组合动作前加上开始动作，后面加上结束动作就是一套动作，多个成套动作结合在一起就形成了一个运动项目。从运动项目的产生背景来看，体育运动产生于原始时期人们为满足生存需要所进行的生产劳动、日常生活技能中，如走、跑、跳、投、攀登和爬等，为满足安全需要所进行防卫的武力活动，如攻、防、格斗等，以及为满足精神娱乐、感情宣泄和情感交流需要所进行的集体舞蹈和宗教祭祀活动等。

目前，体育运动项目已发展至成百上千，它们各自的起源与发展均代表着一种民族特色和时代特色，其中一部分被全世界公认的运动项目已纳入奥运会，成为人们共同竞技的比赛项目，另外一些代表着各个民族和各个国家的运动项目，也对提高民族的素质和社会的文化发挥着不可估量的作用。

对运动项目进行分类必须遵循科学的分类原则，按照相应相称的分类准则，尽量使分类不遗漏、不重复，尽量避免出现分类过窄或分类过宽的逻辑错误。但运动项目是若干属性的集合，不是单一的，而且事物在某个属性上的差异都存在着中介现象，具有亦此亦彼的相对性特征，虽然可以按照某一分类标准和方法进行分类，但或多或少都存在一定问题和争议。

到目前为止，比较成熟的"项群理论"、审美意义上的运动项目分类、体育运动项目的能量学分类、奥运与非奥运项目分类、传统项目与新兴项目分类、民俗项目和休闲项目分类等关于运动项目的分类方法，

---

① 周西宽、唐思宗等：《运动学》，成都，四川教育出版社，1990 年，第 60 页。

其分类结果都不能完全令人满意。问题的根源还在于人们对体育本质的认知和运动本质属性的把握上，在人们尚且对"体育的本质"争论不休的时候，建立在"体育本质"基础上的理论研究也就众口难调，结果很难让所有人满意。

无论竞技、休闲、大众、民俗、极限、新兴抑或是传统的体育项目，这都是运动的一种特性或形态，是体育运动项目的一部分。即使是非常成熟的竞技运动项目分类，还是人们深入研究的休闲运动项目分类，都只是体育运动项目的一部分，对于体育项目整体进行科学合理的分类，任重而道远。

（三）体育活动

马克思将活动概念引入认识论时，给予严格的唯物主义规定，认为活动是"人对于外部世界的一种特殊的对待方式"，"是人的本质力量、个体存在、社会生活以及人类历史发展的基础"。运动包括活动，但活动不等同于运动。运动是一切物质的存在形式，活动是由主体心理成分参与的一种积极主动的运动形式，不是自发的运动形式。[①]

活动是一种积极主动的运动形式，它分为外部活动和内部活动两大类。外部活动是指一切可以看得见的外部运动形式，即主体与客体发生联系的客观物质活动，外部活动的显著特点是它的物质性和现实性。内部活动是指主体本身不与客体发生直接联系的内在的、隐蔽的运动形式，如人的心理过程是感情、意志等心理活动，这些活动都具有动力的性质，都有一个发生、发展和完成的运动过程。内部活动的特点是不具有直接的物质性和客观现实性。活动是人们认识和改造世界的行为方式，行为方式的不断深化和理论化，便体现出方法的意义。[②]

另外，心理学认为活动是由一系列有目的的动作或行动所构成的，是实现人的某种社会职能和人与客观世界的联系的动作和行动的总体。因此，体育活动是人们为了实现体育目的而采取的动作或行动。体育领域的活动，一般而言指的是外部的活动形式。活动的大致分类见表4 - 5。

---

① 参见金炳华《马克思主义哲学大辞典》，上海，上海辞书出版社，2003 年，第202 ~ 203页。

② 参见刘蔚华、陈远《方法大辞典》，济南，山东人民出版社，1991 年，第34 ~ 35页。

表 4-5 活动的分类

分类标准	分类结果
执行主体	个人活动、集体活动
活动的场所类型	学校体育活动、家庭体育活动、社区体育活动
实现的具体目的	品德类、体能类、技能类、益智类和娱乐类等

第三节　以运动者为主体的体育运动项目分类

从文化的内涵来讲，文化是"人的本质力量对象化"的结果，而体育是文化活动的一种，是"人的本质力量运动化"。人的本质力量运动化就是人的思想、习惯、道德、智慧、意志、知识、技术等外化到运动中来，从而彰显着人的本质力量，渗透着人的自由超越意境，寄托了人对真、善、美、雅、自由、崇高、神圣的理解和追求。[①] 人的本质力量运动化的结果是形成了各种运动，这些运动中包含体育运动，而且是具有一定水平的运动。

"人的本质力量运动化"是体育文化的本质内涵，从这一视角审视，体育的内容就是蕴含了"人的本质力量"的体育运动的具体化。

一、纯粹人体的运动

纯粹人体的运动是运动时只有人的身体参与，运动的人不操纵任何器械，不控制任何器物，人的本质力量只在人体本身上外化和展现，没有发生转移。此类运动按照有无对抗和有无配合进行分类。

（一）无对抗、无配合

无对抗是指运动者之间没有相互的竞争与对立相持，单人完成的运动不存在对抗。无配合是指双人或多人共同运动时，相互之间分工合作共同完成任务，单人完成的运动不存在配合。无对抗、无配合的运动有武术拳术套路、跑步、游泳（四大泳姿）、跳远、三级跳远、徒步、爬山、跑酷、单人跳水、广场舞、单人瑜伽、自由体操、广播体操等。

---

① 参见陆作生《我国体育概念的界定》，《体育学刊》2010 年第 12 期。

（二）无对抗、有配合

无对抗、有配合是指运动时运动者之间的关系不是相互的竞争与对立相持，而是通过相互分工协作或调配得当共同完成运动。无对抗、有配合的运动有太极推手（非比赛）、双人跳水、花样游泳、团体健美操、双人瑜伽、体育舞蹈等。

（三）有对抗、无配合

有对抗、无配合是指运动双方是相互竞争与对立相持的关系，相互之间不存在配合关系。有对抗、无配合的运动有公开水域游泳、摔跤、散打、拳击、柔道、跆拳道等。

（四）有对抗、有配合

有对抗、有配合是指运动时运动双方相互对立相持存在竞争，运动一方是双人或集体需要相互配合或运动双方需要一定配合。有对抗、有配合的运动有长距离跑和竞走（比赛）、腕力比赛、田径接力、游泳接力、速度滑冰（比赛）等。

二、人与器械的运动

获得并使用工具是人与动物相区分的关键，工具的制造与使用对人类的发展起着推动作用，从人类生产生活实践活动演进而来的体育运动涉及大量工具和器械的使用。

（一）人体与器械合为一体的运动

有些体育运动中的工具或器械，不仅仅是为人的运动提供辅助，而是跟人体结合在一起共同完成运动。在这些运动中，器械可以当成人体的一部分，或者是人体的延长。此类运动中的器械虽受到人的本质力量的操控，但没有脱离人体独立运动，是跟人体一起经历运动的整个过程。这类运动有花样滑冰、速度滑冰、轮滑、蹼泳、翼装飞行、跳伞、自行车、武术器械项目、抖空竹、悠悠球、赛车、单板滑雪技巧、U 型槽滑雪技巧、帆船、皮划艇、龙舟、舞龙、舞狮等。

（二）人操控后器物的运动

这一类运动中的器械，"人的本质力量"直接或间接地施加到器械上，器械具有了"人的本质力量"而完成运动或器械的运动展现了"人的本质力量"。此类运动有：铅球、铁饼、标枪、射击、射箭、飞镖、航模、风筝等。

三、人操控器械的对抗运动

不管是人与器械合为一体的运动，还是人操控后器物的运动，大都具有对抗性，因此上一节"人与器械的运动"的大多数运动也应该包含于此。分类本应该按照科学的原则和采用科学的方法，避免遗漏和重复，但此处并没有按照有无对抗和配合进行细致分类，所以导致相互之间的重叠。

人操控器械后的又有对抗的运动，分为操控共同器械对抗、操控相同器械对抗和操控相同器械并通过中间物对抗三大类。

（一）人与人之间控制共同器械的运动

一些运动中的器械并不能与人合为一体，也不仅仅是一个"人的本质力量"施加对象，这些运动中的器械被双人或多人以不同的方式共同控制，被许多"人的本质力量"共同施加影响。这类运动有篮球、足球、排球、橄榄球、水球、藤球、键球、手球、拔河等。

（二）人与人之间控制同类器械的运动

这类运动中人与人之间操控的是同一种器械，而不是同一个器械。这些同类的器械在性质上和构造上是一致的，甚至外在形式上也可以完全一致。同类器械也存在差异性，比如象棋、桥牌、扑克牌、麻将等的差异是牌面的不同；再比如击剑、垂钓、冰壶等，其外在形式上存在差异，但差异必须符合相应规则的要求。

此类运动中还有一种特殊的存在形式：电子竞技。电子竞技运动中人们操控的不是客观实在的器械，而是虚拟的游戏角色。这些游戏角色本质上是虚拟或虚构的，其运行机理都是计算机程序控制，其差异性体现在游戏角色的技能属性或携带工具不同，比如魔兽争霸游戏中的战士技能与法师技能的差异，CS游戏中携带枪支的不同，等等。

（三）人操控器械后通过中间物的对抗

这类运动一般是人们操控同一种或同一个器械，并通过其操控的器械将"人的本质力量"传递到中间物质，相互往返对抗而完成运动。运

动过程中，器械可以与人合为一体，传递"人的本质力量"到中间物质，比如高尔夫球、羽毛球、乒乓球、网球、壁球等；也可以是器械受"人的本质力量"作用离开人体后，再对"人的本质力量"进行二次传递，比如保龄球、地掷球等。台球和门球运动具备上述两种特性。

四、人操控的动物运动

动物的驯化与饲养贯穿在人类发展进化的过程中，对动物进行驯化和饲养体现了人类的智慧，也是将"人的本质力量"作用于动物。时至今日人们依然延续着对动物的驯化和饲养，当然此时的驯化和饲养不仅仅是为了生产活动和为生活提供物质保障，有一些在很大意义上是为了人们观赏、娱乐。

有许多人与动物的互动被定为体育运动，比如马术；也有一些有动物参与的运动能否称为体育运动尚存在争议，比如斗牛、斗鸡、斗狗等。根据本书对体育本质内涵的理解，人与动物或动物与动物之间的活动能不能称为体育运动，关键是看有没有"人的本质力量"参与，以及人的"人的本质力量"如何参与。比如，人骑马在草原上奔跑，虽然有"人的本质力量"作用于马身上，但这种骑行算不上体育运动，只有对骑马的动作、鞭打马匹的次数、骑行的距离等进行规范，这时的骑行才算是体育运动。再比如，两只公鸡自发地斗在一起就不是运动，而经过人专门挑选、饲养与训练的公鸡，并有人的引导和刺激，此时的斗鸡比赛就是体育运动。

当然，无论是中国民间的斗牛，还是西班牙的斗牛；无论是斗鸡还是斗狗等，抑或是信鸽成为运动项目，这些活动在动物的驯化过程和比赛过程都会有虐待动物或动物死亡的现象，这些都是偏离了应该追求的运动价值的正常轨道，也违背了传统的人文、道德等的要求，所以不值得宣扬和推广。

（一）经人操控后人与动物共同的运动

这类运动是人本身和"人的本质力量"作用对象动物共同的运动，有直接控制的运动，比如马术、赛马等；也有相互配合的运动，比如西班牙斗牛等。

（二）经人操控后动物本体的运动（斗鸡、赛狗、信鸽项目）

这类运动只有"人的本质力量"作用对象动物单独参与，有的具有类似人的格斗对抗性，比如中国斗牛、斗狗、斗鸡等；有的具有类似人的同场对抗性，比如斗狗、信鸽项目等。

第四节　体育运动水平等级

从"人的本质力量运动化"的视角下进行审视，运动等级的层次划分依据"人的本质力量运动化"的程度，运动化的工具越多、运动化的过程就越复杂，说明运动水平等级越高。见表4-6。

表4-6　运动水平等级分类

等级层次	等级标准
一级	"人的本质力量"外化到人本身
二级	"人的本质力量"外化到一种器械（包含虚拟的"物"）
三级	"人的本质力量"外化到一类器械（包含虚拟的"物"）
四级	"人的本质力量"外化到器械，再施加到一个中间物
五级	"人的本质力量"外化到器械，再施加到多个中间物
六级	"人的本质力量"外化到动物，训练后不操控
七级	"人的本质力量"外化到动物，训练后又直接操控

运动水平是运动的参与者，在使用某些运动手段，经过一定运动过程后，在运动领域所展示出的一定水准、状态和所达到的高度。运动水平包括技术水平、战术水平和能力水平，运动水平的高低需要有一定的水平衡量体系或评价标准进行评判。

一、运动水平的构成

（一）运动技术水平

全国体育院校教材委员会编写的《运动训练学》把运动技术定义为："是完成体育动作的方法，是运动员竞技能力水平的重要决定因素。"[1] 周西宽等编写的《运动学》认为："运动技术是人们通过特定的

---

[1]　全国体院院校教材委员会：《运动训练学》，北京，人民体育出版社，2000年，第233页。

身体动作，以达到特定的运动目的的方法。"[①] 陈小平则认为："运动技术是一个运动项目在规则的许可下所特有的动作序列。这个动作序列应该是科学、最佳和理想的，并且可以进行检测和评定。"[②] 运动技术一般分为动作要素和技术结构两部分，动作要素包括身体姿势、动作轨迹、动作时间、动作速度、动作速率、动作节奏、动作力量等；技术结构包括动作基本结构和技术组合两层含义。

运动技术是客观和稳定的，是运动特点与规律的反映，是人的本质力量运动化的集中体现。运动技术水平主要体现运动参与者学习和掌握运动技术的能力，以及应用运动技术所达到的程度。

（二）运动战术水平

《运动训练学》把运动战术认定为竞技战术，"指在比赛中为战胜对手或为表现出期望的比赛结果而采取的计谋和行动"。[③] 运动技术是完成动作的方法，而运动战术就是将这些"方法"有针对性地使用，以解决运动中某一环节所遇到的实际问题。全国体院院校教材委员会编写的《运动训练学》认为运动战术由战术观念、战术指导思想、战术意识、战术知识、战术形式和战术行动等构成。

按照战术的表现特点可将其分为阵型战术、体能分配战术、参赛目的战术和心理战术；按照参与战术行动的人数可将其分为个人战术、小组战术和集体战术；按照战术的攻防性质可将其分为进攻战术、防守战术和相持战术；按照战术的普适性可将其分为常用战术和特殊战术。[④] 运动战术水平是运动参与者掌握和运用战术能力高低人的本质力量体现，尤其竞技运动更能鲜明体现。

（三）运动能力水平

运动能力是指运动者完整掌握与成功完成运动动作所必须具备的本领，是由人体形态、机能、运动素质，技术、战术和心理、智力等因素

---

① 周西宽、唐思宗等：《运动学》，成都，四川教育出版社，1990 年，第 128 页。

② 陈小平：《竞技运动训练实践发展的理论思考》，北京，北京体育大学出版社，2008 年，第 61 页。

③ 全国体育院校教材委员会：《运动训练学》，北京，人民体育出版社，2000 年，第 268 页。

④ 全国体育院校教材委员会：《运动训练学》，北京，人民体育出版社，2000 年，第 270～273页。

构成的一种综合能力①。孙有平把竞技能力分为竞技实力和发挥能力两部分，竞技实力包含体能、技能和战术能力；发挥能力包含认知能力、调节能力和意志力②。依据生物化学的观点，运动能力是指人体运动时能量供能和利用的能力，即磷酸原供能能力、糖无氧酵解供能能力和有氧代谢供能能力③。《运动训练学》把人的运动能力和竞技能力进行了区分，人体从事体育活动的能力叫运动能力，在竞技运动中的运动能力是竞技能力，竞技能力是运动能力诸多表现中的一种。

技术能力和战术能力是人的身心本质力量综合能力的表现，主要包括身体能力和心智能力等方面。身体能力包括身体形态、身体素质（力量、速度、耐力、灵敏、平衡、柔韧等）和身体机能（系统配合能力、能量代谢能力等）。心智能力包括运动的感知觉、注意力、意志力、想象力和判断识别能力等。

二、运动水平等级标准

对参与者运动水平等级进行划分并制定出普遍使用标准，根据参与者的分类和运动目的的不同，大致可分为：竞技体育的运动员运动水平等级标准、学校体育的学生运动水平等级标准和大众体育的大众健身运动水平等级标准。

新中国成立以后，我国借鉴苏联的《准备劳动与卫国》体育制度的经验，并效仿苏联模式，制定了《准备劳动与保卫祖国体育制度》暂行条例。1975 年 5 月，经国务院批准，国家体委公布《国家体育锻炼标准条例》，历经多次修改一直沿用至今。针对学校学生这一特殊群体，2002 年 7 月由教育部、国家体育总局联合下发的《学生体质健康标准（试行方案)》，对学生体质健康水平评定进行了详细的规定。2003 年 5 月正式颁布施行《普通人群体育锻炼标准（试行)》，该标准适用于 20 ~ 59 周岁生理和心理健康的人群。学生体质健康标准和普通人群体育锻炼标准是国家体育锻炼标准的组成部分，是评价体育锻炼水平或运动水平的重要依据，加上体育专业领域的运动员这一特殊群体的运动水平评价体系，就构建成了一个完整的、涵盖所有人群的运动水平评价体系。

---

① 参见周西宽、唐思宗等《运动学》，成都，四川教育出版社，1990 年，第 177 页。

② 参见孙有平《运动训练实践问题探索》，上海，华东师范大学出版社，2012 年，第 74 页。

③ 参见林文弢等《运动能力的生物化学》，北京，人民体育出版社，1995 年，第 2 页。

（一）普通人群体育锻炼标准

《普通人群体育锻炼标准》是为了适应广大人民群众日益增长的体育健身需求，努力构建面向大众的全民健身服务体系，激励和促进广大人民群众积极参加体育锻炼，全面提高全体人民的健康素质，根据《中华人民共和国体育法》和《全民健身计划纲要》等有关法律法规制定出来的。

《普通人群体育锻炼标准》按照性别和年龄分为男女各 8 个组别；锻炼和测试的项目设五大类，男女各 23 项。

综合评价方法是："总分 = 各单项分之和 + 均衡分 + 平时锻炼分"。单项得分是个人各项素质成绩根据素质指标评价标准查得；均衡分为"分差 0 ~ 1，均衡分为 1；分差 2，均衡分为 0；分差 3 ~ 4 分，均衡分为 –1"（分差 = 单项最高分 – 单项最低分）；平时锻炼分为 3 个问题（你每周能参加 3 次以上的体育锻炼吗？你每次锻炼的时间能达到 40 分钟吗？你感觉你从体育锻炼中受益了吗？），根据问答情况得分，选择"是"得 1 分，选择"否"得 –1 分。展示锻炼水平，评价锻炼效果的结果可参阅综合评价表，见表 4 – 7。

表 4 – 7　综合评价表

总分	星级	锻炼效果评价
29 ~ 26	☆☆☆☆☆	锻炼效果优秀
25 ~ 23	☆☆☆☆	锻炼效果良好
22 ~ 19	☆☆☆	锻炼效果中等
18 ~ 15	☆☆	锻炼效果尚可
14 ~ 10	☆	锻炼效果不明显
9 ~ 1		需加强锻炼

《普通人群体育锻炼标准》是根据科学性、趣味性、实用性、可行性、统筹性等原则来研制的。绝大部分测试内容简便易行，并饶有趣味。但这些测试在实践过程中，也显现出了脱离实际的现象，民众参与热情较低，参与方式较传统，难以有效地推动全民健身。

国家体育总局于 1999 年下发了《关于在全民健身活动中推行业余运动员技术等级标准的通知》。随后，国家体育总局所属各运动项目管理中心相继颁发了田径、游泳、网球、羽毛球和乒乓球的业余等级标准。但是，上述标准沿用竞技运动的晋级制，突显依赖竞赛活动特征，难以适用大众锻炼人群的健身习惯。①

中国围棋协会于 2020 年颁发了《中国围棋业余段位级位制 2020 版》（试行），业余段位共分 7 个等级，最高是 7 段，以下依次分别为 6 段、5 段、4 段、3 段、2 段、1 段。业余段位下设余级位，从高到低 25 个等级，最高是 1 级，以下依次分别为 2 级、2 级至 25 级；其中围棋业余级位只认证 1 级、2 级、3 级、4 级、5 级、6 级、7 级、8 级、9 级、10 级、15 级、20 级、25 级共 13 个等级称号。

韩国跆拳道和中国武术是以段位制来衡量习练者掌握技术的水平高低。

在中国，跆拳道段位制以"四品、九段"来区分习练者的技术水平，武术分"三级、九段"对练习者的水平进行分级。武术和跆拳道对段位制时限、年龄等（见表 4-8）都做出了相应的规定。

表 4-8 跆拳道与武术段位制内容对比

中国跆拳道段位制				
	段位	晋升间隔年限	段位开始年龄	品位开始年龄
品	一品	/	无	16 岁以下
	二品	1 年	无	16 岁以下
	三品	2 年	无	16 岁以下
	四品	3 年	无	19 岁以下
段	一段	/	15 岁以上	
	二段	1 年	16 岁以上	
	三段	2 年	18 岁以上	
	四段	3 年	21 岁以上	
	五段	4 年	25 岁以上	
	六段	5 年	30 岁以上	
	七段	6 年	36 岁以上	
	八段	7 年	44 岁以上	
	九段	8 年	53 岁以上	

① 参见席翼、郭永强等《大众乒乓球技术等级标准研制》，《体育科学》2013 年第 7 期。

续表4-8

中国武术段位制			
	段位	晋升间隔年限	段位开始年龄
初段	一段	1年	8岁以上
	二段	1年	9岁以上
	三段	1年	10岁以上
中段	四段	2年	12岁以上
	五段	2年	14岁以上
	六段	2年	16岁以上
高段	七段	6年	45岁以上
	八段	7年	52岁以上
	九段	8年	60岁以上

中国武术段位制虽然制定得较早，晋级制度也面向所有武术练习者，但其段位入段和段位晋升大多采用比赛的形式进行，增加了其推广的难度。武术段位升级的时限和年龄限制也不尽合理，六段最快16岁以上获得，七段45岁以上有29年的大断层，60岁以上才能考九段，这些规定严重制约了武术的发展和普及，特别是影响了大众技术水平的评定。

马思远等就体育项目业余锻炼等级标准的现状对国家体育总局各个运动项目管理中心进行了调研，结果显示：12个已制定业余锻炼等级标准的运动项目中（见表4-9），标准落实"非常好"和"比较好"的分别为1个和4个运动项目，落实"一般"的有6个运动项目，"难以落实"的仅有1个运动项目。从标准落实总体情况来看，"非常好"和"比较好"的占比和为42%，而"难以落实"的占比仅为0.8%。由此认为，标准落实情况总体不错，但经费不足、组织力度不够、群众积极性不高和相关政策配套不完善是制约业余锻炼等级标准落实的主要因素。[①]

表4-9　已制定业余锻炼等级标准的运动项目

运动项目管理中心	运动项目	标准落实情况	运动项目管理中心	运动项目	标准落实情况
武术	武术	非常好	网球	网球	一般

① 参见马思远、李相如《体育项目业余锻炼等级标准制定与落实的现状及对策》，《首都体育学院学报》2016年第6期。

续表 4 – 9

运动项目管理中心	运动项目	标准落实情况	运动项目管理中心	运动项目	标准落实情况
篮球	篮球	难以落实	游泳	游泳	比较好
健身气功	健身气功	比较好	田径	田径	一般
	马术	比较好	举重摔跤柔道	举重	一般
自行车击剑	击剑	一般		摔跤	一般
	铁人三项	比较好		柔道	一般

影响制定业余锻炼标准的因素中，"落实标准难度大""制定标准难度大"和某些项目"普及程度不高"三个方面对体育项目未制定业余锻炼等级标准的影响较大。如激流皮划艇、射击等项目的危险性，帆船、帆板、赛艇等项目对器材的高要求和场地的特殊性，马术等项目资源的稀缺性，以及某些体育项目技术的复杂性和较高运动素质的要求等。

由深圳大学研究制定的《大众乒乓球技术等级标准》于 2012 年经中国乒协领导专家组鉴定通过，2017 年 1 月发布深圳市标准化指导性技术文件《大众乒乓球技术等级（段位）标准与评价》，此标准在深圳试行，后向全国推广。标准试行中，深圳有 1000 多位乒乓球爱好者参加考段，已有 800 多人获得相应段位。大众乒乓球技术等级采用段位制划分，从低到高分三级九段，分别为初级：1 ～ 3 段；中级：4 ～ 6 段；高级：7 ～ 9 段。

2017 年 4 月中国乒乓球学院向社会发布了其科研成果《青少年运动技能等级标准（乒乓球）》。标准采用三等九级制，分为入门级：1 ～ 3 级；普及级：4 ～ 6 级；提高级：7 ～ 9 级；还预留了第四等的专业级。

经过科研人员的努力，旧的业余锻炼标准不断地改进完善，新的业余锻炼标准创立，可以使体育锻炼者了解自身的运动水平，特别是技术水平，能激发人们的锻炼兴趣，有效地促进技术水平提升。

（二）学生体质健康标准

关于学校学生的运动水平评价，较早较详细的是《国家体育锻炼标准》中的评定。《国家体育锻炼标准》对全体人群按年龄进行分组评价，9 ～ 12 岁儿童组相当于小学 3 ～ 6 年级，13 ～ 15 岁少年乙组相当于初中，16 ～ 18 岁少年甲组相当于高中，19 岁以上成年组包含大学生。

教育部、国家教育委员会在 1990 年颁布了《大学生体育合格标准》，并下发了标准的实施办法。《大学生体育合格标准》从身体形态、身体机能、身体素质、视力状况及体育课、课外体育锻炼等方面，综合评定学生的体育成绩。具体评价标准是：身体形态满分为 10 分，用维尔维克指数评定，即体重（千克）＋胸围（厘米）/身高（厘米）×100；身体机能满分为 15 分，用肺活量指数评定，即肺活量（毫升）/体重（千克）；身体素质满分为 10 分，按《国家体育锻炼标准》达标成绩评定；视力状况满分为 5 分，按视力等级评定；体育课成绩满分为 50 分，按体育课总成绩评定，其中理论知识满分为 10 分，其他为 40 分；课外体育锻炼满分为 10 分，按早操、课外体育活动的出勤表现评定。

2002 年开始试行《学生体质健康标准》，教育部、国家体育总局在认真总结试行工作的基础上，根据新的形势对《学生体质健康标准》进行了修改和完善，于 2007 年开始在全国各级各类学校全面实施《国家学生体质健康标准》，2014 年重新修订了《国家学生体质健康标准》。

《国家体育锻炼标准》适用于全日制普通小学、初中、普通高中、中等职业学校、普通高等学校的学生。小学、初中、高中按每个年级为一组，其中小学为 6 组、初中为 3 组、高中为 3 组。大学一、二年级为一组，三、四年级为一组。测试项目中身体形态类中的身高、体重，身体机能类中的肺活量，以及身体素质类中的 50 米跑、坐位体前屈为各年级学生共性指标。各组别学生的测试指标和权重比例见表 4－10。

表 4－10　测试单项指标与权重

测试对象	单项指标	权重（%）
小学一年级至大学四年级	体重指数（BMI）	15
	肺活量	15
小学一、二年级	50 米跑	20
	坐位体前屈	30
	1 分钟跳绳	20
小学三、四年级	50 米跑	20
	坐位体前屈	20
	1 分钟跳绳	20
	1 分钟仰卧起坐	10

续表 4 - 10

测试对象	单项指标	权重（%）
小学五、六年级	50 米跑	20
	坐位体前屈	10
	1 分钟跳绳	10
	1 分钟仰卧起坐	20
	50 米 ×8 往返跑	10
初中、高中、大学各年级	50 米跑	20
	坐位体前屈	10
	立定跳远	10
	引体向上（男）/1 分钟仰卧起坐（女）	10
	1000 米跑（男）/800 米跑（女）	20

说明：体重指数（BMI）＝体重（千克）/身高^2（米^2）。

2014 年重新修订后的《国家学生体质健康标准》总分由标准分与附加分之和构成，满分为 120 分。标准分由各单项指标得分与权重乘积之和组成，满分为 100 分。附加分根据实测成绩确定，即对成绩超过 100 分的加分指标进行加分，满分为 20 分；小学的加分指标为 1 分钟跳绳，加分幅度为 20 分；初中、高中和大学的加分指标为男生引体向上和 1000 米跑，女生 1 分钟仰卧起坐和 800 米跑，各指标加分幅度均为 10 分。

学生的测试成绩反映了学生的体质健康水平，也体现了学生的综合运动水平。根据学生测试总分评定等级：90 分及以上为优秀，80.0～89.9 分为良好，60.0～79.9 分为及格，59.9 分及以下为不及格。

（三）运动员运动水平等级

2014 年国家体育总局审议通过的《运动员技术等级管理办法》将运动员等级称号划分为：国际级运动健将、运动健将、一级运动员、二级运动员、三级运动员。[1]

最新修订的《运动员技术等级标准》（体竞字〔2013〕177 号）已正式印发实施。修订后的《标准》赛事更明确、逻辑性更强、文字表述更规范，比较符合当前各项目发展的实际水平，能够较好地发挥引导各

---

① 参见《运动员技术等级管理办法》（国家体育总局〔2014〕18 号）。

项目科学发展、促进运动员刻苦和科学训练、不断提高运动技术水平的基础性作用。

《运动员技术等级标准》对速度滑冰、击剑、现代五项、帆船、健美操、无线电测向、篮球、足球等 77 个项目的运动员技术等级标准进行了详细界定。

1. 达标类项目。像游泳、田径、举重、自行车等体能主导类项目，以达到相关项目的具体标准为运动水平的评判标准。例如男子自由泳，只要在规定级别的比赛中取得成绩达到相应标准，即可获得相应运动员的等级称号。见表 4 – 11。

表 4 – 11　男子自由泳项目成绩标准

男子：

项目	国际级运动健将		运动健将		一级运动员		二级运动员		三级运动员	
	50 米池	25 米池	50 米池	25 米池	50 米池	25 米池	50 米池	25 米池	50 米池	25 米池
50 米自由泳	21.95	20.95	23.28	22.28	24.5	23.5	27.5	26.5	34.5	33.5
100 米自由泳	48.39	46.89	51.5	50	55.5	54	01:05.0	01:03.5	01:22.0	01:20.5
200 米自由泳	01:46.9	01:43.4	01:51.5	01:48.1	02:03.0	01:59.5	02:23.0	02:19.5	02:56.0	02:52.5
400 米自由泳	03:47.8	03:40.8	03:58.6	03:51.6	04:21.0	04:14.0	05:06.0	04:59.0	06:16.0	06:11.5
800 米自由泳	08:00.1	07:46.1	08:24.0	08:10.0	09:02.0	08:48.0	10:32.0	10:18.0	13:12.0	12:58.0
1500 米自由泳	15:12.1	14:47.1	16:00.3	15:35.3	17:20.0	16:54.0	20:15.0	19:50.0	24:45.0	24:20.0
50 米仰泳	25.24	24.24	27.43	26.43	30.5	29.50	35.5	34.5	43	42
100 米仰泳	53.92	52.92	58.45	57.45	01:04.0	01:03.0	01:14.0	01:13.0	01:30.0	01:29.0
200 米仰泳	01:57.9	01:55.9	02:06.5	02:04.5	02:18.0	02:16.0	02:41.0	02:39.0	03:16.0	03:13.0
50 米蛙泳	27.47	26.47	28.75	27.75	32.5	31.5	37	36	44	43
100 米蛙泳	01:00.2	58.23	01:03.8	01:01.8	01:11.0	01:09.0	01:20.0	01:18.0	01:34.0	01:32.0
200 米蛙泳	02:11.7	02:07.8	02:21.9	02:17.9	02:35.0	02:31.0	02:54.0	02:50.0	03:23.0	03:19.0
50 米蝶泳	23.51	22.51	24.89	23.89	27	26	32.5	31.5	41.5	40.5
100 米蝶泳	51.92	50.42	55.45	53.95	01:00.0	58.5	01:11.0	01:09.5	01:29.0	01:27.5
200 米蝶泳	01:56.6	01:53.6	102:02.7	01:59.7	02:14.0	02:11.0	02:38.0	02:35.0	03:18.0	03:15.0
200 米混合泳	01:59.8	01:56.8	02:08.2	02:05.2	02:19.0	02:16.0	02:40.0	02:37.0	03:15.0	03:12.0
400 米混合泳	04:18.1	04:12.0	04:31.2	04:25.2	04:58.3	04:52.0	05:31.0	05:25.0	06:56.0	0:06:50

说明：此表节选自《运动员技术等级标准》（体竞字〔2018〕16 号。

2. 名次类项目。像足球、乒乓球、网球、棒垒球等球类和摔跤、拳击等格斗类均是以技战术为主导的（个人和团队）项目，应当以获得比赛名次为评判标准。比赛取得名次越高，获得相应技术等级的人员数量越多。比如排球运动员技术等级标准中对"国际级运动健将"的规定：参加奥运会、世界锦标赛、世界杯，取得第一名，11 名运动员参加比赛；第二名，10 名运动员参加比赛；第三名，8 名运动员参加比赛；第四至八名，6 名运动员参加比赛；第九至十二名，4 名运动员参加比赛，授予"国际级运动健将"称号。

不同层次、不同角度、不同类型的运动水平等级，不仅可以作为衡量运动水平的参照系，也可以通过运动水平提高和展现程度判定运动内容价值实现程度。因此，运动水平等级范畴不断拓展和完善，将推动体育内容不断丰富并走向深入。

第五章 体育手段

　　体育要成为独立的学科门类，就应有自己特有的手段，即体育手段必须是特属于体育本身而非他物的手段。然而，以往的研究认为是体育手段的运动具体形态回归体育本位，具体运动的形态不再是手段，体育手段究竟是什么呢？手段是达到某种目的的具体方法，其指向性、目的性和专门性非常明确，所以只要是能提高和展示运动水平的方式方法、途径都可以称为体育手段。基于此，我们可以看出，体育手段一般包括观看、模仿、教学、训练、竞赛和表演。

　　本部分首先梳理了传统的体育手段认知误区，揭示出体育学中体育手段与目的、对象混淆的现象，进而从手段的排他性、目的性等方面给出了体育手段新释义。各部分手段中论述了各自的内涵与层次，为提高和展现运动水平指明了方式方法，为自觉实现运动价值奠定了方法论基础。

　　体育是为更好地实现运动价值而不断提高或展现运动水平的文化活动。[①] 体育的目的就是"不断提高或展现运动水平"，判定体育手段效果，关键在于"运动水平"是否得到提高和展现。

第一节　体育手段的传统认识与新视野

一、体育手段的传统认识

　　手段，在辞海中解释为："为达到某种目的而采取的方法和措施[②]。"在《现代汉语词典》里，手段是指："为了达到某种目的而采取的具体方法"[③]，"方法是指解决思想、说话、行动等问题的门路、程序等"[④]。显然，这种认识基本上是把手段和方法理解为同一件事了。这是目前理

---

　　① 参见陆作生《我国体育概念的界定》，《体育学刊》2010年第12期。
　　② 夏征农、陈至立：《辞海：第六版缩印本》，上海，上海辞书出版社，2010年，第1730页。
　　③ 《现代汉语词典》，北京，商务出版社，1985年，第1058页。
　　④ 《现代汉语词典》，北京，商务出版社，1985年，第306页。

论界比较认可的，也是比较权威的有关手段的界定。那又该如何界定体育手段呢？正如杨文轩在其所著的《体育概论》中所说的"我们只能在手段前面加上'体育'两个字"①。就目前现有文献来看，对体育手段的传统认识主要有以下3种。

（一）体育手段的"方法"说

这是在现有文献资料里最常见的对体育手段的一种界定。如"为实现体育目的而采取的各种身体活动内容和方法的总称"②。"体育手段是根据体育目的和体育目标所要选择的各种内容和方法，它包括人们体育学习和锻炼的相应知识、技能和方法。"③ 像这样的论述还有很多，具体见表5－1。

表5－1　体育手段的概念综述

概念出处	概念内容
《体育科学词典》（高等教育出版社，2000）	△人们为了锻炼身体，增强体质，以及提高运动技术水平所采用的多种内容和方法的总称
《中国大百科全书》（体育卷）（中国大百科全书出版社，2001）	△为了锻炼身体，增强体质，抗御疾病，以及提高运动技术水平所采用的各项活动的内容和方法的总称
《体育概论》高校教材（高等教育出版社，1995）	△为实现体育目的而采取的各种身体活动内容和方法的总称
《体育理论》体院版教材（人民体育出版社，2000）	△人们为了锻炼身体，增强体质，抗御疾病以及提高运动技术水平所采用的多种内容和方法的总称
《体育原理导论》（王健，等）华中师范大学出版社，2002）	△人们为了增进健康，增强体质，促进人的身心发展，提高运动技术水平，实现体育目的、任务所采取的各种内容和方法的总称
《体育原理》（杨文轩，等）高等教育出版社，2004）	△根据体育的目的和目标所需要选择的各种内容和方法，它包括人们体育学习与锻炼的相应知识、技能和方法

---

① 杨文轩：《体育概论》，北京，高等教育出版社，2005年，第84～85页。
② 鲍冠文：《体育概论》，北京，高等教育出版社，1995年，第96页。
③ 杨文轩、陈琦：《体育原理》，北京，高等教育出版社，2004年，第107页。

续表 5－1

概念出处	概念内容
《体育概论》（赵立，人民体育出版社，2009）	△是指围绕如何增进人的身心健康而采取的各种运动方式或具体方法

（二）体育手段的"运动"说

可以说，把身体练习、运动作为体育手段是体育手段传统认识论中最为典型的一种，也是基于对体育进行界定时的一种普遍认识。随便查阅一些相关资料，基本上能看到对体育的界定是"以身体运动""以身体练习""运动""以身体活动"为基本/主要/根本/手段的……这样的论述。我们不难看出，这里出现的各种冠以"身体"为前缀的运动、练习、活动等，都可以确定为一种"运动"，也就是说，这种认识论是把"运动"当作体育手段的。

（三）体育手段与竞技手段的"互通"说

把体育手段等同于竞技手段，在众多相关文献资料中也并不鲜见。这是因为太过看重体育手段与竞技手段的些许共性，而忽视它们的较大差异所产生的一种不全面认识。尽管体育手段和竞技手段的共同点是为了追求运动水平的提高或展示，但外在表现却有着较大差异。比如，在运动者初学游泳的时候，可以通过观看这一体育手段来提高感观认识。通过观看、思考、分析，尽管还不能马上学会游泳，但其对游泳的运动与欣赏水平一定会有所提高，而如果运动者一直不下水进行实际训练，将永远也不会达到竞技水平的提高。故可以说，如果把竞技训练看作体育手段的一种，则要更为准确。

二、体育手段在传统认识中的局限性

（一）体育对象的模糊不清

早在 20 世纪 50 年代，苏联提出的体育手段中已包含有身体操练、自然力、卫生学等因素。比如凯里舍夫曾论述："卫生因素、作息制度、正确的睡眠和营养，以及个人的和公共的卫生在增强苏联人的健康，提高他们的工作能力方面起着重要的作用。"① 尽管他们在对体育手段的认识上已经有了明显突破，不再只把运动作为单纯的体育手段，但依然混淆了体育的对象，即把运动明确界定为体育的手段而非体育的对象。

我国的体育理论在 20 世纪 60 年代以前，是不大讲体育手段的，到了 80 年代，才开始引用苏联 50 年代的有关体育手段的相关理论，然后在此基础上逐渐发展起来。对于手段的一般性认为是：为达到某种目的而采取的具体方法。② 方法是指解决思想、说话、行动等问题的门路、程序等。③ 目前在我国另一本相对较为权威的体育概论教材里，关于体育手段的定义是："为实现体育目的而采取的各种身体活动内容和方法的总称。"④ 而这些理论几乎是把身体活动作为手段，即没能考虑到人体的基本运动，除了身体活动，还有智力运动和心理活动等，如以智力活动为主要特征的牌类活动、棋类活动，以心理活动为主要特征的赛前心理波动、各种养气功静气功、航模表演及比赛等的心智活动。同时，也没有考虑到活动的有意识性。而且他们依然在体育手段与体育对象概念的界定上模糊不清。

（二）体育手段的最终迷失

目前，我国理论界普遍认可的体育手段还有一种是："人们为了强身祛病、娱乐身心以及提高运动技术水平而采取的各种内容和方法的总称。体育手段这个概念的含义可以有广义和狭义之分。广义的可以指一种活动形式，如游戏、登山等均可称是体育手段；狭义的可以指一种身体练习的动作，如一个高抬腿跑也是一个体育手段"。⑤ 从这个定义我们不难看出，这种对体育手段的定义并没有直接而明确地告诉我们是什么是体育手段，只是用列举的方法来解释体育手段。而造成这种定义上的不确定性，都是没有明确体育手段的主客体造成的误解。方万邦比较强调以"大肌肉运动"作为体育手段，而宋君复在《体育原理》中强调运动作为体育手段的同时（本研究的观点是把运动作为体育的对象而非体育的手段），强调要注意饮食、营养、卫生和综合运用各种体育手段。尽管这已经是一种对体育手段认识上的巨大进步，但依然存在着对体育客体认

---

① 凯里舍夫：《苏联体育教育理论》，北京，人民体育出版社，1958 年，第 105 页。
② 参见《现代汉语词典》，北京，商务印书馆，1985 年，第 1058 页。
③ 参见《现代汉语词典》，北京，商务印书馆，1985 年，第 306 页。
④ 鲍冠文：《体育概论》，北京，高等教育出版社，1995 年，第 96 页。
⑤ 曹湘君：《体育概论》，北京，北京体育大学出版社，1985 年，第 227 页。

识（界定）上的错误。因此，在明确了体育手段的主客体之后，再来谈什么是体育手段，就容易得多了。

三、体育手段的新视野

（一）体育手段的"唯我性"特质

手段就是主体施加给客体并以期客体产生某种预设性变化（即某种目的）的一种中介物质。这种中介物质可以是实物性的，也可以是非实物性的。鉴于此，我们务必明确主客体的身份，才可以明确界定手段的正确含义，也才可以明确手段的类别，比如是体育手段而不是政治手段等什么别的手段。当体育作为主体时，它的客体是什么将直接决定什么才是真正的体育手段。那么体育的客体是什么呢，这便是我们在前面章节已经详细论述过的人的运动。在明确了这样一个客体之后，再去讨论什么才是体育手段，则在概念理解上才不会犯一些模糊不清的错误。这也是体育手段"唯我性"的基本要求。

（二）以运动作为体育手段的认识误区

从表5-1中的各种对体育手段的界定中不难看出，几乎都涉及"目的性"这一概念，也即"有意识性"，另外就是"运动性"。下面就让我们来分析一下这种目的性和运动性。其实运动和能够作为体育对象的运动存在着极大的差异性，因为并不是所有运动都是体育的对象。首先，运动是物体（或物体某部分）的一种动态呈现状态，有的运动是有意识的，如游泳、跳高、推铅球等；而有的运动则是无意识的，如日常行为下的呼吸、眨眼等一些本能的运动，这些本能的运动则不能作为我们体育的对象，这就较好地界定了作为体育对象的运动的目的性，即有意识性。其次，只有从属于人的运动才有可能作为体育的对象而存在，比如动物为了捕获猎物或避险而经常进行的奔跑，尽管通过这种时常的奔跑，能让它们的奔跑能力得以提高，但却也不能作为我们体育的对象而存在，这又界定了运动作为体育对象的主体性。再次，只有那些为追求实现价值最大化的运动，即体现体育本质的运动，才能作为体育的对象而存在。所以那种单纯把运动定义为体育手段的观点，无论是概念上还是逻辑上都是一种错误的体现。最后，我们还要认识到，体育运动早已不再仅限于身体运动，如静气功、各种棋类运动及航模表演等虽然没有明显的身体运动，但它依然归属于体育运动，故以身体练习（训练）为体育手段

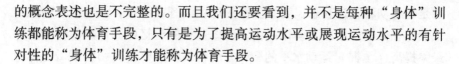

的概念表述也是不完整的。而且我们还要看到，并不是每种"身体"训练都能称为体育手段，只有是为了提高运动水平或展现运动水平的有针对性的"身体"训练才能称为体育手段。

（三）体育手段的再认识

基于以上种种认识和分析，体育手段则可以界定为：有意识、有目的地提高或展示运动水平而采取的各种方法和途径。体育手段是实现体育目的的方法和途径，所以这种为"实现运动价值最大化"的一切方法和途径，介于体育与运动之间的中介总和才是手段。通过体育教学、体育训练、体育竞赛等多种方法途径能够"不断提高和展现运动水平"，从而实现"运动价值最大化"。实现运动价值是对"运动水平"提出的要求，而"不断提高或展现运动水平"对体育教学、体育训练和体育竞赛等多种体育手段提出了要求，强调了体育手段必须不断提高或展现运动水平，才能自觉地实现运动价值最大化。通过发展体育手段来"提高和展现运动水平"是体育生存的根本，也是体育发展的不竭动力。如果不能提高或展现"运动水平"，体育将无法生存和发展，人的运动难以脱离原始状态，其价值的实现大都处于自发当中，人的运动也不能成为体育运动。

体育手段作为实现体育目的的方法和途径，即必须服务于提高或展现运动水平已经毋庸置疑，但每一种体育手段在具体运用的过程中，就其本身在提高和展现运动水平过程中的重要性而言，具有阶段的递进性和差异性。基于此，在体育的手段论述中，依据体育过程理论将从"了解认知型"为主的体育手段、"内化发展型"为主的体育手段、"竞赛表演型"为主的体育手段进行论述。

第二节　认知学习为主型体育手段

从前一节的论述中我们知道，体育手段是为了实现运动水平的提高或展示运动水平而采取的各种途径。因为途径是现实可循的，故体育手段就具有一定的确定性。体育手段主要有运动观看、运动模仿、教学、训练、竞赛和表演等，"观看、模仿"等体育手段是体育过程起始阶段常用的手段，目的主要是了解学习体育运动，突出显示其认知型特性。

一、运动观看

观看既是一种学习方法也是一种学习过程，也是一种学习手段。主

要是指运动者通过有意识观看动作的现场演练或录像，经过信息输入与反馈以在大脑皮层留下动作结构、动作过程的记忆痕，形成动作表象并最终提高（掌握）运动水平的一种方法和手段。见图5-1。观看是体育手段的最初步手段，几乎所有的运动水平的提高和展示都是从观看开始的。在笔者查阅的大量资料里，还没有发现有把观看作为体育手段的论述，但无论从提高运动水平还是展示运动水平的角度来看，观看都是一种最初的也是极为重要的体育手段。

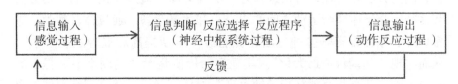

图5-1　信息的输入至输出过程模式

（一）运动观看的生理学机制分析

人体的视觉极其敏感，能精细捕捉到运动技术的结构，能准确把握运动技术在时间及空间上的变化，形成神经脉冲并经过换能作用在大脑中留下记忆痕，从而形成技术动作的初步影像。由此可以看出，观看是运动技术形成的最初阶段，是运动技术形成的必不可少的阶段，故可以说观看是最基础的体育手段。只是需要指出的是，观看作为体育手段，更多体现在其提高运动水平而不是展现运动水平方面。

（二）运动观看的层次性

1. 了解——感观刺激。视觉是正常人群获取信息的最重要来源。运动者往往在第一时间都是通过观看去感知事物，如了解环境、了解运动、了解项目和了解技术。也就是说，运动者基本上都是在第一时间通过观看获得对事物感观上的认识。尽管此阶段只是停留在对事物的表象认识上（因为此时大脑皮质内的分化抑制尚未建立，所以大脑皮质中的兴奋与抑制都呈扩散状态），但却是对所获取信息进行分化、优化选择的前提，因而也就为最终提高运动水平和展现运动水平提供了可能。

2. 认识——理性选择。理性选择是大脑皮质对获取的信息进行进一步分化，是了解的后期深入阶段，是对大脑皮质所获取的信息进一步做出全面分析而后进行有效选择。有效选择是提高运动水平的第一步，只有通过观看并经过了一系列有效选择，大脑皮层在提取有用信息排除无用信息后，对这些有用信息加以深入刺激和强化（一种学习过程），并最终完成运动水平的提高和展示。

3. 欣赏——运动反馈。欣赏，给人的感觉是价值性体育分类中归属于休闲体育的，是一种娱乐生活的需要和满足。但作为一种体育手段的"欣赏"，却不只是从属于休闲体育，而是从属于体育这一最顶层精神需要，是对体育活动在观看后的一种情感与精神的综合反馈，而这种反馈恰恰是运动水平提高与运动水平展现的外在呈现，同时，欣赏又刺激了这种外面呈现，即运动水平的提高和运动水平的展现。的确，随着人们物质文化的日益丰富，人们对精神文化的需求也日益增长，人们在闲暇之余去欣赏一场比赛、一场音乐会等，确实对愉悦身心、缓解工作压力、促进身心健康大有益处。但作为体育手段的欣赏，是为体育的目的服务的，是为了提高和展示运动水平，故把欣赏界定为体育手段，是基于体育本身出发的，可以称为体育欣赏。体育欣赏可以分为三种，见图5-2。

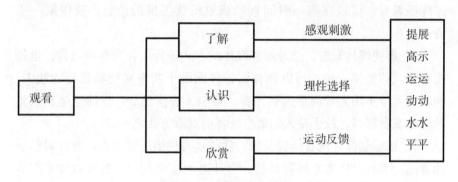

图5-2　观看层次水平

其一，对运动项目的欣赏。通过对运动项目本身的欣赏，比如足球运动、篮球运动、乒乓球运动等，不仅仅只是愉悦身心，更能感受到项目的魅力，激发运动热情，培养运动兴趣，促进运动参与。这无形中就提高和展示了运动水平。再比如对武术运动的欣赏，体操运动的欣赏，跳水、游泳运动的欣赏等，还能感受到运动的美。通过欣赏，提高自己对美的欣赏水平，提高自己综合体育欣赏水平，对刺激和激发运动参与都有着直接的影响。

其二，对运动者的欣赏。相比于不经常运动的人群，运动者更具有强健的体魄、更矫健的身姿、更乐观的心态、更阳光的精神面貌、更加充沛的精力和体力等。运动者这些特质都是吸引人的地方，都是人们欣

赏的地方。通过这些对运动的欣赏，从而产生良性运动反馈，也是刺激与激发非经常运动人群运动参与的积极因素。

其三，对运动场景的欣赏。即使一个不喜欢运动的人，一旦走进大型运动现场，比如中超的足球比赛现场、中外搏击现场等，也会被现场狂热的体育氛围所感染、吸引和震撼，从而产生参与运动的冲动和激情。

运动水平或者说运动能力提高的过程，就是在多种感觉机能的参与下，同大脑皮质动觉细胞建立暂时性神经联系的过程，特别是本体感觉，对形成运动技能具有特殊意义。而视觉在提高运动水平的过程中起着主导作用，尤其如球类、射击项目。在这两种感觉共同参与、相互作用下，最终完成视动协调，从而提高运动水平。

（三）运动观看的途径

1. 现场观看。现场观看是观看的最直接形式，也是最直接的感观刺激。比如现场观看体育比赛，现场观看训练，现场观看体育表演等。通过现场观看，可以在第一时间直观获取所要了解的信息，获得第一手资料。

2. 影视媒体观看。通过影视媒体的方式进行体育观看与欣赏，也是观看方式的重要一种，可以弥补因各种原因不能亲临现场观看的缺失，同时又可以不用大费周折去到比赛、训练、表演现场，安逸地坐在家里就可以观看赛事，故也是人们最常选择的观看方式之一。

3. 观看录像。观看体育录像，往往具有很强的针对性。有针对精彩比赛的，有针对体育专项项目的，有针对动作结构的，有针对技术细节的，有针对比赛技战术的、运动者运动特点和风格的，还有针对错误纠正与技术改进的，等等。总之，观看录像涉及的方面很多，但不管是针对哪种目的，都是为了达到提高运动水平和展示运动水平这一体育根本目的而进行的。

4. 文字观看。文字观看可以看作观看的一种高级形式，尤其是在运动水平的相对高级阶段，文字观看则变得更为常用和重要。它是通过人体的第二信号系统，形成对所观看内容更为理性的理解和认识，对所观看内容进行更深入了解而常用的手段；也是进行自我学习时的常用体育手段，比如一个运动结构的文字解读，动作规格的规定，武术拳谱对武术动作、套路的记载与攻防技术的说明等。通过观看这些文字说明，便能更为清楚认识和领会所学习的内容，较好地起到强化提高运动水平的作用。

（四）运动观看价值的体现

观看的效果价值体现主要表现在"视动联动"体系中。运动者在尚未熟练掌握动作技能之前，观看是起着主导作用，是学习掌握动作的第一步。如运动者要靠"观看"去处理环境，使运动者产生空间感觉，控制动作，维持身体平衡，从而完善动作结构。通过现场观看、影视媒体观看、录像观看和文字观看等提高运动水平和运动欣赏水平。一旦运动者视觉产生障碍或有缺陷时，就会丧失方向感和平衡感觉，不容易保持平衡和正确的姿势，对运动水平的提高和展现更是困难倍增。

二、运动模仿

这里所讲的模仿是一种学习者在观看的基础上进一步升华学习过程的体育手段。主要是指学习者在有意识观看相应动作载体进行动作演练时跟随重复该动作过程，并提高运动水平的体育手段。这是要说明两点：一是相应动作载体，既可以是人（动作直接传授者），也可以是物（记录、记载动作的影像资料、插图文字等）；二是指那种无意识（不自觉）的模仿则不能看成一种体育手段。

（一）运动模仿的生理学机制分析

模仿的主要生理机制是使机体相应机能产生适应现象。从下面对模仿的层次性分析可以看出，模仿是从随意性（无意识性）模仿开始的，即一开始只是以大脑活动为基础的暂时性神经联系，但随着模仿分层的加深，大脑皮质运动中枢内支配的部分肌肉活动的神经元在机能上进行排列组合，兴奋和抑制在运动中枢内更趋有顺序、有规律、有严格时间间隔地交替发生，从而形成一个系统，以让机体相应机能产生适应现象。

（二）运动模仿的层次性

1. 无意识性模仿。动作模仿是模仿作为体育手段的基本手段之一，主要体现在运动者通过各种途径对动作结构的模仿，以达到掌握动作、提高运动水平的行为。而无意识模仿基本出自一种本能，所做出来的跟随运动都是一种无意识。故不能把这种无意识看作一种体育手段。比如很多幼儿跟着大人做的很多无意识的模仿行为。

2. 表象模仿。这一般出现在学习的初级阶段，动作学习者只知道有意识跟着动作传授载体（载体可以是人，也可以是其他影视、录像、文

字、图表等媒介）进行外在动作的模仿，并不能真正知晓为什么要这么做。比如武术套路里的格挡冲拳，一般初学者一开始只知道跟着去模仿这个动作，而不能真正知晓该动作的攻防含义。表现最为明显的就是公园里很多太极拳的演练者，他们往往只是跟着动作传授者去模仿动作，而并不能理解做这些动作时的意念运行等。但这种模仿依然是体育手段的一种，是一种较为初级的体育手段。通过这种模仿可以对所学动作进行一个大概动作结构的掌握，初步提高和展现运动水平。

3. 针对性模仿。针对性模仿是模仿这一体育手段中最主要的模仿手段，可以针对一个动作整体，也可以针对一个动作中的某个细节，还可以针对一种攻防战术，等等。比如武术的砸拳振脚，往往都是先从模仿动作的整体性开始，再去针对性模仿双手的环绕动作、转头动作，最后是眼神、意识、脚的振地动作等各环节的表现力、节奏配合等。再比如大多数球类运动中的各种攻防战术模仿，都是非常具有针对性的一种模仿。这种模仿对于提高运动水平和展现运动水平而言，效果极为明显。

4. 选择性模仿。选择性模仿主要体现在为了提高某一体育活动水平和展现这一活动水平，而有针对性地选择一些已经开展过的类似或相近的体育活动的组织、机构的经验。比如先后出现的各种国际"体育文化节"，各种杯赛，各种职业、非职业的体育单项联赛等，组织方式、运作模式都是其他赛事的模仿对象。在具体赛事上，这种相互间的模仿更是屡见不鲜。比如先后出现的世界各种搏击大赛（K-one、MMA、CKF），国内继"武林风""昆仑决"以后相继出现的"城市英雄""雄霸天下""王者归来"和"拳王争霸"等，不管是在运作模式还是在组织方式上都在相互模仿与借鉴。这也为体育运动水平的提高和展示提供了不竭的动力和保障。

5. 意念模仿。在模仿这一体育手段的概念里，应该还有一种意念模仿，这种模仿往往并不是模仿某一运动的外在呈现，而是一种内在意念。比如前面提到的太极拳中的用意用气的模仿。表现最为明显的还有静气功、养气功等。运动学习者通过这种意念模仿，慢慢会体现到动作时的一种内在意念，一种本项目、本动作所特有的气息运行方式、方法。

（三）运动模仿的途径

1. 教授模仿。教授模仿是最直接的模仿方法，也是最常见的一种模仿方法。主要是指运动者在运动传授者的指导下，现场模仿运动传授者传授的体育活动、体育运动、体育动作的现象。这是体育学习模仿方式中最重要的一种。

2. 影视模仿。影视模仿多见于运动者的自我体育学习、锻炼。运动者往往根据自身对体育运动学习的需要，有针对性地选择运动项目，在没有现场该项目的运动传授者的情况下，模仿影视媒体中运动传授者的动作的方法。

3. 录像模仿。不管是运动者的自我体育锻炼学习还是运动团队的体育活动，都常见到此种模仿方法。该方法的最大优势在于不仅可以反复进行模仿，还可以根据模仿、学习的需要，在模仿时调整模仿的速度，以便于运动者能更清楚准确地把握所学习的内容和细节。

4. 文字、图片（图解）模仿。文字、图片（图解）模仿对运动初学者来说具有较大的挑战性，一般多见于运动能力较强，并有一定运动基础的运动学习者或其他模仿条件不足的运动学习者。

（四）运动模仿的价值体现

运动模仿的价值体现的是运动者运动学习的初级阶段，但又是必经阶段，是所有运动者体育运动的不可或缺的体育手段。此阶段是本体感觉与条件刺激多次结合从而形成简单的运动条件反射的最基本阶段。任何运动者在运动学习过程中不用此体育手段几乎很难真正学习运动项目，更谈不上运动水平的提高和展示。

三、认知学习为主型体育手段应用

观看及模仿手段属于运动技术形成与提高的最初阶段，对运动技术的快速形成及运动水平的提高至关重要。故对此两种手段的应用，要充分考虑运动技术的形成特点及学习者的个人特点，有针对性地选择应用。

（一）根据学习者的自身特点进行选择应用

因为人的各自特点、机能状况等多方面因素存在差异性，不可能在运用体育手段时一概而论。即使是人的先天条件都相同，但由于其在具体实践中的角色不同，体育手段的运用也会有较大的区别，比如对足球运动员而言，由于不同运动员在场上所处位置的不同，有前锋型的，有后卫型的等，前锋可能更需要突出速度，而后卫可能更需要突出防守意识。还有就是要考虑各人运动机能、运动现实条件、运动悟性等存在的现实差异性等；再有就是要考虑学习者的年龄、性别、学习目的、学习兴趣、运动年限等综合因素。比如有人喜欢通过观看文字图片的方式，

而有人则喜欢观看视频录像等方式,还有人更愿意跟随传授者实地模仿,等等。总之,当进行这两种运动手段的运用时,应能充分尊重学习者的现实条件来进行。

（二）根据项目特点进行选择应用

在运用观看、模仿类体育手段时,应从运动动作的结构、复杂性、整体性等多种综合因素适当进行选择,从而尽可能地全面了解所学习的运动技术。因为项目的不同,项目本身的运动水平体现方式也会不同,比如有为了提高和展示速度的,有为了提高和展示力量的,有为了提高和展示耐力的,等等。因此,在运用体育手段时,要根据所学习的运动项目特点,选择视频观看还是观看文字解读,选择视频慢放模仿还是快放模仿,抑或跟随传授者实地模仿等,都会有较大的差异性。

另外,在观看、模仿对象的选择上,应考虑对运动者学习兴趣的培养,尽可能选择新颖、时尚的内容,在结合运动项目特点的基础上,还要考虑尽可能符合运动者的个性特点,以追求学习客体与运动者之间的高度统一性。

第三节　内化发展为主型体育手段

体育过程是人的本质力量在运动中凝结和展现的过程。参与者的本质力量需要内化给运动者,运动者又通过体育活动将自身的本质力量外化给运动需求者,体育过程才得以实现。内化过程就是体育参与者的人的本质力量内化给运动者,因此,体育过程内化阶段促进运动者运动水平的提高与展现的体育手段称为内化发展型体育手段。本章节正是依据以上分析,将运动教学、运动训练体育手段作为内化发展型体育手段进行论述。

一、运动教学

此处的教学不是指广义上的教学,而是特指为了提高和展示体育运动水平而专门采用的一种体育手段,更不只是针对学校教育过程中的体育教学行为,而是一种面向体育,即为了促进运动水平提高和展示的一种手段。为了避免单从字面上看而造成与学校的教学相联系,我们可以明确其是为了提高和展示运动水平的体育手段而非其他一些学科的教与学,也可以称为体育教学。

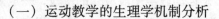

（一）运动教学的生理学机制分析

运动教学无疑涵盖了两个概念，即教与学。教的生理机制可以简单概括为向受教者施加刺激的过程，而学也可以简单概括为受教者接受刺激的过程。笔者在前文已经论述过，人在接受刺激时分为无意识和有意识两个阶段。无意识又可以分为两种，一种是机体自身的本能外在表现，无须刻意提醒自身的动作结构及动作行为等，如人们平时正常行走时的与他人聊天，这时人们不会刻意在意自己的行走姿势，不会刻意在意自己如何迈步，如何维持身体平衡等；另一种无意识则是动作自动化的一种外在表现行为，即某一技术动作已经到了一种自动化程度，在运动过程中无须刻意在意动作外在表现方式，如一个职业篮球运动员在做投篮动作时，不会刻意控制自己投篮时的手形，不会刻意在意全身的协调发力等，但在动作自动化前，即在学习投篮动作时，这些都是要刻意在意的。再来分析有意识性，巴甫洛夫在分析有意识和无意识的生理机制时认为，只有在当时条件下具有最适宜兴奋的皮质部位所完成的活动才是有意识的，且无意识与有意识之间可以随环境的改变而发生改变，即使是动作出现无意识或自动化时，当接受外界刺激异常时，大脑皮质的兴奋性会提高，对自动化动作又会产生意识。如一个人走在悬崖上时，这种自动化的行走行为就又会变得有意识。通过以上分析不难看出，其实教与学的生理机制无非就是教育者对受教者不断施加刺激，让受教者大脑产生适宜刺激的一种有意识行为；而受教者是接受刺激，形成动力定型并最终形成自动化的一种行为。

（二）运动教学的层次性

运动教学作为一种极其重要的体育手段，主要是因为一方面运动教学作为体育手段的普适性，无论是其对运动人群的普适性还是对运动项目的普适性，运动教学作为一种重要的手段都能贯穿其中。另一方面则是运动教学作为体育手段对提高和展示运动水平的快捷性与直接性，在现实实践中，通过运动教学这一重要体育手段，往往可以最快最直接提高运动水平和展示运动水平。但随着运动水平提高到一定程度时，将会出现提高缓慢的现象，此时则要运用另一种重要手段，即训练。还有就是运动教学作为重要的体育手段，关键在于它的运用普遍性、常规性。在日常体育活动中，为了较快提高和展示运动水平，运动教学是一种最常规最常用的体育手段。由于教学手段的重要性，本部分将做详细分析。

1. 了解性教学。了解性教学是运动教学手段最初的阶段，一般是指在运动教学的初期对所教学的内容进行初步的了解，以产生相应的整体概念，使受教者达到运动理论水平提高的目的，为以后全面而系统教学做好必要的铺垫。此阶段的主要任务一般包括对所教学内容进行概念上的梳理、历史上的回顾、现状的分析、未来发展的走向等。比如在对武术运动进行教学时，此阶段的任务主要是教授武术的概念及其基本文化，回顾武术的发展史，武术的现状及可能的发展方向、运动价值等，以期让受教者产生对所学运动的一个相对比较清楚的了解和认识，这本身就已经是一种运动（理念）水平的提高，为以后的学习指明了方向，并以期获得更大运动水平的提高。

2. 认知性教学。这是紧随了解性手段之后的一种常规性手段，虽然不能和了解性手段截然分开，但也不能看着只是时序上的顺延，因此，这种手段的主要任务相比了解性手段还是有较大区别的。此阶段的主要任务是通过这一手段，让受教者明确自己要学的项目特点、学习要求、学习过程、重点难点、学习注意事项等，就是要让受教者充分认知所学运动，为接下来的实践性学习做针对性准备，故此阶段实际是运动认知水平的提高与展示。

3. 掌握性教学。掌握性教学阶段和下文的运用性教学阶段是本体育手段的关键阶段。相比前两个阶段（侧重于教的手段），本阶段是教与学互动最为紧密的阶段，也是运动水平提高和展示的最关键形成阶段。主要是指教授者和受教者运用相应途径实现对具体教学内容的实践掌握。比如动作的结构、动作的运动风格、技战术、动作的运动意识等。掌握性教学阶段，明确地说就是让受教者把所要学习的内容变成自己的东西，形成自己的技术体系、运动风格。

4. 运用性教学。应用性教学主要是指教、受（学）双方对所学动作如何在具体实践中的运用而进行的专门性阶段，并最终实现该所学内容真正能运用到具体实践中。这既是一个教与学的阶段，又是一个实际运用阶段。比如一个武术动作在具体实战中的攻防运用，一套战术在具体比赛中的运用等。故可以说，此阶段是教学手段的最大追求目标。因为运动动作的掌握，最终都是为了在具体实践中的运用。

5. 发展性教学。发展性教学阶段主要是指不仅使学习者掌握、运用所教、学内容，还能针对性地就所授内容的潜在价值进行诱导，以期获得运动水平的更大提高与展示，更好为终身体育服务。此种阶段的任务，不仅在于继续巩固学习相应的运动内容，还主要承担对受教者智力、思

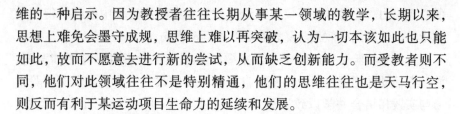

维的一种启示。因为教授者往往长期从事某一领域的教学，长期以来，思想上难免会墨守成规，思维上难以再突破，认为一切本该如此也只能如此，故而不愿意去进行新的尝试，从而缺乏创新能力。而受教者则不同，他们对此领域往往不是特别精通，他们的思维往往也是天马行空，则反而有利于某运动项目生命力的延续和发展。

（三）运动教学的途径

运动教学作为体育手段，归纳起来主要有以下一些途径。

1. 现场教学。现场教学是实现其为体育手段的最主要途径。主要是指教授者与受教者现场面对面进行的教育教学方式。可以使教授者和受教者进行实时联系，信息反馈得以即时处理，从而达到最佳教育教学效果。现场教学所采用的方法主要如下所示。

● 讲解示范法。讲解、示范一直是体育知识、技能传授的两种最基本的方法。就是教授者本人或某受教育者就所学习的技能、技法，一般事先向受教育者进行讲解演示的方法。其内容一般包括所授内容的结构、重点、难点、方向、规格、要领、标准度等。通过讲解示范，可以让受教育者更清楚所授内容的结构，更准确把握动作要领，进而更准确快捷地完成动作。

● 诱导法。诱导法是指教授者采用暗示、提问、讨论等诱导性的方式来启发受教者积极思考，从而体会、领悟教授者所传授知识的方法。此方法不仅可以较好地启迪受教育者的思维，还能很好地把体育学习和智力培养结合在一起，让受教者对动作有更深刻的理解，从而更好地掌握所学内容。

● 教具辅助法。即在教授体育知识、技法技能时适当采用多媒体、黑板、挂图等实物教具，向受教育者演示动作、技术的方法。这种方法可以较好地向受教育者展示动作的结构及各关键点，让受教育者能更清楚地认知动作，从而更准确地把握所学内容的要点。此方法的另一大优势是还可以通过多媒体把一些权威人士、专家们在演练该动作、技术时的情况进行重放，不仅可以让受教育者更准确地把握动作要领，还可以极大地激发受教育者的学习热情和提高对动作美的欣赏能力。

● 错误纠正与帮助法。受教育者在学习新的技术动作时，往往都会有一些错误或问题，这是体育学习过程中所固有的、不可避免的现象和过程。此时的教育者要善于及时发现，并能准确给予纠正和帮助。运用此方法时，还要配合积极的鼓励性的语言，让学习者没有顾虑和学习时

的心理压力。此种方法不仅可以让受教育者在学习过程中始终获得正确的指导，还可以有效预防受教育者产生运动损伤。

• 参与体验法。此种学习法主要是指让学习者亲自参与诸如竞赛、游戏等活动并担任主角，以及亲自担任相关的裁判工作，去真实体验学习与实践相结合并学以致用的过程。在此种学习中，无论是参与竞赛、游戏还是裁判等体验，都能极大地激发学习者的参与热情，培养和检验学习者诸如身体、知识、技能、智力、心理等各方面的能力，还能让学习者体会学习的快乐、激情与刺激。同时，还能培养学习者坚强的意志品质、形成良好的道德品质并促进其个性完善与发展。通过参与游戏还可以放松学习者的紧张心情、缓解压力；通过参与竞赛可以提高学习者竞争意识，还可以提高学习者团队意识和协作精神；通过参与裁判工作，能较好地将学习与实践紧密结合，学会学以致用，并在"用"中体会公平、公正的重要性，进而提升自身的责任感。

2. 网络教学。网络教学是指教授者通过网络等视频方式对受教者进行教育教学，此种手段是当代实施教育教学的重要途径。较好地弥补了教授者资源不足以及受教者因各种原因不能及时进行现场受教的不足，而且这种途径在时间上相对非常灵活，受教者在受教时间和场所上有较大的选择空间。

3. 自我教学。自我教学是一种教育教学手段的补充方式。受教者可以根据自身的实际需要及条件，有选择性、针对性地进行教学资源的选择，从而完成教学的过程。自我教学主要是指受教育者在教育者的指导下或根据自身需要自行制订学习计划，选择学习内容，自主选择合适的学习方法，并自行设计制订学习计划和步骤，安排学习时间和学习环境的一种独立、自主的学习过程。受教育者在采用这种学习方法的时候，往往需要自主解决诸如"为什么学""学什么""怎么学""什么时间学""在哪里学"等问题，这本身就是一种自我能力提高的过程，能明显提高学习者的能动性、独立性和创造性。受教育者在自主学习过程中，能较好地养成他们独立思考、主动观察的习惯，自行解决出现问题的能力，激发学习者的学习兴趣与热情，更能充分体现学习者的主体地位，并为他们终身体育的形成打下坚实的基础。

（四）运动教学的价值体现

运动教学作为体育手段的一种，其运用范围极其广泛。运动教学不是指只存在于学校里教师对学生的教学，而是广泛遍及社会的各阶人群，从普通社会大众到专业运动员，都可以用此种手段实现其运动水平的提高和展示。当今社会是一个极速发展的社会，一方面社会物质丰富，人们生活水平提高；另一方面人们的社会压力又普遍较高，再伴随网络的高度发达等一系列现象，社会人群亚健康问题以及肥胖人群急剧增长，故人们不仅更加追求健康，而且比以前更加注重生活品质，寻求一种合理的体育运动方式成了很多人的首选，运动教学也变得比以前任何时期都重要。通过其实现途径来看，此种手段将贯穿于人的整个人生过程，是实现人的终身体育的必要手段。

二、运动训练

运动训练是提高运动水平最直接也是最重要的体育手段，任何运动水平的提高都离不开训练。而我们日常所说的训练往往更多指向的是体现于身体外在技能的训练，这主要是因为体育的外在表象（躯体运动）给人造成的直观感应。其实智力运动水平的提高、心理运动水平的提高也是要着重强调训练，即智力运动训练和心理运动训练。

在很多文献里，我们都能看到"身体练习"（运动，本研究称为"习练"）一词，它更多的是被作为体育的手段而存在，即体育以身体练习为手段，本研究已经充分论述了体育的对象是运动，而非身体练习。那么如何定义身体练习的呢？通过对大量文献资料进行综述发现，身体练习基本上都被归纳为：人们为了增进健康、增强体质、娱乐身心、提高运动技术水平而采取的各种具体的、身体的动作的总称。由此定义不难发现，其实这和本研究论述的体育内容的概念基本一致，即从本质上去分析，身体练习是属于体育的内容而非体育的对象。同时，我们在上面已经分析过，一个人的运动水平除了外在的技能（技术）水平，还有心理水平、智力水平等，故把身体练习看成一种体育手段也是不全面的。且与作为体育手段的训练相比，仅从"训练"与"练习"的字面来看，训练应该是练习的"更高级"阶段，尤其是指在教练员的指导下或具体运动者自我计划的前提下，为全面提高运动者竞技能力和专项运动成绩，提高运动水平或展示运动水平而专门组织进行的一种教育活动或过程。如其表现在对高竞技运动水平的追求上，我们常说需要经过艰苦的训练、高强度的训练才可以达到既定目标，而却较少说要经过艰苦的练习就可以达到。但我们必须要认识到，同样强度的训练对不同对象所产生的运动水平的变化和提高往往有一定的差异性，因为运动水平提高的程度除训练外，还会受到诸如遗传、环境、心理和受训练者自身的个性因素等

影响。还有就是训练的效果往往要借助于竞赛来进行体现（检验），而练习效果则可以有多种方式进行检验。所以，作为体育的手段，我们可以把练习看成训练手段中的非必要补充方式。另外，训练往往是为了更高的运动水平，而练习更多则是为了增进健康、增强体质、娱乐身心等运动水平，这也恰恰更符合体育的内容的界定。但为了追求更高竞技水平的高强度的训练，非但不能增进健康水平，反而有的会损害健康水平，这一点我们从大量的运动员的运动伤害（损伤）中就可以清楚知道。比如有许多摔跤运动员的外耳畸形、很多武术运动员内八字脚、一些男子自行车运动员精子质量下降的现象，还有一些高水平的专业运动员退役后浑身都是伤病等。这些都是为了追求高竞技运动水平而不得不付出的代价。

（一）运动训练的生理学机制分析

由于训练这一体育手段对提高和展示运动水平极其重要，本研究将重点分析训练的生理学基础。

1. 感知觉的生理学基础。一切运动技能是在人体本体感受的基础上形成的，没有正确的肌肉本体感觉，就不可能形成运动技能。通过本体感受器感知肌肉、肌腱、关节和韧带的缩短、放松和拉紧的状况，连续反映到中枢神经系统，通过这种反馈系统，不断调整、矫正运动动作，从而使运动动作更加协调精细。运动实践证明，随着人体本体感受机能的提高，运动技术水平也随之提高。

2. 视动协调训练的生理学基础。感光细胞将电磁波的光能刺激转换成神经冲动，经视神经传到丘脑，再向大脑皮质的感觉区投射而形成视觉，感受机体动作在空间上的变化，并引起前庭感受器和本体感受器的感受参与，从而形成视动协调发展。除此之外，体能和心理都不太适合用以上这些方式加以界定，但其又的确是训练目标价值有效性体现的主要内容。体能是指人在身心活动（如工作、学习、生活、运动）过程中表现出来的，融合躯体工作能力（体力）、大脑工作能力（脑力）和心理调控能力（心力）于一体的综合生物学素质或能力。体能训练是保证受训练者达到某一运动水平的最重要的基础性条件，体能主要受到诸如遗传基因、训练或运动及专项化训练程度、环境条件和工作性质等因素的影响，其积极意义有：体能是人们生活和工作中不可缺少的基本活动能力，有助于运动者掌握复杂先进的技术和提高运动成绩，有利于承受大负荷训练和高强度比赛，有利于在训练比赛中保持稳定良好的性理状态。心理是指人的内在符号活动梳理的过程和结果，具体是指生物对客观物质世界的主观反映心理的表现形式。它们的生理学基础主要体现在大脑皮质主导下的机能整合与暂时性神经联系。第一，生物学适应原理。从本质上讲，体能训练的生物学原理就是借助于训练中运动负荷量对机体的刺激作用，使受训者的躯体形态结构、生理机能状态以及心理调控能力等产生一系列的适应性变化，从对内外环境条件变化的不适应到适应，再由新的不平衡和不适应逐步过渡到新的适应，螺旋上升，最后形成一个各方面都趋向完美的个体。第二，体能素质的"用进废退"。自然消退是体能素质的最显著生理特性之一，为了获得或保持一定的体能状态，就必须要不断强化或经常地使用已经具有的体能，尤其是体力和脑力。第三，体能素质的潜移与钳制。当躯体素质达到某一特定水平时，能在一定程度上对在机能上与之具有协同作用的另一素质发展和发挥产生"潜移默化"的促进或转化作用，这即是体能素质的潜移；同样，当躯体素质处于一种过度强大或过于弱势的状态时，在一定程度上，能对在机能上与之具有拮抗作用的另一种素质的发展和发挥，产生制约或抑制作用，这便是体能素质的钳制。第四，神经参与与支配下的机体适应及损伤后的超量恢复。

在较强运动尤其是实战的刺激下，受训者面临的刺激强度和挑战以及目标要求都要比一般状态下高得多，这样会较好地促进许多新的暂时性的神经联系的建立和运用模式的创新，强化了体力、脑力和心力（心理）的整合程度，提升了体能与技能、智能和心理的融合及实战运用能力，从而实现生理效能的高效性。

（二）运动训练的层次性

首先，训练作为体育手段，是有条件的，并不是所有训练都可以看作体育手段，只有为了某些特定的运动目的，即提高某项运动水平或展示某项运动水平的训练，才能称为体育手段。其次，训练作为体育手段，非但并不都是能促进健康的，有的训练甚至还会有损于身体健康，尤其是在追求高竞技水平的时候这种伤害则更容易出现。最后，作为体育手段的训练是以生理学、运动生物力学以及由量变到质变的哲学原理为本质前提的。但基于研究的专一性，笔者仅从运动生理学角度对训练手段进行分层，可以归结为以下三个层次：

1. 动作的内化型训练。所谓内化型训练，一般是指在训练的初期，对所训练的动作由认知到固化的过程。如果用动作形成的"四相"说来

界定，即动作的泛化直到自动化的过程。

● 内化动作结构。内化动作结构可以说是训练的最初阶段，而这种动作一般都是特指专门性动作，其专业性非常明显。这个过程是对动作由认知到进行分化的选择过程。一般来说，此阶段基本不会产生明显的运动水平提高。这是因为此阶段的训练是出现在动作过程中大脑皮层对动作认识的初概念阶段。在此阶段，大脑皮层接受一个新异刺激（有针对性训练）时，大脑皮质内尚未建立起兴奋抑制，或者说大脑皮质的抑制过程还非常弱，大脑皮质的兴奋和抑制过程只是在做本能扩散，神经联系极不稳定，不能准确区分和提取有效信息。因此，本阶段并不是提高运动水平的主要阶段。比如初学武术后做扫腿动作时，要么摆动脚离地，要么重心不稳容易摔倒，要么两者同时兼有，但对动作已经有了较为明显的认知，这就是训练泛化的一种明显呈现。

● 内化动作细节。动作细节的内化是在对动作结构有了相对充分认知的情况下，对动作的细节进行完善修正的过程，即动作形成"四相"中的分化时相。分化相是指在进行持续性的动作训练过程中，伴随着本体感觉的不断准确，练习者大脑皮质的神经兴奋和抑制在时间、空间上日益集中、完善、精确，此时已经能够比较准确、顺利和连贯地完成动觉呈现，但此时还是比较容易受到外界干扰而出现动觉的错觉现象，即此时尚未建立巩固的动觉神经条件反射。因此，此训练阶段重点关注的是对动作的易错、不规范地方进行规范化强化，形成稳固的肌肉记忆。比如在跆拳道的横踢技术教学中，当运动员基本掌握动作结构时，可能依然会存在着支撑脚转体不够、摆动腿送髋不足及小腿鞭打动作不充分的现象，这样就要一步步强化支撑腿在转体过程中的转体幅度、送髋幅度与小腿鞭打的速度等要素。

● 内化动作的完整性。这个过程的训练主要是针对动作的完整性进行固化。一方面，要加大完整动作各要素间的连贯性，同时还要强化动作整体的协调性。从运动时相上来说，相当于动作形成的固定化与自动化时相。巩固化相主要是指反复通过训练这一体育手段，使大脑皮质的兴奋和抑制过程对动作的架构在时间上和空间上更加精准和全面，动觉条件反射系统已经巩固，并形成动力定型的阶段。而自动化时相是指通过训练的手段，反复巩固和发展相应机体动觉神经联系，让动作在演练和展示时更加熟练自如，可以在低意识或无意识下完成所训动作，此时即自动化相。自动化动觉反应的生理机制是以巴甫洛夫所揭示的高级神经活动的基本规律为基础的。即人类的一切随意运动都必须在大脑皮质的参与下方能实现，但在大脑皮质的参与下所实现的机体反应并不一定都是有意识的。另一方面，当动作出现自动化现象时，第一信号系统的活动已经从第二信号系统的影响下相对"解放"出来，完成自动化动作时，第一信号系统的兴奋不向第二信号系统传递，或者只是不完全地传递，这时的动作是无意识的，或者意识不完全，也即动觉反应的最高级阶段。

还以跆拳道的横踢技术为例，此阶段不仅要加大对动作完整性的训练，还需要在训练中，注意横踢技术中转体、送髋、小腿鞭打等的连贯性与身体各部位的协调性，如手臂的配合摆动等。这是对单个动作的强化完整性，最终形成动作的自动化程度。但同时，对有些组合性动作也有完整性强化训练的要求。比如蛙泳技术训练中，开始是对手部动作、腿部动作及呼吸换气动作进行单个动作的完整性进行固化训练，最后形成整个蛙泳动作的整体配合及协调性等方面的固化训练，从而达到完整蛙泳技术的自动化体现。

2. 动作表达与展示型训练。诚然，训练的目的是能将所训练的成果最终以某种方式呈现出来，这也是继内化型训练后的更高的一种训练层次的存在。因为往往通过该阶段的训练，动作反应变得出于本能和下意识，从生理学上讲，则是无须进行有意识的神经传递。外在表现形式上，更多是通过对所训练动作的展示、表演、竞赛等方式体现出来。这一方面是对训练的延续，因为表演、竞赛等方式，本身就是一种体育手段（笔者将在后面的章节专门论述），而且这种训练强度也许比前期训练更大，因为不仅本身需要能将所训练动作最佳化地进行展示，同时还对心理素质提出了非常高的要求。比如，在一场对抗类竞赛中，不仅仅是展示自身的训练动作，还要根据对手的实时情况快速做出针对性的应变，而在这种快速应变中，不仅要保持自身训练动作的规范性、对抗性甚至是杀伤性，即本身对动作提出了非常高的要求，同时还要时刻做出强大的心理应变，而这种心理应变，就是一种心理训练过程。以跆拳道比赛为例，在比赛中对于横踢技术的使用，肯定不能像在没在对抗训练时表现得那样坦然。要根据对手的站住、距离、身姿及反应等多种综合因素，适时进行横踢技术的运用。而在前期训练中，对这种心理应变要求会小得多，甚至不需要体现。另一方面就是有些对抗类动作，往往也只有到表演、竞赛中进行展示时，才可以真正检验出训练水平和训练效果，并通过对前期训练效果的检验，才能为接下来的深入训练提供改进依据。所以说，动作表达与展示型训练在训练体系中极为重要。正如笔者前述

所表达的，训练手段更多是用于提高竞赛水平，故动作表达与展示型训练是训练层次的更高级阶段，尤其是检验其竞技性价值的最有效体现。

3. 本质力量最大化型训练。本质力量最大化型训练是训练层次中的最高级阶段，也是训练手段所追求的最大化训练价值，它是激发与挖掘人的潜能的最有效手段。一方面，它是依据超量恢复理论中所涉及的知识，运动机能在极限训练后的超量恢复，即机体在运动时，消耗的能量及各器官、系统的机能不仅得以恢复，甚至超过原来水平的这一原理；另一方面，它还依据大运动量训练后，肌纤维断裂后再生而导致的肌纤维具有更强大功能的理论。生理学理论明确说明，人体在进行大运动量训练后，其会伴随着部分肌纤维的断裂，但在其恢复过程中，这些断裂的肌纤维再生后，会变得比以前更加粗壮，从而也就具备了更强大的力量。这也就说明了，人体潜能的激发与挖掘是这个训练阶段最主要的任务，简而言之，这个过程也就是人体某项运动能力极限的无限接近过程。比如在现实生活中我们经常会发现，人类短跑记录的一再被刷新，游泳纪录、跳高纪录、举重纪录等经常被改写，就是人体本质力量最大化的最直接体现，也是对这种理论的最好检验和支撑。因此，本质力量最大化型训练是训练层次中最高级阶段。

（三）运动训练的途径

由上述通过对"练习"与"训练"的对比分析来看，二者一个最大的区别是练习倾向于个体行为，而训练则是更倾向于在指导者的指导下，运动者以提高和展示某专项运动水平为主要目的的一种由指导者对运动者的行为。即最终价值取向更倾向于竞技化。基于此种分析比较，我们可以把训练的实现途径归纳为以下3种。

1. 指导性一般训练。指导性一般训练主要是指为了提高和展示专业水平，在教授者指导下进行的必要的一般性素质训练。此阶段的主要任务是充分发展身体各方面的机能水平，以满足今后更为专业性训练的体能、技能、心理等要求。比如一个武术运动员，他需要的不只是会练武术动作，其基本的速度、力量、耐力、柔韧、灵敏等基本身体素质，和一些需要在比赛场上具备的心理素质等也是其今后专业技术水平提高必不可少的前提条件，通过不断训练来提高身体素质。

2. 指导性专业训练。指导性专业训练是相对于一般性训练而言的，训练更具有针对性、专业性、专项性。主要是指指导者充分结合训练专业、训练专项的动作特点和运用时的实践需要，而选择性地对受教者进行的专业训练。比如专项动作、专项体能素质、专项技战术、专项心理等。此种体育手段是最能提高运动水平和展示运动水平的手段，尤其是对于竞技运动水平的提高，此手段是必不可少的。

3. 自主性训练。所谓自主性训练，即训练者在没有现实指导者参与下而自行进行的一种训练手段。自主性训练尽管一般情况下没有指导者的直接参与，但并不是说没有指导，这种训练往往恰恰是在一定的训练指引下进行的，只是因某些特殊原因指导者没能到现场参与而已。但一般情况下，指导者都会事先给出训练计划、训练指导意见，比如最常见的运动处方等。同时，自主性训练也可分为一般性自主训练和专业性自主训练。

（四）运动训练的价值体现

训练的价值体现主要表现在动觉、感知觉和视动协调等方面。而在相关的文献中，往往是体现在对技能、体能、技战术以及心理等方面的论述。笔者认为，这种价值体现是与其生理学基础密不可分的，即对机体相应部位（位点）经由训练这种刺激，以期获得该部位（位点）产生新的适应性，促使其运动价值最大化呈现。这主要是因为感受细胞能把机体内外环境中的各种刺激转化为电位的变化，以神经冲动的形式通过感觉神经纤维传向中枢特定部位，最后在大脑皮质上产生各种感觉，以形成稳定的神经联系，最终产生动力定型。故本研究以动觉、感知觉和视动协调来进行其目标价值体现则更为准确。而其价值的最直接体现，一方面表现为运动动作的竞技性表达，另一方面则是人体机能极限的无限接近。

三、内化发展为主型体育手段应用

运动水平的内化与发展，即运动水平的提高与展示是体育手段的根本目的之一，无论是训练、竞赛、运动价值（水平）的移植和再构，还是日常练习，都在体现体育手段的这一鲜明的目的性。但我们务必清楚的是，运动水平的提高不仅仅限于运动的竞技水平的提高，运动健康水平、运动健身水平、运动休闲水平、运动欣赏水平的提高等都是运动水平的提高。故我们在针对这类体育手段进行选择时，应充分考虑现实意义上的运动水平，而不能局限于专业竞技运动水平。

（一）根据运动目的性进行应用选择

运动目的性是这类体育手段选择的首要考虑因素。正如以上分析，

运动水平包括多种，有的专门为提高竞技运动水平，有的则是为了提高运动健身水平，还有的则是为了提高运动健康水平等。针对运动目的性的不同，应有效选择相应的体育手段，才更容易收到理想的效果。比如，为了维持和提高运动健康水平，我们应优先选用练习这一体育手段，因为这一手段可以较长持续性使用，且使用这一手段时，运动强度往往比较适中，这样习练者往往进行的是有氧运动，因而也会更有利于人体健康。而训练这一体育手段，则更多运用于职业运动员，其目的是提高竞技水平，甚至是为了追求人体的极限运动水平。

（二）根据运动技术结构与项目特点进行应用选择

运动技术结构和运动项目特点一直是选择适宜体育手段的重要依据。因为运动技术结构复杂性的不同，对学习者的要求也会有较大的差异性，手段选择也务必与之相宜；因为项目特点的不同，项目本身的运动水平的体现方式也会不同，比如有为了提高和展示速度的，有为了提高和展示力量的，有为了提高和展示耐力的等等，在体育手段的运动时，也会有较大的差异性。

（三）根据"以人为本"原则进行应用选择

尽管我们在前面论述中曾经提到过，体育手段是为了提高运动水平和展示运动水平，并不是为了健康，但我们依然要在运用体育手段时，关注到人文主义精神，考虑到现实运动水平，尽量做到以不伤害人的健康为前提。如果学习者连健康都失去了，即使运动水平暂时性提高了，于人类的发展也是相违背的。比如，在人们遵循"三从一大"训练原则时，依然对人的生理负荷和身体负荷给出了严格的规定；在人们极度追求运动水平提高时，各国运动员对兴奋剂的使用依然是严格禁止等。但我们却依然可以看到，现代社会好多人为了追求更高水平的运动成绩，依然在运用一些较为极端的方法，这不仅有悖运动公平，也深深伤害了运动者自身的健康状况，许多退役的运动员都是满身伤病便是明显的例证。因此，我们必须要呼唤，在追求优异的运动成绩与保持健康的较量中，务必要以人为本。其实，提高运动水平本身与提升健康本不应该是一对矛盾体，但如何做到二者兼顾是目前的又一研究难题。

另外，以人为本的同时又要因人而异。比如，学习者的年龄结构也是我们需要重点关注的方向。由于学习者年龄上的差异，极易导致他们在身体机能上产生一定的差异性，心理上也会有不同的承受力，故在习

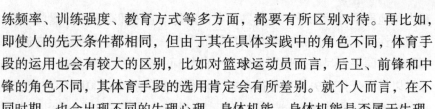

练频率、训练强度、教育方式等多方面，都要有所区别对待。再比如，即使人的先天条件都相同，但由于其在具体实践中的角色不同，体育手段的运用也会有较大的区别，比如对篮球运动员而言，后卫、前锋和中锋的角色不同，其体育手段的选用肯定会有所差别。就个人而言，在不同时期，也会出现不同的生理心理、身体机能。身体机能是否属于生理，如果属于则不能和生理并列地波动，从而会影响其体育手段的选择和应用。

第四节　竞赛表演为主型体育手段

体育过程是参与者的本质力量内化给运动者，运动者又通过体育活动将自身的本质力量外化给运动需求者，整个过程来看，也可以说体育活动是运动参与者集体智慧的结晶。体育过程外化过程就是运动者以运动为对象内容将其人的本质力量展现在体育活动中，这一阶段是体育过程的最终阶段。体育活动阶段主要以运动竞赛表演为体育手段，包括体育竞赛和体育表演等。

一、体育竞赛

体育竞赛展示人们某项运动水平的高低，体育竞赛往往是最具说服力的一种方式。中国乒乓球竞技运动的水平高，这是由于在各类竞赛中，几乎很难找到可以和中国乒乓球运动员相抗衡的对手；中国职业足球的整体运动水平较低，这也是由于足球竞技能力远远低于欧美国家的足球竞技水平。同时，通过竞赛还能较好地提升锻炼者的运动技术水平，提高运动心理水平，学习到对手先进的技术、战术等。所以，竞赛是演绎和展示运动水平的极其重要的手段。但竞赛作为体育手段与其他体育手段相比，只有在其自身特殊情况下才能真正实现运动水平演绎和展示的功能。这些特殊情况体现为以下两个方面：

1. 竞争性。竞争性是所有竞赛的一个最基本特点，如果竞赛没有竞争性，就不可能做到真正意义上的运动水平的演绎和运动水平的展示，也和笔者下文论述的表演这一体育手段没有什么区别。只有有了竞争性，参与者为了赢得比赛，则必须要全力以赴，也只有参与者全力以赴了，才能表现为运动水平的最大展示。

2. 公平性。同样，要想让竞赛作为体育手段展示最大化的运动水平，竞赛的公平性也必须要保障，否则便谈不上真正的运动水平演绎和

最大化地展示运动水平。竞赛参与者在比赛中应该拥有平等较量的机会，从项目性质、选手级别、裁判判罚等都要在一个相对可比性范围内进行，都要按相同评判尺度来进行，参赛中的任何一方不得以任何投机取巧的手段以及以任何有失体育道德的方式取得比赛的胜利。2017 年被推上舆论顶峰的现代格斗 MMA 选手徐小东和太极拳选手魏雷的擂台格斗，其实这本就不是一场公平的竞赛，太极拳主要的社会价值体现不在于其技击性，而在于修心性和修身性；另外，在 2019 年中国足球协会杯比赛中，进入前十六名的全是中超球队，没有一支中甲甚至中乙球队由于这些比赛本身就存在着不公平性，故也就不具备可比性。另外，一项运动的持续发展、竞技水平的不断提高、后辈人才培养与储备，都必须以比赛的公平性作为最基本保证。竞赛的公开性也是竞赛公平性的必要条件，故竞赛只有同时具备以上几个条件的情况下，才能最大化地演绎和展示运动水平。

（一）体育竞赛的生理学机制分析

竞赛作为一种体育手段，是展示运动水平的最具说服力的手段，也是展示运动水平的最高体现。这主要是因为在此阶段，运动条件反射不但已经巩固，而且已经完全达到了自动化的程度，同时在此阶段第二信号系统的活动已经摆脱第一信号系统的束缚，随着外界环境的复杂变化，能更灵活地调整全身活动。例如，职业排球运动员在打排球比赛时，运动员对于排球各项基本技术的掌握已经达到了自动化的程度，第二信号系统就可以从第一信号系统解放出来，并根据场上复杂情况的变化而专注于战术的变化。但激烈的比赛环境以及比赛对手运动水平的临场发挥情况（接受外界刺激异常时），又会引起参赛者的大脑皮质的兴奋性加强或抑制加强，如果抑制加强，则会出现动力定型有可能被破坏，即动作不稳定、动作变形、运动水平下降以及失常等现象；如果是兴奋性适当加强，则又有可能出现运动水平超常发挥的现象。例如，2018—2019赛季 CBA 的一场广东对阵新疆队比赛中，由于广东队最重要三大主力队员的缺席，双方实力明显是新疆队高于广东队的情况下，反而激发了广东队年轻小队员的斗志，而后通过加时赛而赢得了最终的比赛，广东队年轻后卫赵睿拿下 40 分的全场最高分。反之，大脑皮质的过度兴奋会引起负反馈，从而出现动作僵化、不协调等现象，也会降低运动水平的发挥和展示。

（二）体育竞赛的层次性

竞赛这一体育手段的层次性界定相较于其他体育手段，从其自下而上的纵向比赛规格（地域）来看简单明确，但从其实践比赛常见的横向操作来看又模糊不清，见图5－3。

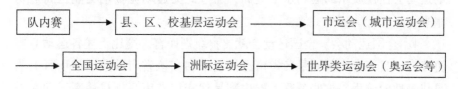

图5－3 纵向比赛规格的层次性

从比赛的横向比较来看，诸如锦标赛、杯赛、冠军赛、争霸赛、联赛、巡回赛、分站赛和总决赛等，难以明确界定其层次性。除此之外，更有很多商业赛、邀请赛等，更是难以确定其层次性。但尽管如此，竞赛作为一种极其重要的体育手段，对运动水平的提高和展示，却是其他体育手段所不能取代的。为了较为清楚地展示竞赛作为体育手段的层次性，本研究将从竞赛的纵向规格对其进行分析。

1. 队内教学赛。队内教学赛作为一种体育手段，是提高运动和展示运动水平最基本的竞赛。尤其是专业运动队、职业运动员等，在进行正式比赛前，往往先进行队内的教学赛，进行技战术的磨合与演练，检验运动技术水平。通过相应量的队内教学赛，不仅能较好地提高各项运动技术水平及展示当时阶段的运动技术水平，还能即时发现现有的运动技术水平存在的问题，并及时加以改正和调整，这也为进一步提高运动技术提供了方向。

2. 县、区、校等基层运动会。县、区、校等基层运动会一般属于最基础的展示运动水平的比赛，开展得也较为广泛，在全国各地区几乎每年至少都会开展一次，部分县、区、校每年至少开展多次运动会。相对于队内教学赛而言，一般有了较为正式的比赛规则，有了正式的比赛规程，参与竞赛的群体也都会尽可能地展示自身最大化的运动水平。通过此类运动竞赛，不仅可以为展示运动技术水平提供了较好的平台，还为相互间学习、交流技艺提供了平台，能进一步促进运动水平的提高。另外，从普通群众生活层面看，还为他们提供了日常娱乐休闲的资源，为改善普通民众的生活质量提供了条件。

3. 市运会、省运会。市运会、省运会相较于县、区校等基层运动会

而言，主要有以下一些特点，一是对参赛人群的要求更高，对参赛条件也往往更加苛刻；二是参赛人群往往经过更长时间的相对训练（专业训练），这主要是因为此类规格的运动会往往都是较长时间才举办一次，比如省运会一般都是四年才举办一次；三是参赛人群往往都是各地区经过选拔而产生的运动水平相对较高的人群。由以上各特点可知，这种规格的运动会往往展示的运动水平更高，通过此类运动竞赛也更能提高运动水平。

4. 全国运动会。全国运动会就比赛级别而言，则比上述各运动会要更高，而且参赛人群更是各省市选拔出来的在该省市某些运动项目上最具代表性的选手，这些参赛人群也都是代表该省市某项目最高运动水平的人群。另外，全运会一般都是四年一届，许多省市往往为了取得比较好的运动成绩，也会把四年作为一个训练周期。由此可见，全运会所展示出来的运动水平一定会比前面所有运动会（运动竞赛）所展示出来的运动水平更高。

5. 洲际运动会、世界性运动会。此类运动会一般来说是最高等级、最高规格的运动会，参会者一般都是各个国家（或地区）选拔出来的在某一单项运动领域水平最高的运动员，有些比赛为了控制参赛人数，还会设一些成绩的参赛线（及格线），只有达到了这一运动水平才有资格报名参加这样的运动会，比如奥运会的某些项目；或是某些大赛的前几名才有资格参加这种国际性的大赛，比如世界杯足球赛，往往都是只有各大洲的前几名才有资格参加最后的世界杯等。由此可以看出，这种世界性（洲际性）的运动会，一般都是最高运动水平的竞技展示。而且这种比赛往往和国家荣誉直接相关，国家（地区）也都会对该地区参赛群体进行有针对性的较长时间培养训练，以使其能在参赛时最大化地发挥运动水平。同理，参赛的群体往往也都会把国家荣誉看得非常重，在竞赛中也会激发、展示出最佳的运动水平。

（三）体育竞赛的实现途径

根据划分标准或目的的不同，可以将竞赛的实现途径划分成不同的种类。比如根据项目管理来划分可以将竞赛划分为综合类和单项类；根据参与人群来划分可以分为社会类、受教育者类（受教育者类还可以划分为大学受教者类、中学受教者类、小学受教者类等），或者划分为职业类、非职业类；根据性别来划分可以分为男子类和女子类；还可以根据地域类进行划分，如世界类、洲际类、国家类以及省区市类等。以下是从项目管理的角度对竞赛的实现途径进行划分的研究。

1. 综合类体育竞赛。综合类竞赛按比赛等级往往根据区域、规格、对象、层次的不同，划分为奥运会、洲际运动会、全运会、省运会、市运会（城市运动会）及县区校运会，还有就是带有特定人群、特定性质的运动竞赛，比如全国大学生运动会、全国中学生运动会、全国农民运动会、少数民族运动会等。所谓综合型主要是指该种类型的比赛，往往在一个比赛周期中包含了多个项目的比赛，比如田径项目类、各种球类、武术类、体操类、游泳类、举重类、射击类等。比赛级别的不同主办方也不同。就我国来说，一般主办机构主要包括国家体育总局、中华全国体育总会、教育部、共青团中央以及由各省市、自治区体育局等。这种类型的比赛是全面提升体育运动水平、综合检验体育发展均衡性（项目间均衡性、地区间均衡性等）与否，并为国家和地区制定长远体育发展目标提供依据的重要体育手段。不管以什么形式划分，其共性之一就是促进运动水平的提升和展示运动水平，即可以作为一种重要的体育手段。

2. 单项类体育竞赛。单项竞赛项目往往是各级体育部门为了检验某一项目的训练水平、层次效果、锻炼队伍、突出项目重点、促进人才培养和快速提升成绩的有效体育手段。这类比赛主要形式有比较正式的，如锦标赛、世界杯赛、冠军赛、联赛、巡回赛等；还有一些辅助性比赛，如达标赛、分区赛、邀请赛、选拔赛、交流赛以及赞助性冠杯名的种类竞赛和民间性的单项商业赛等。

（四）体育竞赛的价值体现

1. 提高运动水平。

• 提高技术水平。运动竞赛本身也是一种学习过程，通过比赛可以学习到他人先进的技术，并改进自己的技术。比如现在国内多种联赛中引进技术比较好的外国教练员、外国运动员，就是一个比较好的通过学习他人较好的技术来提高自身技术水平的例子。

• 提高体能素质。通过竞赛这种最大强度的对抗，可以较好地提升运动员的体能素质。竞赛是对运动者各方面的检验，体能素质也包含其中，即使平时训练得再刻苦，往往都达不到竞赛时的体能消耗水平。平时训练时面对的只是自己，即常说的自主式体能消耗，而在竞赛尤其是在高强度对抗性竞赛中，还要随着对手的节奏而被迫做出许多调整，这些都会极大地消耗体能，故通过这样经常性的强对抗竞赛，可以较好地促进体能素质的提高。运动员体能素质提高了，相应的技术水平也会

提高。

• 提高心理水平。大量的事实表明，经过多次大赛考验的运动员在比赛中所表现出来的心理运动水平高于那些没有比赛经验的运动员。这是由于运动员经常性地通过这种竞赛受到特定条件的刺激，无论是在运动员的心理还是生理上都产生了较好的良性适应。

2. 展示运动水平，提高欣赏水平。竞赛是演绎展示运动水平、实现体育价值的重要途径，也是提高运动欣赏水平的重要途径，观看竞赛是极其重要的体育手段。通过竞赛这一体育手段，不仅可以有效地提高、检验和展示运动员的运动水平，而且可以让人们通过参与或观看竞赛，来认识和领略体育的价值，满足各层次的需求，提高群众参与体育的激情和运动欣赏水平。比如无论是现在篮球项目的 CBA 联赛、足球项目的中超联赛还是乒乓球项目的中超联赛等热门团体竞赛运动，还是像艺术体操、跳水、武术套路这样以个人为主的尤以展示运动水平为主的项目，通过这一系列比赛不仅可以让运动员的运动技术水平得到全面的展示，而且可以满足人们对该项目的欣赏需要，还能较好地提高他们的欣赏水平，并以此激发普通群众的参与，进而为后辈人才的培养带来极大的促进作用。

二、体育表演

体育表演作为一种体育手段，是由其体育价值取向所决定的。在前文论述中，我们从运动价值的角度可以把体育分为健身（健美）体育、竞技体育、育人体育和休闲体育。从这种对体育的分类来看，休闲体育的价值体现恰恰能通过表演等体育手段来得以实现。体育手段是服务于提高运动水平和展示运动水平的，而如何展示体育水平，除了通过竞赛，另一种最好的手段就属表演了。民间素来有"台上一分钟，台下十年功"的说法，这也是对通过表演来展示运动水平最好的诠释。但表演所展示的运动水平和竞赛所展示出来的运动水平又有着一定的差异性，除竞技性表演外，这种差异性主要体现为：竞赛的运动水平展示都要在既定的规则范围内完成，如需在特定的时间、特定的地点，比如足球世界杯赛，在每次比赛的几年前就已经确定要在什么时间、什么地点举行，同时还必须在特殊的规则限制内进行展示。表演相对来说，则要宽松得多，不仅没有特定的规则、规程限制，而且对表演对象一般也没有特殊限制和要求，表演者在表演时没有得分压力，没有对抗压力，没有输赢压力。

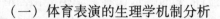

（一）体育表演的生理学机制分析

表演的生理学机制和竞赛的生理机制比较相似，表演者通过反复演、练，大脑皮质的兴奋和抑制在时间和空间上已经非常集中和精确，形成了动作稳固的动力定型，并完全达到了自动化的一种外在体现。但表演作为主要以展示运动水平为主的体育手段，表演者在运用这一手段时一般不会出现像竞赛那样激烈的外界环境异常，故表演者大脑皮质的兴奋性会始终保持在非常适宜的水平，这样其运动水平的发挥也就很少会出现失常的现象。

（二）体育表演的层次性

1. 娱乐性表演。娱乐性表演主要是指以娱乐大众、放松欣赏为主要目的体育表演运动。这种体育手段经常运用于民间体育艺术表演，表演者运用表演的手段展示运动水平，欣赏者提升体育运动的欣赏水平，比如民间经常在节假日出现的龙狮表演、马灯表演、踩高跷、扭秧歌表演等民间传统体育表演。娱乐性表演既向人们展示了相应的运动水平，又会在表演中进一步提高表演水平（本身的技术动作水平和演出水平），还能较好地满足人们对美好的追求。因此，娱乐性表演在人们日常生活中已经非常常见，也非常重要。

2. 展示性表演。展示性表演手段主要是指为了展示某种、某一阶段的运动水平或训练水平而专门进行的一种表演。最常见的如一般在正式比赛前对已经学过或训练过的技战术水平的展示表演、某运动中期训练水平的展示表演、彩排等。展示性表演往往为即将到来的更大表演（更正式表演）做准备，以期通过展示性表演及时发现当前运动水平的不足之处，为下面即将到来的表演展示最大化的运动水平。

3. 专业性表演。专业性表演手段主要是指针对某特定专业（项目）进行的运动水平的展示。比如经常看到的山地自行车难度表演赛、专业性的杂技表演、轮滑表演、攀岩等都属于此类。这种一般既带有比赛性质又与表演融于一体的极其专业性的体育手段，所展示的运动水平需要长期的艰苦训练才能获得，其所展示出来的运动水平是极高的，不仅能给视觉以极大的冲击，而且有助于让人释放压力，还能极大地提高观演者的欣赏水平，提高生活品质。

4. 竞技性表演。竞技性表演手段，主要是指那些既带有明显竞技性比赛成分但同时又是高水平运动水平展示的体育手段，是融竞技与表演

于一体的一种体育手段。比如我们常见的跳水比赛、舞蹈、花样滑冰、花样游泳、蹦床、武术套路表演、体操等。这类项目会有它相应的表演规则，会按照相应规则对它进行打分，但这种打分往往又是通过其展示出来的表演水平为依据的，虽然也可以说它本身也是一种竞赛，但和前面专门提到的竞赛手段又有一些区别，因为这些运动更注重通过表演来展示其运动水平，故笔者把它们另划分为竞技性表演手段。而它和专业性表演也是有区别的，区别主要在于这种手段倾向于竞技，有竞技（竞赛）规则，一般是竞赛性的运动水平展示，而专业性表演则主要是表演的成分更多一些，没有特定的规则限制，不需要和其他对手进行比较论输赢，比如上面提到的杂技表演。

（三）体育表演的实现途径

1. 民间表演。民间各种体育技术水平的表演现在也越来越常见于社会大众的日常生活中，比如民间的各种跳绳大赛，踢毽子表演，石锁表演，龙舟、龙狮表演等。随着现代社会节奏的加快，人们越来越需要这种可以放松心情、娱乐身心、缓解生活压力的民间表演。无论是表演者还是观看表演的人群，都会在这种表演中找到快乐，享受快乐，从而会进一步促进民间表演的发展，也会促进各种民间表演活动水平的提升。

2. 正式舞台表演。舞台展示有时尽管没有像竞技展示那样带有明显的胜负心理，但其对运动水平的展示依然直接而充分。例如，一向被体育界称为最精彩、刺激的各种杂技表演，就是在特定的舞台上充分展示其运动水平。还有一些大型的团体操、集体舞、武术表演等，也是通过这种体育手段来充分展示其高超的运动水平的。

3. 竞技比赛。竞技比赛是竞赛性表演的主要实现途径。在竞技比赛中，这种表演往往也是最能展示运动水平的方式。如跳水运动员从起跳到入水的整个过程，各环节、动作间的水平展示，体操运动员在赛场上的各种比赛时，各种技术水平的展示，足球运动员在赛场上的跑位、过人、射门等各项技术的展示等。其实，竞技性表演更主要体现的就是把日常训练的技术水平拿到赛场进行展示，并通过经常性的这种展示来进一步提高技术水平。

（四）体育表演的价值体现

从价值性体育的角度去审视体育的内涵，不难发现休闲、娱乐体育其本身是一种借助体育来达到娱乐身心、放松心情、舒缓情感与压力的一种行为活动。这便为表演作为一种体育手段提供了可能和条件。因为表演不但可以满足人们对体育自身价值的追求，而且表演本身就是展示体育水平的重要方式和途径，同时还可以提高体育欣赏水平。现代社会物质生活极大丰富，人们也比以前更加注重健康、更加追求生活品质，因此，人们对精神生活的需求也显得更加突出；但是人们的社会压力却并没有因社会物质的极大丰富而减少，反而是社会压力比以前更甚，亚健康人群也越来越多。这些社会现象的出现，无不给表演提供了巨大的施展舞台，让表演有了充分的价值体现的空间和可能。

三、竞赛表演为主型体育手段应用

（一）根据现有运动水平进行应用选择

提高运动水平是体育手段的根本目的之一，演绎展示运动技术水平则是体育手段的另一根本目的。运动技术掌握的好坏、运动水平的高低，往往最终都是通过运动演绎展示来加以体现的。而运动水平的演绎展示的两种最基本的手段就是竞赛和表演，这说明运动技术水平最终是通过运动演绎展示来体现的。运动技术水平的展示，一般意义上说是对以前已经掌握（学过）的技术水平，通过竞赛或表演等方式呈现出来，但在现实展示过程中，又往往会看到所展示出来的运动水平却比以前学习阶段要高的情况，即超水平发挥的现象。比如游泳、田径比赛等就往往会出现这种超水平发挥的现象，但在现实手段运用中，还是要以现有运动水平为依据，而不能为了追求这种所谓的超水平，致使体育手段使用不当，最终让展示失败。比如举重运动员，如果在展示运动水平时，不能很好地基于现有水平试举，一开始就追求超水平，就有可能最后连成绩都没有；再比如一些技巧较强的运动项目，诸如自由体操、跳水、滑冰、杂技等，如果为了追求所谓的超水平，明明现实训练水平只能转体两周，却偏偏在运动展示时尝试转体三周，则极有可能导致展示失败的现象。

其实，随着社会的发展、社会文明程度的提高及社会文化的多样性呈现，现今人们对体育的需要也表现出多样性的特点，人们因自身的多种需要，对体育的需要已经不只是停留在其提高运动水平这一层面，尤其以欣赏运动水平的展示来满足自身释放压力、丰富业余文化生活、提高生活品质成为现代人的一大需求。比如现代足球运动的发展，真正参与足球运动的人远少于观看足球比赛的人。所以，以表演、比赛等体育手段来展示运动水平，是体育手段实际应用的另一重要选择依据。

（二）根据项目类型进行应用选择

前面说过，在进行运动水平演绎展示时，往往会出现超水平发挥的现象。比如像上述中的游泳、田径比赛，就会经常出现竞赛成绩好于平时训练成绩的现象。而有些运动项目又可以在最后时刻去努力追求超水平，比如像跳高运动，运动员有时会在保持原有成绩的基础上采用超水平最后一搏的做法。而又有一些介于这两者之间的运动项目，需要根据对抗方的现实情况展示而及时做出跟进和调整，比如足球比赛、篮球比赛等。由此可以看出，在对以展示型为主的体育手段进行应用选择时，运动项目类型是一个重要的应用依据。

其实就体育手段的应用选择而言，要综合考虑的因素有很多，除了以上列举的各种重要因素外，还有诸如与运动周期相结合、与运动评价相结合等。例如，运动周期越长，则体育手段的选择就应该越丰富，但各种体育手段应该有所侧重。体育手段最终有没有实现或完成其目标，实现其价值有效性目的，则需要靠运动评价对其做综合分析和最终界定。需要注意的是，在体育手段与运动效果相结合进行评价时，不仅要评价效果，也要对体育手段实施过程进行评价，还要考虑运动的载体以及人的现实（客观）情况。只有科学、全面、客观、公正地对运动效果进行全面评价，才能揭示体育手段的运用是否合理，以及在运用过程中的不足，并为及时完善相应的体育手段提供理论依据。再还有就是要考虑技术形成过程。在运动技术形成初期，可能更多选择的体育手段是观看、模仿等认知、学习型体育手段，而中后期则更多是选择内化发展型体育手段的运用，再到后期就要考虑以运动水平展示型体育手段为主。并且在进行体育手段应用选择时，还要参考运动处方的指导性、运动监测、附属性要求、运动保障、运动条件、运动恢复（营养、理疗、睡眠、强度、密度）等具体实践情况。

最后，体育手段的应用与运动目标价值体现密切相关，而运动目标价值体现又受多种因素制约。如根据运动项目的特点，可以将运动分类为诸如球类、田径、体操、武术、游泳等运动；如根据运动外在呈现的特点，可以将其分为竞速类、竞力类、竞智类等；根据运动人群可分为社会从业人员、在校受教者、退休人群等；根据年龄结构可分为老年、中青年、青年受教者、中小受教者等；根据运动目的可分为休闲类、健美类、健身类、竞技类、育人类等，在实际体育手段的选择上，应结合这些分类中各因素的固有特点，而有针对性地选择相应的体育手段。即

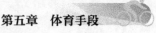

使是同一类运动，因运动者的水平不同，在体育手段运用时，也应该有所区别，有所针对性选择，以达到其运动水平最大化提高或展示。

总之，体育手段的应用要做到手段的优化、手段的启发性、手段的针对性、手段的可操作性、手段的灵活性等。强化体育手段运用的科学性与合理性，同时还要争取能有效激发运动者兴趣和培养运动者创造性，这样才能让体育手段在提高运动水平和展示运动水平方面发挥最大的作用。

第六章　体育学科体系重构

体育学科真正形成自身的理论方法与逻辑结构，并组构成较为规范、严谨的学科体系至今，其产生与成长的时间不过百年。随着社会和科技的进步，体育学科得到了前所未有的发展，尤其是在横向研究方面，研究范围拓展迅速，新兴学科、交叉学科不断涌现，然而，绝不能忽视学科理论基础相对薄弱、相关流派与学说尚不完全成熟、学科内涵不尽完善等弊病，这严重阻碍了体育学科纵深方向的发展和学科层级的提升。本研究从划分步骤、范畴界定、划分标准和知识内容等方面对体育学科的重新划分进行思辨，充分考虑了学科、专业、课程的区别，以理想体育实现运动价值最大化为划分学科基础，以提高和展现运动水平作为学科延伸指引，力图排除体育之外干扰，以"裸体育""元体育"思路，重构了体育学科体系。从而进一步明确体育学科研究的价值取向，获得更加权威的、独特的行业话语权，建立自身的、核心的学术前沿，推动体育科学的可持续发展。

第一节　体育学科体系结构解析

目前，关于体育学科体系划分的学说很多，官方以《中华人民共和国学科分类与代码国家标准》《中国图书馆分类法》《授予博士、硕士学位和培养研究生的学科、专业目录》（以下简称《研究生学科专业目录》）中的划分方式最具代表性，而其中最被学界认同、最为经典，却也是被诟病

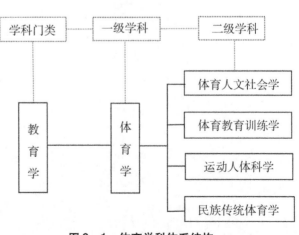

图6-1　体育学科体系结构

最多的就是《研究生学科专业目录》中的划分方法，即体育学科是教育学学科门类下的一级学科，包括体育人文社会学、体育教育训练学、运动人体科学和民族传统体育学 4 个二级学科（见图 6 - 1）。此种划分是我国体育界普遍沿用的学科划分方式，是体育学科体系划分的主流学说，亦是当前国家学位与学科制度、高校院系设置的重要参考，反映了人们对体育学科基本问题的总体认识。

一、体育学科体系结构

1997 年国务院学位委员会颁布了《授予博士、硕士学位和培养研究生的学科、专业目录》，正式确立体育学作为教育门类中的一级学科，下设 4 个二级学科，分别为体育人文社会学、体育教育训练学、运动人体科学和民族传统体育学，并开始单独受理国家社会科学基金项目的申报和立项。虽然在发展期间二级学科名称有所变化，但是体育学科的一级学科地位稳固，在独立发展的道路上迈出了坚实的一步，对于促进我国体育学科体系的建设和发展无疑具有划时代的意义，标志着中国体育学科体系在规范化与科学化方面有了长足的进步，学科体系基本形成，推动了我国体育科学的规范化和科学化发展。体育学科下设的 4 个二级学科分别为：体育人文社会学、体育教育训练学、运动人体科学、民族传统体育学。

体育人文社会学的研究对象和研究方法相对具体和明确，并具有独立的学科理论框架和特有的研究角度，确立了学科的特质，拥有一定规模的研究群体，学科发展趋于成熟；有些成熟的体育学科甚至分化出一些新的研究领域，如体育经济学分化成体育经济学概论、体育产业学、体育市场学、体育营销学、体育赞助、体育经纪等。自 1997 年体育人文社会学进入学科体系以后，有关体育人文社会学学科框架的讨论在课题立项和学术论文中不时出现。体育人文社会学在深入发展、不断分化新学科的同时，其自身的整体概念也不断加强。2003 年，应体育人文社会学整体化发展之势，高等教育出版社出版的《体育人文社会科学概论高级教程》建立了体育人文社会学的整体概念，树立了关于体育的人文观和社会观。①

体育教育训练学是在体育教学理论与方法和运动训练学多年发展的

---

① 参见鲁长芬、杨文轩、罗小兵《对体育学科分类的分析与调整建议》，《体育学刊》2009 年第 16 卷第 4 期。

过程中，于 1997 年两者结合而成的新学科。长期以来，我国丰富的身体教育和运动训练实践，为我国体育教育训练学的发展提供了大量的素材。2003 年出版的《体育教育训练学高级教程》就其学科概念、研究对象、研究内容、学科基础和研究方法进行了简要的分析，并就篮球、排球、足球、田径、体操等项目教学与训练的研究进展进行了综述，初步建立了体育教育训练学的学科框架。但由于该学科的非成熟性，其整体抽象性水平较低。

运动人体科学，以前亦称"体育生物科学"或"体育自然科学"，是一个学科群。2003 年高等教育出版社出版了《运动人体科学概论》，该书内容覆盖了我国中等职业学校运动训练专业必需的人体解剖学、生理学、生物化学、营养学、体育保健和运动医学等多门人体科学、基础和临床医学的基本知识、基本方法和基本技能，是一本首次从整体上探讨运动人体科学的著作，但实际上也是各分支的组合。

民族传统体育学是研究中华民族传统体育理论与方法体系的学科群，它以武术、气功、养生以及其他民族传统体育为研究对象，采用经验与科学结合、历史与逻辑统一、技术与理论整合的方法进行挖掘、整理和创新。经过 10 多年的发展，部分学校设置了以武术为核心的民族传统体育学博士点和硕士点。然而，从总体上看，民族传统体育与一门成熟学科仍然存在相当大的差距。

二、体育学科体系存疑

随着社会和科技的发展，体育学科的内涵和外延已拓展得极其丰富，看似牢不可破的体育学科体系划分方式实际上是体育学术思维固化、体育思想流派缺失和体育科学研究路径依赖的外化表征，带来了科学研究和实践工作中的诸多困扰，已经明显不适应体育科学的快速发展，体育学界对此亦存有诸多诟病，主要表现在体育学科体系本身的问题和划分不当对体育发展造成的障碍两方面。

（一）体育学科体系的划分困惑

《中华人民共和国学科分类与代码国家标准》中的学科划分标准，是根据学科研究对象、研究特征、研究方法、学科的派生来源或研究目的、目标五个方面进行划分的，虽然可以依据的标准是多维的，但是针对某一学科进行分类时，其划分依据必须唯一。"类是人类在认识事物过程中对相似事物进行归纳、聚合的结果"①，因此，对"相似事物"的寻找至关重要，它关系到学科划分后所形成的"类"的内涵和外延。在某种程度上，体育学科划分过程中的"相似事物"可以确定为体育的对象，并以此界定学科的研究对象和研究范围，明确的体育对象对体育学科体系划分具有极其重要的意义。然而，总结当前的体育学科体系划分弊病，其根本原因在于体育的对象不明确。

1. 学科界限模糊。目前，关于体育的对象有两种代表性观点，即"人的运动"或"运动的人"，或将两者均视为对象。当前的体育学科体系划分方式将"人的运动"和"运动的人"均视为体育对象，因此存在多重的划分标准，即以"人的运动"为对象的体育教育训练学和民族传统体育学，以"运动的人"为对象的体育人文社会学和运动人体科学。"多依据"相当于"多重点"，"多重点"即"无重点"，根据唯物辩证法中"主要矛盾唯一"的原则，多种划分依据会导致学科体系过于烦琐，越多的新兴学科出现，混乱局面就会越严重，导致学科内容庞杂、次级类目之间重叠、交叉。例如，"体育教育训练学"中的"运动心理学"与"体育人文社会学"中的"体育教育心理学"出现重叠；"体育教育训练学"中的单项教学与训练理论与"民族传统体育学"中的武术教学与训练理论出现重叠；"体育人文社会学"中的"体育史"与"民族传统体育学"中的"中国武术史"出现重叠。划分标准的一致性是学科体系划分科学性的保证，也是划分体系结构的重要内部机制之一。如果划分依据不统一，越来越多的新兴学科将导致学科内容庞杂、条理紊乱，致使学科无法纵深发展、整体停滞不前。当前的体育学科体系划分方式是在"体育的对象"不确定的情况下构建的学科体系，是当时学科建设的无奈之举，学科体系划分亦受其影响在不同的对象之间摇摆，导致了体育学科体系的劣构现象。

2. 学科结构松散。一个完整的学科体系不仅要体现其有关的构成内容，而且还要阐明构成部分的内在联系②，具有严密、完整的逻辑结构体系。学科是在科学研究的过程中，按自身的逻辑，对已形成相对稳定的研究领域所进行的一种相对固定的、科学的划分和界定。学科的划分很大程度上是为了人们学习的方便，学科本身并无界限，学科划分要力

---

① 王知津、刘念：《信息检索分类理论研究的实用主义视角》，《图书馆学刊》2009 年第 11 期。

② 参见陈林祥《体育管理学学科体系建立的战略转变》，《武汉体育学院学报》2003 年第 37 卷第 2 期。

图做到"分类"但不"割裂"。当然，从任何一个角度进行的学科划分，次级类目都不可能完全包含其所在领域的全部知识，因此，需要以知识横向流动的方式来弥补分类造成的制约。当前的体育学科体系各类目之间联系不紧密、逻辑关系不强、结构体系松散，主要体现在学科知识的横向流动不畅。知识的横向流动构成了学科之间的交叉融合，也是现阶段知识生产和更替的重要方式，综合学科、交叉学科以及大部分新兴学科的出现就是知识综合化、动态化的反映。划分并不是分裂，然而，当前的体育学科体系划分方式给知识横向流动设置了人为的壁垒，会误导研究者直接判断哪些问题是人文的、哪些问题是人体科学的、哪些问题是运动训练的，并予以归类，从而形成惯性思维，加剧学科间交流的障碍，限制知识的横向流动。例如，在研究运动减肥塑身时，为练习者制定运动处方应该是体育教育训练学的领域，还是运动人体科学的范畴呢？如此学科划分方式阻碍了学科间知识的有效融合，割裂了知识体系的完整性，造成各次级类目之间各自为战、关联性差，内部结构不紧密，不但不利于解决实际问题，而且不利于系统、整体、深入地开展研究。

3. 学科容量失衡。同一层级上的不同类目所包含的知识体量应该大致平衡。是否存在严重的比例失衡、口径宽窄不一等现象，亦是检验分类科学与否的重要标准。尽管学术研究不应当划定条条框框，但如果研究对象的范围宽泛得无边无际，那么绝对是不严谨的。[①] 体育学科的次级类目体量比例失衡、口径宽窄不一，亦是划分学科体系的大忌。例如，"体育人文社会学"学科划分不够细致，表现出内涵过于丰富、包罗万象，而"民族传统体育学"则显得学科基础薄弱、十分单薄。据不完全统计，目前体育人文社会学中的分支领域共有70多个，许多分支学科已经进化得相当成熟，研究方法和研究对象多样，积累了相当数量的研究成果；相比之下，民族传统体育学却相形见绌，学科发展仅围绕武术项目的理论与实践研究，兼顾一些其他民族传统项目的发掘与整理，学科发展尚不完善。基于以上原因，体育学科体系呈现出学科划分粗疏和内容含量上严重不均衡的状态，一方面研究范围宽泛、无所不包会造成顾此失彼、杂乱无章，另一方面研究视野狭隘、手段贫乏则会使学科研究捉襟见肘、后劲乏力，以上两种情况皆会影响学科的协调、长远发展。

4. 学科兼容性弱。学科划分方式受特定历史背景下人们的认知水平

---

① 参见范先佐《要成为真正的独立的交叉学科——我国教育经济学的形成和发展》，《中国社会科学报》2009年9月1日第3版。

和价值观念的影响，因此，体育学科体系建设早期主要依赖相关学科和国外的研究成果，参考、模仿其他学科的划分方式，以创建学科及其体系、丰富基础理论为重点；近年的研究主要以思考、探索符合自身特点的划分方式为主，以解决实际问题研究为重点，来源于对体育实践的深刻认识和反思。体育学科演进的内在逻辑遵循分化、综合、再分化、再综合的事物发展规律，从学科简单综合到学科分化，再到学科高度分化基础上的高度综合。① 体育学科不断的裂变、衍生、壮大与延伸，也符合学科成长与消亡的规律，学科领域在纵横两个方向突破拓展，形成了学科交叉范围广、体量巨大的学科群落。原有的学科体系架构已不能满足学科成长的需求，新兴学科、交叉学科、边缘学科难以在旧的学科体系中找到自己应有的位置。例如，体育人类学、体育政策学、体育系统工程学、体育气象学、体育地理学、体育预测学、体育信息学（原为体育情报学）、体育科技文献学、体育公共关系学等新兴体育学科②，在 21世纪之初就早已为人所知。显然，将以上这些统统归为体育人文社会学，显得简单粗暴、不负责任。因此，体育学科体系建设进入了一个新阶段，其内在体系、结构亟待重新梳理，需要更具系统性、包容性和动态性的体系架构来承载，为新兴学科留有空间，以便在学科体系相对稳定的状态下得到延续和扩充。

（二）划分困惑对体育学科造成的发展障碍

1. 体育学科知识发展不平衡：核心知识空心化。学科（discipline）即学问的科目门类或"相对独立的知识体系"③，而体育学科的核心知识与外缘知识的发展严重不平衡，核心知识研究匮乏，外缘知识增殖迅猛。核心知识是支撑体育学科建构和发展的必备的、基础性的、中枢性的知识，是体育学科知识体系中最重要、最关键的知识内容，是体育学科所要解决的根本问题，如如何描述抽象体育现象，以及知识之间逻辑关系与得以生产的逻辑链条；外缘知识是从核心知识出发、延伸出去的知识，相比位于"中心的、基本的"核心知识而言，它则是边缘的、可以通过核心知识推演出来的、大部分是与相关学科交叉产生的知识。严重缺乏

① 参见杨小永、王健《体育学科体系的分类：宏观、中观与微观》，《武汉体育学院学报》2009 年第 43 卷第 7 期。

② 参见刘彩霞《百年中文体育图书总汇》，北京，北京体育大学出版社，2003 年，第 8 页。

③ 罗云：《关于学科、专业与课程三大基本建设关系的思考》，《现代教育科学》2004 年第 3 期。

体育学科自身的核心知识或对基础问题避而不谈，出现了"从历史的角度看体育科学的发展，很难说有诞生于自己领域的成熟学科"①。其中，不甚明确的学科研究对象则更加引致了对本学科的核心知识疏于探究，却更加热衷于拓展范围，致使体育学科研究的外延不断扩大。学科高度综合与高度分化的趋势并举，分化之势更是胜于综合，随着体育学科与相关学科交叉融合研究的不断深入，多学科、跨学科研究成为学界研究的主流，并衍生了许多新兴学科、边缘学科，学科知识也出现了爆炸性的增殖。但是，体育学科在不断拓展其范畴的过程中，对核心知识的研究明显缺乏热情，导致学科纵深发展力度偏弱，学科凝聚力不强。其中，在学科研究对象一直悬而未决的情况下，对学科焦点和核心问题只能是围而不打，在很大程度上导致了学科研究偏离中心，因而经常出现对某些研究"是不是体育"或"属不属于体育范畴"的质疑。如以"运动的人"为划分依据的运动人体科学学科，经常出现研究结果、研究过程与体育无关的误区，如某运动人体科学学科的论文选题为"L－肉碱对NAFLD脂肪肝大鼠肝脏线粒体能量代谢的影响""学生孤独感与上网成瘾关系及对策研究"，从这两篇论文的题目来看，其分别属于生物学和教育学范畴，与体育学科的关联性不强。这种舍本逐末的研究模式，导致人们对体育学科关注的重点分散，目标导向不集中，体育学科发展核心知识出现空心化，形成"面包圈"现象，不利于研究系统、整体、深入地开展。

此外，体育学科的核心知识空洞，导致体育学科越来越依赖相关的母学科。体育学科从母学科的研究成果中受益，而不需要承担其研究成本，因此在一定时期内得以迅速发展，却也逐渐暴露出严重的弊病。主要表现为两个方面：首先，对母学科的强烈依赖。运用人文科学、社会科学、教育科学、医学等母学科来解决体育问题，已成为体育科学研究公认的"范式"，而且经典四分法中的体育人文社会学、运动人体科学，甚至包括体育教育训练学，均有在母学科的概念或定义之前加上"体育"二字的嫌疑，表现为母学科在体育实践中的应用，而不是真正的体育学科自身的成长；而且，经典四分法的二级学科名称，就是以这些提供了基础理论和方法的母学科为关键词命名，更加深了体育学科对他们的依赖。其次，僵化了学科的思维方式。随着研究对象和问题的复杂化，单独运用某门母学科的方法对研究所造成的制约与局限也在逐渐凸显。

---

① 胡小明、石龙：《体育价值论》，成都，四川科学技术出版社，2008 年，第 14 页。

然而，经典四分法的划分方式形成了学科思维定式，僵化了研究角度、框架和方法，使研究路径程式化、单一化，学科发展处于瓶颈期，不利于跨学科和多学科协同研究的开展。例如，体育人文社会学一直被默认为是人文社会学科的应用性学科群，过于依赖人文、社会学科的研究成果，缺乏以体育学科的思维解决问题的能力与意识，更多的是以人文、社会学科的研究方法对体育领域的行为和现象进行综合、解读、分析工作，致使科学研究流于数据积累和现象描述，缺少对体育学科与人文、社会学科更深刻的交叉研究。

2. 体育学科功能发挥不充分：理论对实践的支撑不足。当前的体育学科划分方式对体育学科的研究对象和内容拆解不当，造成的学科划分问题严重限制、影响了学科功能的发挥。学科发展的核心是科研创新，然而，学科创新与发挥学科功能相比，显得更加空泛，尤其是对于偏重于应用的体育学科而言。与其他学科比较，体育学科知识的生产方式更多地依赖于社会实践即学科功能的发挥，根据实践发展的新动向，在新问题中创造新知识。[①] 因此，只限于从理论到理论的研究是远远不够的，需要从知识资源转化为实践能力，赋予学科体系划分更多的实际意义。体育学科作为体育实践的理论形式，学科知识主要是体育实践的现象、规律等的反映，在体育这类应用领域里，除了创新，研究成果的价值主要看对整体实践发展的贡献大小。[②] 然而，现在的体育科学研究要么关注纯理论层面的问题，要么关注实际操作问题，而对于二者的结合却明显缺乏热情和深度，致使理论研究与社会实践脱节，学科功能发挥受到限制。当前的体育学科划分方式过于注重学科性质、归属等问题，似乎只适用于申报课题时填写学科代码，忽视了体育学科知识的应用与实证特点，具体表现为以下两个方面。

其一，实践领域被割裂。学科主要是对知识进行分类研究、界定领域，各级类目应有明确的研究指向，更重要的是对社会实践起到引领、指导和升华作用，而检验分类结果优劣的标准首先就是看它是否能够引领实践工作并解决实际问题。当前的体育学科划分方式并未充分体现学科的本质特征和优越性，造成了学术和实用的对立，无疑大大限制了知识生产和学科发展，将体育学科研究的实践领域及其内容拆分，使各学科各自为战，相互之间的关联性较弱，割裂了学科知识的完整性。学科

---

① 参见胡小明《体育研究重在实证与应用》，《体育与科学》2013 年第 34 卷第 6 期。
② 参见胡小明《体育研究重在实证与应用》，《体育与科学》2013 年第 34 卷第 6 期。

研究理想化，不顾实践和应用，较少从实际体育活动中汲取素材，导致体育学各分支学科大多仅剩外壳而内容空心化①。不但不利于解决实际问题，而且不利于研究系统、整体、深入地开展。如运动人体科学似乎只存在于高高在上的象牙塔，对于健身、娱乐、教学等实践领域的指导意义不足。

其二，学科与专业疏离。一门学科的价值和生命力，取决于它对人类生存与发展的贡献②，体育学科的贡献体现在其实用性和服务性价值方面。体育科学研究是从解决实际问题开始的，随着对问题研究的不断推演和深入，形成了不断探究的过程。教育部于 2012 年修订的《普通高等学校本科专业目录》所设置的专业类中，体育学科下设体育教育、社会体育指导与管理、运动人体科学、武术与民族传统体育、运动训练 5 个基本专业，以及运动康复、休闲体育 2 个特设专业③。然而，学科不能直接指导专业实践，浮于表面，无法解决实际问题。例如，体育人文社会学无法对体育教育、社会体育指导与管理专业提供直接有效的专门理论支持，而是从学校体育学、体育课程与教学论、社会体育学、体育管理学三级学科的知识中提取相关的理论；又如，对于运动人体科学、武术与民族传统体育专业来说，二级学科与专业名称完全一致，又显得专业过于宽泛，针对性不强，不利于人才培养和解决实际问题。相比之下，艺术学科从专业实践做起，进而促进学科升级，对体育学科有很大的启发。艺术学门类下有 33 种专业，其中音乐与舞蹈学学科下设音乐表演、音乐学、作曲与作曲技术理论、舞蹈表演、舞蹈学、舞蹈编导 6 种专业，专业针对性强，名称准确对应实践工作，一看便知其学科归属。注重与现实的紧密联系，使学科研究有的放矢。体育学科的知识体系主要以实用为标志，最简单质朴地证明如何能够改善人类的体育行为，或许更符合体育所需的实用境况④。体育实践是体育科学研究的灵感和素材源泉，可以充实研究的经验与实证，实际需求是体育科学发展的根本动力。

---

① 参见胡小明《体育人类学与学科建设》，《体育学科》2013 年第 20 卷第 4 期。

② 参见胡小明《体育的价值区域与探索路径》，《体育科学》2007 年第 27 卷第 11 期。

③ 参见中华人民共和国教育部《普通高等学校本科专业目录（2012 年）》，http://www.moe. edu. cn/publicfiles/business/htmlfiles/moe/s3882/201210/143152. html.

④ 参见胡小明《体育研究重在实证与应用》，《体育与科学》2013 年第 34 卷第 6 期。

第二节 体育学科体系的重构依据

学科体系是指一个学科的内部框架结构，它体现一个学科内部各个组成部分之间的相互关系，以及凭借这些关系建构而成的、有别于其他学科体系的总体标志①。科学、完整的学科体系是学科制度化的重要标志之一，也是学科成熟的象征。体育学科在高度分化的同时，也在不断地高度综合化，衍生了很多交叉学科和边缘学科，增加学科体系划分的复杂性。而且，由于体育的基本原理等核心问题一直没有定论，因此，体育学科体系划分一直面临学理性不强、理论基础薄弱等问题，本书即从此处入手，着重解析体育学科划分的学理依据，克服学科内涵和外延繁杂的问题。

一、体育学科体系划分的步骤分析

学科（discipline）在英语中的意思比较丰富，包括学科、学术领域、课程、纪律、严格的训练、规范准则、戒律、约束、熏陶等。黑克豪森（H. Hechhausen）运用经验和事实分析的方法来考察学科，他认为学科是对同类问题所进行的专门的研究，以便实现知识的新旧更替、知识的一体化以及理论的系统化与再系统化②。学科本身就是科学的分支或作为知识的分门别类，其形成和发展更是"经历着由零散的经验性知识储备到特定领域中系统化知识体系的产生，再到以知识体系为基础的组织生成、成熟与衰退的漫长过程"③。古今中外对学科定义的表述虽略有差异，但是均认可"学科是相对独立的知识体系"④⑤的说法，更有"一门学科走向成熟的标志就在于知识的学科化和规制化"⑥的论断。体育学科知识符合人类对自身实践行为活动的认知规律，体育学科具备鲜明的

---

① 参见叶文振《社会学的学科体系构想》，《厦门大学学报（哲学社会科学版）》2001年第146卷第2期。

② 参见杨天平《学科概念的沿演与指谓》，《大学教育科学》2004年第1期。

③ 参见肖楠、杨连生《学科及其"两态"互动的本质》，《中国高教研究》2010年第7期。

④ 中国国家标准化管理委员会：《学科分类与代码表（人文社科类）》，北京，国家标准出版社，2009年，第1页。

⑤ 华勒斯坦：《学科·知识·权力》，北京，生活·读书·新知三联书店，1999年，第12页。

⑥ 参见李政涛《教育学科发展中的"制度"与"制度化"问题》，《教育研究》2001年第19卷第3期。

知识属性，"是一个开放并将持续演进的知识体系"①，需要从知识建构等方面做出思考和选择②。然而，在实际研究中，却鲜有基于知识和知识分类的视角对体育学科体系进行划分的学说，因此，"体育学科知识如何分类"成为本研究思辨的起点。

体育学科作为一个拥有众多子学科的学科群，存在有规律的内部结构和关系，其体系的形成是众多学科不断分化、学科知识生产和更新的结果。因此，对于体育学科体系建构的指导思想、整体的建设与管理、各学科分级分类方法、老学科纵深发展和新兴学科的归属问题，应该遵循严谨、规范的学科划分步骤。科学、严整的体育学科划分步骤，不仅是学科体系科学构建的前提，而且有助于梳理、整饬和规范学科发展。建构学科体系一般分为3个步骤：首先，根据相应的标准与规则对"知识的有效性、合法性进行判断"③，寻找学科知识的相同点，哪些知识归属于本学科范畴，哪些知识则应排除在外，即学科的逻辑起点，形成与其他领域相区分的知识集合，界定知识的门类归属；其次，对知识的地位等级进行区分，鉴别学科知识的差异点，即学科的划分依据，促成知识分野，生成次级类目；最后，根据不同类目的特征，将与其具有相同特点的知识归入其类目之下，完成最终的学科体系构建。

二、体育学科研究范畴的界定

根据体育学科体系划分的步骤可知，寻找学科知识的相同点和差异点对于建构学科体系具有关键意义。确定体育学科知识的相同点，并以相同点为逻辑起点，从而界定学科研究范畴，这是学科知识准入的首要问题。若要明确界定体育学科的研究范畴，就必须肃清体育的对象。体育的对象是对体育活动的集中体现和高度概括，既要客观、具体，又要区别于其他社会活动，因此"人的运动"是体育区别于其他学科的重要标志，作为体育的对象较为合适，本书已于第一章详细论述了体育的对象为"人的运动"，这里不做赘述。根据体育的对象为"人的运动"分析，体育学科是以"人的运动"为主要知识特征，与其他学科相区别的知识体系，体育学科知识的形成是通过"人的运动"展开的认知活动，

① 参见董艳芹《体育学科、体育专业、体育课程辨析》，《南京体育学院学报》2015 年第 29 卷第 2 期。

② 参见董德龙、刘文明《归属、规模、规制：对中国体育学科发展的认识——一种学科方向探究》，《体育科学》2015 年第 35 卷第 3 期。

③ 参见鲍嵘《意象与旨趣——关于学科制度若干理论问题的探讨》，《高等教育国际论坛文集（2003）》，北京，北京理工大学出版社，2004 年，第 304 页。

其内涵贯穿于体育学科发展的全过程，"人的运动"是构成体育学科研究的核心内容和基本单位，因此，体育学科的研究范畴是与"人的运动"相关的知识，主要研究"人的运动"现象与规律，其所构成的知识集合是体育学科体系的主要内容，"人的运动"亦是体育学科构成的逻辑起点，是对学科内部基本矛盾的集中体现与高度概括。逻辑起点的选定直接影响学科研究的切入点、视角和范式等，从而影响整个知识体系结构，是引导理性思维和知识有序创新的前提，其作用和影响都是基础性和根本性的。

三、体育学科体系的划分标准

确定学科划分依据就是寻找学科知识的差异点，它决定了学科知识分类的准确性，以及学科体系各类目之间的逻辑关系的合理性，是进行学科划分的关键环节。虽然不同学者对体育归属的见解存在较大差异，认为体育是教育活动、文化活动或社会活动，无论是哪一种，皆认可体育是人们实践的产物，是可观察、可实证的，因此应根据体育实践和现象本身去分析体育学科知识的差异点，立足于人们对体育的直接感观与亲身体验，以实践经验面对体育进行直观描述，从而发现和提炼划分标准。根据体育学科知识以"人的运动"为起点进行推论，人们正是通过对"人的运动"的认识、选择和创新，不断满足人类生存、享受、发展需要的同时，实现了"人的运动"的多元价值，进而创造和发展了体育学科知识。体育实践必定包含了价值取向，当事人身居某种特定的、具体的体育情境，与一定的政治、经济、文化、民族等观念有着必然联系，这是客观事实[1]，因此，体育学科知识的差异点应该隐藏在"价值"之中。

价值性也是体育得以不断演进，并具有日益广泛的社会影响、发挥越来越重要的作用的缘起。因此，相对于军事价值等已经在现代社会中消逝的价值，效用价值就成为体育的核心价值体系。体育是文化活动[2]，体育价值的结构系统复杂、内涵丰富，学界对体育价值的认识也是多样的，如体育价值可分为自然价值、社会价值、人文价值，是参照人类对客观世界理解划分的[3]，比较宏观；体育价值主要包括思想价值、非理性的智能价值、审美价值、愉悦价值、表征价值和经济价值等[4]。体育

---

[1]　参见郭道全《体育概念研究中价值预设问题的探讨》，《体育学刊》2008 年第 15 卷第 4 期。

[2]　参见陆作生《我国体育概念的界定》，《体育学刊》2010 年第 17 卷第 12 期。

[3]　参见胡小明《体育的价值区域与探索路径》，《体育科学》2007 年第 27 卷第 11 期。

[4]　参见凌平《体育价值初探——兼谈体育价值的构成系统》，《体育与科学》1989 年第 4 期。

价值产生的基础是由人类社会对于这种特殊的身体实践形式的需要所决定的，体育价值体现并维系着人类从事体育实践的需求与效用之间的主客体关系①。另外，大部分学者倾向于把知识与隐性、实践、情景化等特性联系在一起，强调知识与价值观的关联性②，此种说法，又与体育学科的应用性和知识性不谋而合。综上所述，体育在人类和社会中的地位与作用，集中体现为体育价值，以发展不同价值性体育为目的是体育的终极理想，亦可以看出体育的价值追求是多种多样的，大多与人的价值追求相一致，但却无法真正反映体育的"本体"价值。

人们对多元价值的追求，会激发出不同的行为和活动，而最能体现体育行为和活动方式的就是"运动"，体育价值也是通过运动的行为和应用实现的，这种运动既包括身体运动，也包括智力运动；既包括人的运动，又包括动物、器物和虚拟的运动。也就是说，主体通过需要的满足来追求自己本质力量的实现③，即人的本质力量运动化。因此，"人"是体育的主体，"运动"则是体育的本体，涉及体育的价值追求问题时，应该是体育的本体价值即运动价值，而不是人的体育价值需求。"运动价值"的说法更能突出体育的特色和核心价值，既与诸多衍生的体育价值相区分，又与学科的逻辑起点相吻合。以"人的运动"为起点产生了体育学科知识，通过追求不同的"运动价值"，使丰富的体育学科知识得以发展，并且能够达成多样的体育价值与目标，进而实现人类体育实践的理想和目标，所以学科知识的差异点就是运动价值的不同，"不同的运动价值"是合理划分体育学科体系的依据。划分应反映一定的目标、目的及价值④，"不同的运动价值"不仅反映了人类和体育共同的目标，又准确地展示出体育的特色，与学科的逻辑起点相契合，并且体现了体育由工具理性向价值理性的回归。当追求"更健壮、更健美、更长寿"的运动价值时，体现的是健身价值；当追求"更快乐、更刺激"运动价值时，体现的是休闲娱乐价值；当追求"更强壮、更熟练"运动价值时，体现的是育人价值；当追求"更高、更快、更强"运动价值时，体现的是竞技价值。

---

① 参见于涛《体育哲学研究》，北京，北京体育大学出版社，2009 年，第 10 页。
② 参见张钢、倪旭东《从知识分类到知识地图：一个面向组织现实的分析》，《自然辩证法通讯》2005 年第 27 卷第 1 期。
③ 参见阮青《价值哲学》，北京，中共中央党校出版社，2004 年，第 47 页。
④ 参见王知津、刘念《信息检索分类理论研究的实用主义视角》，《图书馆学刊》2009 年第 11 期。

第三节 体育学科体系重构思辨

体育学科由于受到相关学科的辐射、渗透和融合，不断地膨胀、聚变与衍生，形成了许多体育的新学科，壮大了体育学科体系的同时，也加剧了体育学科体系划分的难度。为了既有利于开展科学研究，又有助于践行体育实践[1]，亟待抽象化体育实践的因素，概括体育学科的划分依据和研究内容，厘清体育学科体系的内在逻辑，构建更为普适、兼容性更强的体育学科体系，从而进一步推动体育科学的发展和体育实践的开展。体育学科体系的划分要遵循学科分立的制度，根据学科体系重构依据的分析，构建体育学科体系应以与"人的运动"相关的知识为逻辑起点，廓清体育学科的范畴，再以"人的运动"知识的产生和发展为线索，推演次级学科的构成，具体分为4个步骤：首先，将与"人的运动"相关的知识归于体育学科，将体育知识从浩如烟海的知识海洋中抽离出来，完成初始的学科分离，形成体育学科的知识集合（一级学科）；其次，按照一定的划分标准，判断体育学科知识的差异点，即运动价值，将体育学科划分为不同的次级类目，并加以命名，即二级学科；再次，根据不同二级学科的特点，将与其具有相同特点的知识归入其类目之下，即形成二级学科知识集合；最后，遵照划分二级学科的方法，从各个二级学科中划分三级学科及其相关学科知识。体育学科三级结构体系的划分实际上是"合—分—合—分"的过程，先归类，再划分、再归类、再划分，从而真正做到学科划分的科学、规范和准确，这也是构建纵横层次清楚、逻辑关系紧密的体育学科系统的重要条件。

一、体育学二级学科重构解析

（一）二级学科结构框架

无论何种划分方式，人们均是出于某种实际效用的目的，或学习的、经济的、科学研究的等。体育学科知识符合人类对自身实践行为活动的认知规律，体育学科的知识大多来源于具体的认知实践活动，一般是在特定的情境中发生的，具有极强的情境依赖性和局域嵌入性，因而知识

---

[1] 参见熊文《体育科学学学科体系的解析与多维构建》，《上海体育学院学报》2015年第39卷第1期。

分类应该体现独特的学科特质，学科划分的依据也应该具备鲜明的体育的特殊性，类目才能体现出不同情境。2011年艺术学成功升级为我国第13个学科门类，不得不反思体育学科榜上无名的尴尬与缘由，是否与学科内部结构体系不清晰有关。遵循艺术学统领全局的一般规律和各自学术领域的独特规律进行学科建设①，艺术学学科门类下设艺术学理论、音乐与舞蹈学、戏剧与影视学、美术学、设计学5个一级学科②。艺术学科理论与术科泾渭分明，使人一目了然，既体现了艺术学科的学理性，又突显了其独特的实践领域。术科成为学术的另一种表现形式，值得体育学科深入研究和借鉴。英、美等国家在学科分类上，都遵循以学术性与实用性的分类标准划分基础学科和实用学科③，因此，体育学科也可以效仿艺术学进行学科划分和命名。通过前文分析，本研究以"不同的运动价值"为划分依据重构学科体系，并参考艺术学科按照实践工作领域命名的情况，艺术用艺术的语言，体育也可以用体育的语言，二级学科以价值性体育为标志，分别命名为体育健身学、体育休闲学、体育教育学和体育竞技学。见图6-2。

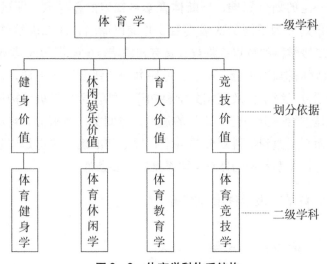

图6-2　体育学科体系结构

①　参见仲呈祥：《面对新时代的艺术学学科建设——习近平文艺思想学习笔记》，2017，http://www.cssn.cn/ysx/ysx_ zhyj/201712/t20171215_ 3781592_ 1.shtml.

②　张晓慧：　《对艺术学学科建设的思考》，　《教育教学论坛》2017年第52期，第233～234页。

③　曾令斌：《国内外高校学科分类与院系设置的比较分析》，《重庆高教研究》2016年第4卷第1期，第104～109页。

（二）二级学科的主要知识内容

1. 学科知识的展开。梳理学科知识展开的逻辑链条和主要的学科知识内容。以体育学科的知识源点（即逻辑起点）和基本矛盾为开端的逻辑链条是学科体系展开的规则和程序。根据学科划分规范，最先确定学科的逻辑起点，然后用对基本矛盾的回答作为线索和标准，从一般到具体逐层归纳和演绎，才能得到内在逻辑清晰、明确的学科体系结构。学科知识展开的逻辑链条就是要辨识学科知识是如何产生和发展的，它决定了学科内在逻辑顺序和结构的合理性，通过对基本问题的解答作为线索和标准，从一般到具体逐层归纳和演绎，才能得到逻辑清晰的学科知识集合。根据体育学科知识以与"人的运动"的相关知识为起点进行推论，人们正是通过对"人的运动"的认识、选择和创新，不断满足人类生存、享受、发展需要的同时，使丰富的体育学科知识得以发展，构建了与"人的运动"相关的体育学科知识集合。

4 个二级学科均为价值性体育。人们追求"运动价值"是无限的，其提高或展现"运动水平"的渴望也是不尽的[①]，多元的运动价值应按各自的规律构建和完善自身的运动水平体系来助其实现，努力建立相应价值的运动水平体系是体育学科的主要知识内容之一，是学科发展的内在要求，也是体育所要完成的根本任务。不同的价值性体育有不同的运动水平，相应地，可以确立以实现不同价值的"运动水平体系"为知识内容。从而更好地实现本领域所追求的运动价值。价值与水平成正相关关系，为了不断满足和实现"不同的运动价值"，人们需要运用各种方式和方法，体育学科正是通过研究如何提升、展示、衡量和评估运动水平而不断发展，进而创造和发展了不同价值性体育领域的知识体系，这也是体育学科知识得以产生、演化和消逝的逻辑链条。

2. 学科的主要知识内容解析。从价值生成、存在和发展的特点来看，客体的属性和主体的需要之间存在满足与被满足的效用关系，呈现出一种复杂的不断生成、不断消解的动态过程[②]。体育概念中"为更好地实现运动价值，而不断提高或展现运动水平"，就揭示了"运动价值"与"运动水平"之间的矛盾关系。价值与水平成正相关关系，人们追求

---

① 参见陆作生《我国体育概念的界定》，《体育学刊》2010 年第 17 卷第 12 期。

② 参见阮青《价值哲学》，北京，中共中央党校出版社，2004 年，第 63 页。

"运动价值"是无限的，其提高或展现"运动水平"的渴望也是不尽的，这就是体育发展的内在机制①，也是体育学科知识得以产生和发展的基本矛盾，以此为逻辑链条生成了体育和体育学科。"运动水平"的内涵不仅仅指的是竞技运动水平，还有健身运动水平、休闲娱乐运动水平和学生体质健康水平等。当追求的是运动的竞技价值时，"运动水平"指的是竞技运动水平；当追求的是运动的健身价值时，"运动水平"指的是健身运动水平；当追求的是运动的育人价值时，"运动水平"指的是育人运动水平；当追求的是运动的休闲价值时，"运动水平"指的是休闲运动水平。以确立运动水平体系为内容，可以建立不同的体育学科与之相对应，体育健身学有健身水平体系，体育休闲学有休闲水平体系，体育教育学有育人水平体系，体育竞技学有竞技水平体系。不同的价值性体育有不同的参与者和指导者，并各自拥有其相应的等级标准，因此，等级标准和运动水平构成了"运动水平体系"，"运动水平"和"运动水平体系"均是多维的，体育学科也具有无限发展的潜能。

"不断提高或展现运动水平"的内涵，为某价值性体育的发展指明了方向，以完善"运动水平"体系为根基，将更好地实现体育学科所追求的运动价值，或在研制众多的运动水平体系过程中形成体育学科自己的研究方法，也将铸就体育成为真正的科学。目前，育人运动水平体系有体育教师等级标准、学生体质健康标准和体育与健康课程标准，竞技运动水平体系包括教练员等级标准、运动员等级标准和裁判员等级标准，这两种运动水平体系中的评价标准相对较为成熟；而健身和休闲运动水平体系的评价标准则尚在完善之中。如休闲体育追求的运动价值比较明确，但其相应的运动水平体系尚未建立，也正因如此体育休闲才被视为新兴体育。只有当其对应的运动水平体系确立，为提高或展现其运动水平的学科理论得到发展或成为学科体系之时，我们才能称休闲体育已经走向成熟。所以，不管追求何种价值性体育，只有当其对应的运动水平体系得以确立，提高或展现运动水平的学科体系得以建立，才能看到这种价值性体育的科学性和成熟性。因此，体育学科的主要研究内容是"运动水平体系"，下设4个二级学科的主要研究内容分别是各自的"水平体系"，不同的"水平体系"包括相应的等级标准。见图6-3。

---

① 参见陆作生《我国体育概念的界定》，《体育学刊》2010年第17卷第12期。

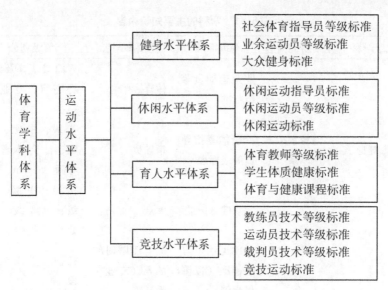

图6-3　运动水平体系

（三）各二级学科解析

新体系下的4个二级学科分别具有明确的研究对象和研究领域，为了清晰地解读不同学科所要实现的运动价值和达到的运动水平，从不同价值性体育的参与者视角，可以更加明确各二级学科的研究内容和目标。因为最终决定是什么类型运动的不是运动项目，而是参与体育活动的人，这与一个人的文化修养、社会文化背景、生活习惯等有着密切的关系[1]。而且，英、美国家在学科分类上都遵循以学术性与实用性的分类标准划分为基础学科、实用学科[2]，因此，体育学科作为实用学科，从不同价值性体育参与者的视角，可以更加明确各二级学科的研究内容。见表6-1。

1. 体育健身学。体育健身学是研究与健身、健康、健心、健美相关现象与问题的学科，包括健身的行为、原理、标准等范畴。健身是以增进身心健康，丰富和创造生活情趣，完善自我为目的的身体锻炼活动。健身的主要参与者为体育锻炼者，其等级分为入门级、普及级、提高级、

---

① 参见周爱光《体育休闲本质的哲学思考——兼论体育休闲与休闲体育的关系》，《体育学刊》2009年第16卷第5期。

② 参见曾令斌《国内外高校学科分类与院系设置的比较分析》，《重庆高教研究》2016年第4卷第1期。

表6-1 学科的主要知识内容

二级学科	主要研究内容	等级标准	主要参与者	等级划分
体育健身学	健身水平体系	业余运动员等级标准	体育锻炼者	入门级、普及级、提高级、专业级……
		社会体育指导员等级标准	指导员	初级、中级、高级、社会体育指导师
		大众健身标准	大众	初级、中级、高级、专业级（暂缺）
体育休闲学	休闲水平体系	休闲运动员等级标准（以围棋为例）	拥有闲暇时间的人（专业棋手）	初段、二段至九段
		休闲运动指导员标准	指导员（暂缺）	初级、中级、高级、休闲运动指导师（暂缺）
		休闲运动标准		初级、中级、高级、大师级（暂缺）
体育教育学	育人水平体系	学生体质健康标准	学生	不及格、及格、中等、良好、优秀
		体育教师等级标准	教师	初级、中级、高级或助教、讲师、副教授、教授
		义务教育体育与健康课程标准		水平一至水平四
体育竞技学	竞技水平体系	运动员技术等级标准	职业和业余运动员	三级、二级、一级、运动健将、国际级运动健将
		教练员等级标准	教练员	助理教练、教练、高级教练
		裁判员等级标准	裁判员	二级、一级、国家级、国际级
		竞技运动标准		（暂缺）

专业级①（以乒乓球为例，中国乒乓球学院正式面向社会发布《青少年乒乓球运动等级标准》，是我国现阶段为数不多的、对非职业运动员进行等级评价的标准体系）；指导者为社会体育体育指导员，社会体育指导员的等级分为初级、中级、高级、社会体育指导师；大众健身标准可以分为初级、中级、高级、专业级（暂缺）。

2. 体育休闲学。体育休闲学是研究与休闲、娱乐相关现象与问题的学科，早已具备成为独立学科的相关条件，对此已有相关论述②—③。其中，需要特别说明的是，将民族传统体育也归于此处，是因为历经了几千年演变的民族传统体育，除了依然留存传统中华文明的悠闲游憩文化和生态保健意识外，更多的是被当代体育休闲化的气息所感染，具有浓重的休闲娱乐特征④。另外，赛车、赛马、电子竞技游戏、棋牌等活动及其相关现象的解读与规律的探寻，亦归于此学科。体育休闲是人们在闲暇时间内，以体育为途径或载体，为达到娱乐、消遣、刺激和宣泄等多种目的，获取直接的生理或者心理的满足而进行的形式多样、内容广泛的休闲活动⑤，特点是具有自由性、文化性、非功利性和主动性等。体育休闲的主要参与者为拥有闲暇时间的人，其等级可以分为入门级、普及级、提高级、大师级（暂缺）（以专业围棋为例，其等级分为初段、二段至九段）；休闲运动指导员的等级可以分为初级、中级、高级、休闲运动指导师（暂缺）；休闲运动等级标准可以分为初级、中级、高级、大师级（暂缺）。

3. 体育教育学。体育教育学是研究体育教育过程中的基本规律及科学方法，即在体育学科范围内研究人的全面发展，提高人的素质。研究体育教育规律，并体现在体育教育功能的培养方面。体育教育学的研究对象为育人体育，即从社会的现状及发展的需要出发，依据教育学的基本原则，紧密与心理学理论及研究成果相联系，并以认识论为理论基础预测其发展趋势。体育教育的主要参与者为体育学习者，大部分是学生，

---

① 参见中国乒乓球学院《青少年乒乓球运动等级标准》，2017，http://mp. weixin. qq. com/s/C9lv1uQhSlgcw-B3MdY8Mw.

② 参见胡小明《体育休闲论》，成都，四川科学技术出版社，2008 年，第 32 页。

② 参见纪成龙《学科逻辑起点的问题与体育休闲学研究》，《南京体育学院学报》2015 年第 29 卷第 3 期。

③ 参见付善民《体育休闲学研究主体领域分析——西方社会学视角下休闲学研究的启示》，《武汉体育学院学报》2009 年第 43 卷第 6 期。

④ 参见胡小明《中国少数民族传统体育的文化多元价值》，《体育学刊》2007 年第 14 卷第 8 期。

⑤ 参见陈玉忠《论休闲体育与体育休闲》，《上海体育学院学报》2010 年第 34 卷第 1 期。

也就是小学生、中学生、大学生等，其等级划分为不及格、及格、中等、良好、优秀；教师的等级分为初级、中级、高级或助教、讲师、副教授、教授；义务教育体育与健康课程标准分为水平一到水平四的各个学段①。

4. 体育竞技学。体育竞技学是研究竞技运动、训练、比赛等相关现象和问题的学科。体育竞技学的研究对象为竞技体育，体育竞技是以身体活动为基础，以竞争的方式展开的一类体育活动。主要包括大众日常性以竞争形式进行的健身娱乐体育活动和以获取优异成绩或利益为目的的高水平竞技体育②。体育竞技的主要参与者为职业运动员和业余运动员，其等级划分为三级、二级、一级、运动健将、国际级运动健将。目前，竞技运动的水平体系较之其他三种是最为完善的一种，等级标准相对明确，不但有运动员的等级标准，裁判员和教练员的等级标准也比较完整。教练员等级分为助理教练、教练、高级教练；裁判员等级分为二级、一级、国家级、国际级；竞技运动等级还应分项设立（暂缺）。

二、体育学三级学科重构解析

我国的学科体系包括学科门类③、一级学科、二级学科，还有的细化到三级学科，是学界公认的学科体系构成，级类之间既彼此独立，又相互关联和制约。科学、完整的学科体系是学科制度化的重要标志之一，也是学科成熟的象征。目前，体育学科对二级学科的划分虽存在不同学说，但是课题、基金申请高校学科分立和专业学位授予制度等均按照较为稳定的二级学科划分标准进行，然而，对三级学科划分却始终悬而未决，即便是《中华人民共和国学科分类与代码国家标准》④（以下简称《学科分类与代码》）和《授予博士、硕士学位和培养研究生的学科、专业目录》这两大国家颁布的权威标准，也未对体育学科中的三级学科有明确的界定。

---

① 参见中华人民共和国教育部《义务教育体育与健康课程标准（2011年版）》，北京，北京师范大学出版社，2012年。

② 参见赵承磊《生命视域中的体育竞技散议》，《上海体育学院学报》2011年第35卷第7期。

③ 按照国务院学位委员会在2012年颁布的《授予博士、硕士学位和培养研究生的学科、专业目录》，分为哲学、经济学、法学、农学、医学、军事学、教育学、文学、历史学、理学、工学、管理学和艺术学13大门类。

④ 参见《中华人民共和国学科分类与代码国家标准（GB/T 13745—2009）》，（2009-05-06）[2015-05-06]. http://www.zwbk.org/My Lemma Show. aspx?lid=1 17222. html.

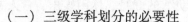

（一）三级学科划分的必要性

学科体系是指一个学科的内部框架结构，它体现一个学科内部各个组成部分之间的相互关系，以及凭借这些关系建构而成的、有别于其他学科体系的总体标志①。基于我国的学科制度，学科体系包括学科门类、一级学科、二级学科和三级学科的四层结构。学科体系展现了学科间的并列秩序和从属关系，对于体育学科体系来说，横向的分类展现了二级学科间的并列秩序，纵向的分层则体现为从三级学科到二级学科再到一级学科的从属关系。这三个层级的作用是不同的，一级学科是我国博士学位授予权审核的依据，1995年我国开始按一级学科培养博士生，甚至影响高等学校中院系的设置；二级学科是对体育学科知识的首次划分，直接涉及指导思想和研究范式等学科研究的核心问题，因而它的作用是基础性和决定性的；三级学科是面向实践工作的，对专业和课程设置有指导性意义，而且是连接理论与实践的桥梁，对二级学科有支撑作用。

知识的纵向流动形成了学科内部的分层，纵向学科之间自成体系，拥有自己独立的学科理论支撑，揭示不同领域体育的独特本质和变化规律，使其内在逻辑更加缜密。对于体育学科来说，分为一级、二级和三级学科，且大部分学科知识分布于三级学科之中，只有对三级学科的划分更加细致、更加准确，才能形成逻辑严密、结构完整的学科体系，因此，对三级学科的划分不是可有可无的，而是至关重要的，不仅体现着对学科内涵理解的深刻程度，甚至决定了体育学科体系的系统性和完整性，使体育学科内部体系架构进一步清晰和规范，为科学研究指明了方向。只有细化到三级学科，才能称为完整的体育学科体系，为体育学科升级为学科门类做好充分准备。

（二）三级学科划分的标准

根据学科规训，三级学科的划分首先要寻找各二级学科知识中的差异点，即三级学科的划分依据，将二级学科划分为不同的次级类目，并加以命名，即为三级学科。根据二级学科以"实现何种运动价值"为划

---

① 参见叶文振《社会学的学科体系构想》，《厦门大学学报（哲学社会科学版）》2001年第146卷第2期。

分标准进行推论，人们要想实现"运动"的健身、休闲娱乐、育人或竞技价值，就必须采用不同的方式或方法，因此，三级学科知识的差异点应该隐藏在"方法或路径"之中。首先，由于在对不同价值性体育的研究对象和参与对象进行研究时，要想对其认识得更加全面，所采用的方法一般为多学科协同的方法，即哲学、社会学、教育学、心理学、营养学、管理学、生理学等母学科中的研究方法，换句话说，母学科的方法具有通用性，应用于不同的价值领域，就会对此领域形成不同的支撑；其次，为了实现健身价值，采用养生健身、体质健身、运动健心等路径；为了实现休闲娱乐价值，采用心理拓展、思维训练、极限挑战、野外生存等路径；为了实现育人价值，采用健康教育、运动品质教育、运动技术教育等路径；为了实现竞技价值，采用不同项目的专项训练等路径。由此看来，为了实现不同的价值所选择的实现路径不同，而采用的研究方法大致相同。因此，三级学科的划分标准为"实现路径"，不仅可以正视体育学科实证、应用和服务的特点，而且有助于学科知识围绕解决体育实践本身的基础问题展开。

（三）各三级学科解析

当前体育学科知识呈现爆炸性增长，体育学科的关注焦点也逐渐从以与体育相关的教育、经济、社会问题为中心，衍生出许多交叉学科和新生学科，进而扩大势域和影响，转移至以体育本身的问题为中心。这种研究焦点的转移实际上就是思维方式的转换，体育的外延已非常宽广，体育学科知识的规模也已非常宏大，但是以母学科的研究方法来解读体育领域的问题的方式已经不能满足体育的内涵式发展要求，要从体育学科内部寻找突破口。现有的体育科学研究要么关注纯理论层面的问题，要么关注实际操作问题，而对于二者的结合却明显缺乏热情和深度，致使理论研究与社会实践脱节。三级学科是从理论探索到实践应用之间的桥梁，明确其责任和任务，有助于对三级学科的划分。虽然艺术学没有明确列举其三级学科体系，但是通过其从学科门类到二级学科的三级架构和专业设置情况可见一斑，均是为了解决现实问题设置的。综上所述，以不同的"实现路径"来命名三级学科，既能突出展现不同的体育价值，又能与实施方法紧密结合，有助于有针对性地指导实践工作。见图6-4。

1. 体育健身学下的三级学科。以健身路径为依据划分的三级学科包括体育健身哲学、体育健康医学、体育健身行为学、体育健身营养学、

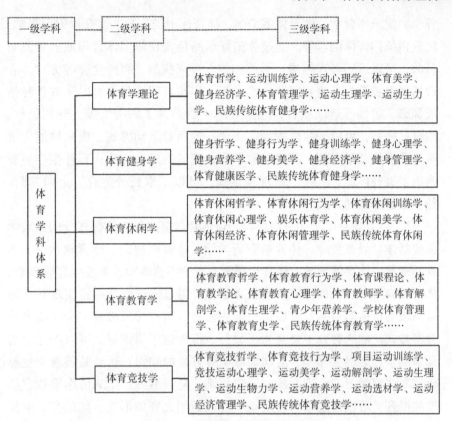

图6-4　新体育学科体系结构

体育健身心理学、体育健身管理学、体育健身医学、民族传统体育健身学等。通过健身路径实现健身体育领域的价值与目的，可以运用养生健身、体质健身、运动健心等方式。养生健身包括人体各器官、部位的保健和康复等，主要关注视力、脊柱、颈椎、四肢等部位的保健和康复，例如：视力保健康复可以采取视觉训练中的融合训练、伸缩训练、灵敏训练等方式），以及人体机能的健康促进，主要关注人们的呼吸系统、心血管系统、神经系统等人体器官、系统功能的提升（例如，提高心肺功能可以采取慢跑、游泳等有氧运动）；体质健身主要关注体育锻炼者的速度、耐力、力量、灵敏、柔韧等身体素质的提高（例如，提高力量素质，可以采取器械性力量练习或非器械性力量练习的方式）；运动健心主要关注缓解体育锻炼者心理压力、改善睡眠等功效，可以采取各种娱乐性球类运动、太极拳等运动方式。

2. 体育休闲学下的三级学科。以休闲娱乐路径为依据划分的三级学科包括体育休闲哲学、体育休闲行为学、体育休闲训练学、体育休闲心

理学、娱乐体育学、体育休闲美学、体育休闲经济学、体育休闲管理学、民族传统体育休闲学等。通过休闲娱乐路径实现休闲体育领域的价值与目的，可以运用心理拓展、思维训练、极限挑战、野外生存等方式。心理拓展主要是为了培养团队合作意识、实现自我满足，可以采取各种拓展训练、瑜伽等运动项目；思维训练主要是为了陶冶情操、开拓思维、培育品格等，可以采取棋牌类、飞镖、钓鱼等运动方式；极限挑战主要是为了满足刺激心理，可以采取攀岩、蹦极等运动方式；野外生存主要是为了提升体能、人格、管理等素质，可以采取野外生存、定向越野、徒步穿越等运动方式。

3. 体育教育学下的三级学科。以体育教育路径为依据划分的三级学科包括体育教育哲学、体育教育行为学、体育课程论、体育教学论、体育心理学、体育解剖学、体育生理学、青少年营养学、学校体育管理学、体育教育史学、民族传统体育教育学等。通过体育教育路径实现育人体育领域的价值与目的，可以运用健康教育、运动品质教育、运动技术教育等方式。健康教育主要是为了教授、传播健康知识等，可以授之以运动解剖学、运动生理学、运动训练学等方面的知识；运动品质教育主要研究对体育学习者心理素质、遵守规则、吃苦耐劳、团队协作等意志品质的提升，可以授之以各种运动项目或运用比赛的形式，如球类、中长跑等运动项目以及比赛规则和相关常识等；运动技术教育主要是通过运动技术的教学使体育学习者掌握一到两项可终身受益的运动项目，可以授之以体育教育与课程论、运动解剖学、运动生理学等方面的知识。

4. 体育竞技学下的三级学科。以竞技路径为依据划分的三级学科包括体育竞技哲学、体育竞技行为学、项目运动训练学、竞技运动心理学、运动美学、运动解剖学、运动生理学、运动生物力学、运动营养学、运动选材学、运动经济管理学、民族传统体育竞技学等。通过竞技路径实现竞技体育领域的价值与目的，可以运用不同运动项目的方式，即三大球（篮球、排球、足球）、三小球（网球、羽毛球、乒乓球）、水上项目、冰雪项目、民族传统体育项目等。

三、体育学科新体系结构

学科体系展现了学科间的排列秩序和从属关系，至此，体育学科二级学科的排列秩序、三级学科和二级学科的从属关系均已明晰，体育学科体系完成了从一级学科到三级学科的划分，形成了较为完整、严密、清晰的结构体系。

第四节　新体育学科体系的价值与优势

学科划分是在科学革命时期，知识生产者们在进行科学研究时开始"背叛"原有的范式，尝试建立新的范式①。体育学科体系的重新解构和划分，是对原有体系的颠覆和革新，基本解决了原有学科体系划分方式中存在的问题，且在此基础上赋予了体育学科新的活力，对于重新审视体育学科具有重要的理论和现实意义。新体系不但注重理论解析，更重视学科体系的完整建构，从二级学科到三级学科，均有全新的组构和解读，学科体系展现了学科间的排列秩序和从属关系，类目之间既彼此独立，又相互关联和制约，新体育学科体系形成了较为完整、严密、清晰的结构组织。

一、新体育学科体系的价值

新体系的学理性与实践工作形态趋于一致，以问题为导向，更有问题意识，不仅有助于体育学科的研究中心由描述性研究向解释性研究和实证研究的偏移，而且有利于满足体育科学研究和社会实践的需求。

（一）加强元理论研究

从体育学科的发展过程来看，它经历了从无到有，再到二级学科，后又发展成为一级学科的发展历程，体现了不断提高的体育学科地位和不断增强的体育学科建设水平。特别是体育学被列为一级学科以来，体育学科的发展规律、范式、框架、体系、方法论、动力机制和元理论研究等开始引起人们的注意。如今困惑体育学科发展的不再是外部条件的限制，而是我们无法对越来越复杂的体育现象和问题做出合理的解释，进而规范其发展。有学者用体育学与其他的现有学科做对比，同时把国内的体育学科与国外的体育学科进行了比较，指明了我国的体育学科的发展正处于学科、学术和学位分类的混乱阶段②，带来了外部发展局限。体育学科在知识爆炸性增长的时代得到迅速发展的同时，对体育学科产生和发展机制的分析不够，对体育结构的特殊性及其发展的特殊规律的认识不深，对体育学科的整体性研究缺乏，致使原有的学科体系在面临

---

① 参见李金奇、冯向东《学科规训与大学学科发展》，《高等教育研究》2005 年第 9 期。

② 参见易剑东、熊学敏《当前我国体育学科发展的问题》，《体育学刊》2014 年第 21 卷第 1 期。

日益扩大和复杂的体育现象时显得捉襟见肘①，纠其根本原因，是对体育学科的元理论研究薄弱，这可能是影响体育学科深入发展的重要因素之一。剥离混乱繁杂的体育学科群，打破原有体育学科分类的固有定式，将原有的体育学科知识化整为零，从知识分类的"元视角"和体育的基本原理对体育学科进行由宏观到微观的重新建构。以认识体育领域知识的状态、特征，揭示其内在规律，以一种批判态度审视原来的学科划分，以此推动体育学科体系的重新组构。

（二）形成独立的学科意识

发展应是整体的、综合的、内生的②，学科发展的主要力量应该来自学科内部因素和矛盾的不断演进与博弈。因此，体育学科的发展不应只停留在体量的增长上，而应是与质量和内涵的提升相呼应的意识升华。体育学科体系是一个开放的系统，受到社会和科技进步的影响和推动，不断与包括其他相关学科在内的外部环境进行着信息和能量交流，逐渐发生纵向和横向的裂变而发展起来。然而，在学科成长过程中，体育学科由于基础理论薄弱、研究对象复杂等原因，逐渐对外部环境产生了路径依赖，却忽视了对自身能力的挖掘和学科意识的形成。学科意识是学科高度发展的产物，对学科发展的反映带有强烈的主体性，对学科的演进具有极强的渗透性，使学科的迁移、整合、推进体现出目的性、方向性和预见性③。新体系中的 4 个二级学科使用的概念体系和研究语言系统，更直观地体现了体育学科自身的特征和内蕴，而不是简单的母学科术语的照搬和叠加，将学科内在的背景、条件、联系和环境等清晰呈现，有助于体育学科自主学科意识的生成和巩固，有助于拓宽学科的视野和格局，形成独立思考的能力，克服路径依赖的顽疾。学界对体育学科定位的有关争论直指体育学科最核心的根本问题，即研究方法、研究对象模糊不清，内部机制紊乱。新体系符合学科演进规律，满足知识产生、发展、消亡的更新换代要求，有效地减轻了体育学科内部矛盾与冲突，有助于围绕体育社会实践探索新原理、开拓新领域，以及不同领域学科知识的整体进化，新体系突显了体育学科的学科特点和发展水平，廓清

---

① 参见鲁长芬《我国体育学科体系研究的必要性及策略》，《上海体育学院学报》2008 年第 32 卷第 2 期。
② 参见弗朗索瓦·佩鲁《新发展观》，北京，华夏出版社，1987 年，第 2 页。
③ 参见陈燮君《学科学导论——学科发展理论探索》，上海，上海三联书店，1991 年，第 327 页。

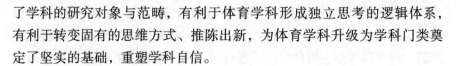

了学科的研究对象与范畴，有利于体育学科形成独立思考的逻辑体系，有利于转变固有的思维方式、推陈出新，为体育学科升级为学科门类奠定了坚实的基础，重塑学科自信。

（三）兼顾理论性与应用性

学科虽然是知识的分类和理论的归结，偏重于理论组构和解析，却不应该束之高阁、遥不可及，而应走出象牙塔，实实在在地指导实际工作。按照体育健身学、体育休闲学、体育教育学、体育竞技学划分二级学科，各学科层级与研究领域密切相关，泾渭分明、目的明确，新体系的结构与二级学科命名更加注重了解释和实证研究，这恰恰是原经典四分法所欠缺的，其实践性和应用性较强，注重与现实的紧密联系，使学科研究有的放矢。例如，体育健身学的研究符合当前社会需求和发展的大趋势，对减少健身运动的盲目性有极大助益。另外，可以充分发挥指导包括体育专业设置、体育教师发展、专业学生培养、课程编制和基础教学设计等在内的实践工作，实现体育学科理论对体育专业、课程与教学等实践的理顺与透析。此外，新体系中的二级学科名称明确规范，直接可以反映体育学科的研究对象和不同领域，学科名称的内涵与外延很好地体现了类目之下的信息内容，这些信息内容又能反过来对学科提供有力的支撑。例如，人们经常在体育健身与健身体育、体育休闲和休闲体育、体育竞技和竞技体育之间徘徊猜度，学者们从研究范围、母学科归属、目的和手段、内容与形式等多方面试图对二者进行区分[1][2]，却并未得到一致的结论，据此，还解决了术语滥用的问题，通过新体系的解读可以恰当地将以往混用的概念各归各位，健身体育、休闲体育、竞技体育均为各自所在学科的研究对象之一。

（四）促进学科知识的有意义增殖

科学发展的内在逻辑对学科发展目标的要求是学术性的，即发现新知识，不断加深和拓宽人类的认识领域[3]，因此，不断生产新知识是体育学科发展的特点。戴安娜·克兰教授指出，一个"范式"使得一个科

---

①　参见陈玉忠《论休闲体育与体育休闲》，《上海体育学院学报》2010 年第 34 卷第 1 期。

②　参见周爱光《体育休闲本质的哲学思考——兼论体育休闲与休闲体育的关系》，《体育学刊》2009 年第 16 卷第 5 期。

③　参见冯向东《张力下的动态平衡：大学中的学科发展机制》，《现代大学教育》2002 年第 2 期。

学领域中的累积性增长在一个时期内成为可能①，阐明了研究范式与科学知识增长的正相关关系。换言之，科学知识的增长有赖于研究范式的革新。体育科学是应用科学，所进行的研究多以应用性研究为主，新体系以全新的价值观为导向，渗透融会到学科体系建构之中，不仅是对体育学科体系的重构，更改变了体育科学的研究视角和思维模式。体育学科知识的跨学科性和应用性，决定了学科知识增殖的方法离不开多学科交融和实践反馈。以跨学科的视野和方法研究体育问题，不再局限于单一的母学科势域。这里说的"跨学科"是指横跨人文社会科学和自然科学两大领域，打破经典四分法对体育人文社会科学和运动人体科学的割据，有效融合"文科"与"术科"、"理论"与"训练"，有助于发挥体育学科的学术性和实用性。新体系确认了体育学科是与"人的运动"相关的知识体系，那么学科发展方向就更加清楚，知识的创新、取舍也更加明确，对人的运动有价值的需要继承、传播、拓展、更新，反之则批判、淘汰、摒弃、消亡。总之，从知识发展方面分析，对于一个研究领域或一个研究主题，只从某一个学科的角度进行研究，是不能真正认识和发现其本质的，因此，新体系的划分方式产生了许多新兴学科、交叉学科、边缘学科与跨学科的知识，推动了体育学科知识的生产和繁衍。

（五）充分展现学科价值

学科划分是某种思维方式、价值取向的反映，是科学研究的顶层设计，具有指导性意义。新体系以全新的价值观为导向，渗透融会到学科体系建构之中，改变了体育科学原始的研究视角和思维模式，更充分地展现了体育的"本体"价值以及实现路径。体育的价值体系是多维的、包罗万象的，只要是满足人们的体育需求就均是有价值的，尤其是新时代的中国体育，正通过发挥综合价值和多元功能，承担全面参与健康中国建设、引领健康生活方式、助力竞技转型升级、增强国家凝聚力和文化竞争力的时代任务，因此，体育的价值体系包括健身的、娱乐的、教育的、经济的、政治的等多方面。然而，如前所述，体育的可持续发展除了要不断扩大外延，更应关注体育本身，使体育的"本体"价值追求成为体育发展的内生动力。体育的对象是人的运动，那么体育的"本体"价值则是通过追求运动价值实现的，若要推动体育的内核发展，必

---

① 参见戴安娜·克兰《无形学院——知识在科学共同体的扩散》，北京，华夏出版社，1988年，第26页。

须要完善体育本身价值。"人们日益增长的对美好生活需要和不平衡不充分的发展之间的矛盾"在某种程度上可以通过体育学科体系的重构，重新确立体育学科研究为新时代的体育发展服务的目标和方向，体育领域不平衡、不充分发展也需要通过学科体系的重构明确和深入。新体系的4个二级学科均为价值性体育，人们追求"运动价值"是无限的，是学科发展的内在要求，也是体育所要完成的根本任务。

二、新体育学科体系的优势

学科本身是一种学术秩序，规定着知识生产的方向、标准和质量[1]，新体系建立的学科秩序简约、清晰，而且绝不仅仅是删繁就简，而是在纷乱中建立秩序。

（一）呈现学科知识的一体化

任何一门学科在其未成为"学（科）"之前，总是支离破碎、不成系统的，一旦成为"学科"，它就是一个由不同的，但却相互延伸并连接在一起的、具有内在逻辑的知识单元和理论模块组成的知识系统[2]，而这个知识系统必须具有知识的一体化和系统化的特点，以描述其内在逻辑和联系。以"实现运动价值"为划分依据，学科划分标准统一、理念一致，符合"无遗漏、不交叉"的经典分类原则，并有效地保留了研究领域和对象的完整性，整个分类系统完整、规范、界域明晰，在学科内容上从学科分类走向问题关注。学科是对同类问题进行的研究[3]，按照特定的法则和归路组配的、具有严格等级的体系，具备明晰的不同研究领域，且每个领域均有相对应的学科理论和研究对象，从而专注于某一个相对独立的领域、界定了同一范畴的知识内容与问题，并形成井然有序的理论体系和框架，学科知识内在逻辑严谨，层级之间联系缜密，对应关系明确，也是一门学科成熟的重要标志，从而支撑学科研究。体育健身学、体育休闲学、体育教育学、体育竞技学的划分方式，界定了同一范畴的内容与问题，消除了原有子学科以不同的研究方法各自为战的乱象，便于多学科、多视角专注于同一问题进行研究，营造多学科协

---

① 参见吴叶林、崔延强《基于学科文化创新的一流学科建设路径探论》，《清华大学教育研究》2017 年第 38 卷第 5 期。

② 参见杨天平《学科概念的沿演与指谓》，《大学教育科学》2004 年第 1 期。

③ 参见谭镜星、曾阳素、陈梦迁《从学科到学科群：知识分类体系和知识政策的视角》，《高等教育研究》2007 年第 7 期。

同研究的氛围，见图6-5。

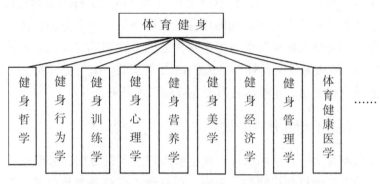

图6-5　多学科协同研究关系（以体育健身学为例）

（二）学科功能发挥的整体性

从实践活动中提炼、审视和升华理论，培养问题意识，解决实际问题，使学科理论更具针对性，有利于理论与实践充分交融。学科知识内在逻辑严谨，类目之间联系缜密，形成井然有序的理论体系和框架，从而支撑学科研究。新体系的划分方式严谨，且知识分类不割裂，有利于学科功能整体性的发挥。首先，新体系的组构更直观地体现了体育学科自身的特征和内蕴，将学科内在的背景、条件、联系和环境等清晰呈现，更有助于推动学科的素养提升和自主演进。体育学科知识的跨学科性和应用性决定了学科知识的再生即创新过程的复杂性。除了要与其他学科知识一样，经历一种继承、传播、批判、改造、拓展和更新的循环往复过程，往往还要特别注重学科交融和实践反馈的方法，这也是学科知识革新和新兴学科的生长点。其次，学科主要是对知识进行分类研究，注重纵向逻辑的、严整规范的知识系统，学科体系划分实质上是对知识的组织管理和创造应用过程，划分学科是为了界定研究领域，除了考虑知识本身的逻辑规律，有利于学术研究和创新的开展，也必须使各级类目有明确的指向，有利于学科知识纵深发展和学科功能的充分、完整发挥。新体系的次级类目之间不交叉、不混淆，各自有明确的研究命题，不但从理论上揭示了体育对人的价值和意义，而且从实践上体现了研究对象、研究内容的完整性，明确了体育学科服务社会的研究取向，有利于通过建立不同运动水平体系及其评价标准，发挥体育学科的人才培养与社会服务功能，从而提升自主创新能力。

（三）内部结构具有较强的逻辑性

新体系突破了传统意义的学科分类，回归于最初的知识归属。分类体系中类目之间逻辑性强，更加突出知识的纵向逻辑联系，隶属关系合理、清晰、严谨、有序，有明确、合理的知识联系，使知识隐含的联系和限定贯穿在整个体系内部，符合人类认识客观事物的规律。各学科领域及其相关知识的组成，均有相关的基础、主体、交叉理论支持，这些相关知识与本学科领域在价值取向上保持了一致性。因此，学科知识的有序排列和逻辑组成，体现了体育学科内部子学科之间推演得当、组织缜密、逻辑严谨、脉络清晰、结构完整等特点，形成了严整规范的知识系统，有助于学科内部结构相互匹配、呼应、协同发展。例如，支撑体育健身学的健身心理学、支撑体育休闲学的休闲心理学、支撑体育教育学的体育教育心理学和支撑体育竞技学的竞技运动心理学，它们共同的理论基础为运动心理学，见图6-6。

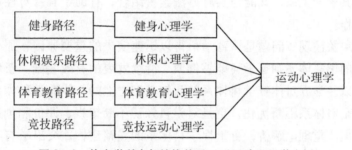

图6-6　体育学科内部结构关系（以运动心理学为例）

（四）以实用为创新起点

一门学科的价值和生命力，取决于它对人类生存与发展的贡献[1]，体育学科的贡献体现在其实用价值方面。体育学科作为交叉科学部类下的综合学科[2]，其学科知识在社会、经济、教育、文化、生命科学等的系统作用下，呈现极速增长的态势，而且体育学科知识体系以实用为主要标志，最简单质朴地证明如何能够改善人类的体育行为，或许更符合体育所需的实用境况[3]。新体系的划分方式从"运动价值"发端，与研

---

① 参见胡小明《体育的价值区域与探索路径》，《体育科学》2007年第27卷第11期。
② 参见鲁长芬《体育学科体系研究》，武汉，华中师范大学出版社，2012年，第149页。
③ 参见胡小明《体育研究重在实证与应用》，《体育与科学》2013年第34卷第6期。

究领域密切相关，泾渭分明、目的明确，实践性、应用性较强，注重与现实的紧密联系，使学科研究有的放矢。体育学科的知识建构由联姻嫁接走向内生创新①，这种内生创新的灵感和素材必定来源于体育实践，实际需求是体育科学发展的根本动力，可以充实研究的经验与实证，甚至有望衍生出体育学科独特的研究方法，而且立足体育本身的创新才能渐行渐远，为体育科学正名。体育科学研究是从解决实际问题开始的，随着对问题研究的不断推演和深入，形成了不断探究的过程。在体育这类应用领域里，除了创新，研究成果的价值主要看对整体实践发展的贡献大小②。体育实践是科学研究不竭的动力源泉，有多少种运动价值追求，就会有多少种实现运动价值的路径，也就会有相应的二级学科生成，就有多少种"运动水平"与之呼应，也就是说一种"运动价值"必然有相应的"运动水平"来助其实现，因此，新体系为新学科、新知识的生成预留了足够的空间，比较适合知识增长速度相对较快的学科，具有较强的开放性和灵活性。而且，以价值、路径、方式等共同命名学科，既能区分其隶属关系，又能与实施方法紧密结合，有助于有针对性地指导实践工作。

如果关注现实问题是体育学科得以迅速演进的重要原因，那么严谨而规范的学科体系则是学科能够健康、持续发展的有效基础。新体系是建立在以往学界对体育学科体系的认知基础之上的，体育学科体系的重构不仅是对体系不断优化，更是对学科知识不断审视、评价和创造。新体系不但注重理论解析，更重视学科体系的完整建构，突出了与实际应用的密切联系，从学科划分依据、研究内容、学科规训到研究范式，均有全新的解读和组构，较之当前现行的体育学科划分方式和相关学说有所突破。旨在使体育学科成为一门既不从属于社会学，也不从属于生命科学的独立的综合学科，即要保持自身的独立性，又要坚持与相关学科交融协同的开放性，兼容规范与实证研究方法论，开拓新的理论与实践领域相结合的应用学科，以完成学科知识创新的根本任务和指导体育实践应用的终极目标。

---

① 参见董德龙、刘文明《归属、规模、规制：对中国体育学科发展的认识——一种学科方向探究》，《体育科学》2015年第35卷第3期。

② 参见胡小明《体育研究重在实证与应用》，《体育与科学》2013年第34卷第6期。

第七章 体 育 规 制

　　体育的规范发展离不开规则和相关政策法规的约束，但是现有研究诸如体育法等概念总是无法全面地囊括体育发展涉及的所有规制、律例，因此本部分研究给出了一个全新的概念，即"体育规制"。然而"体育规制"一词在学术研究中还是一个生僻的"关键词"。之所以说"生僻"，是因为在现有学术研究中没有出现"体育规制"这一词汇；之所以是"关键词"，是因为在体育实践中体育规制现象随处可见。但是，什么是体育规制？体育规制的本质是什么？以及体育规制有何特征？体育规制的层级结构包括哪些？我国体育规制实践的基本概况、存在的主要问题以及体育规制发展的方向等核心问题还未进行过系统研究。对于以上问题的集中探讨，立足于对体育规制的理论思考能够为深入认识体育、了解体育提供新的视角。

第一节　体育规制的概念内涵及特征剖析

　　概念是理论的最小单元，特征则是概念本质内涵的集中反映。对于学术研究中"生僻"的体育规制，对其概念的概括以及特征的深剖为我们全面、深刻地认识体育规制将有一定的裨益。

一、规制语境下的体育规制概念界定

　　从现有文献资料来看，学界并没有对"体育规制"给予明确的界定。体育规制概念的界定过程不仅要遵循正确的界定方法，而且还应对"体育""规制"两词有清晰的认识，这是界定体育规制概念的前提。（"体育"一词在第一章节进行过系统阐述）

　　"规制"一词在古代汉语中已经出现，其语义解释有 5 种：（1）规格制式；（2）指建筑物的规模形制；（3）指器具的规模形制；（4）指建筑物的规模形制；（5）指器具的式样。在现代词语中，规制有两层含义：一是作名词，解释为规格（规模形制）、制度；二是作动词，解释

为规定、制约（《新词语大词典》）①。多数学者认为规制由英文"regula-tion"翻译而来②③，根据《牛津英汉词典》的注解，"regulation"作为名词有3种含义④：（1）可数名词下的"规定"，与规则（rule）同义；（2）不可数名词下的"管理"，与控制（control）同义；（3）不可数名词下的"调整"，与 adjustment 同义。最初把 regulation 或 regulatory constraint 译成"规制"的是日本经济学家植草益，在他所著的《微观规制经济学》一书中对"规制"进行了系统阐述，为规制理论打下了坚实的理论基础。

从"规制"一词的词源出处可见，现代汉语词义上的规制与英文 regulation 更为接近，即按照规则进行管制、制约。

（一）经典规制理论下的规制

经典规制理论，又称为政府规制理论，属于微观经济学基本理论之一。规制理论的理论渊源有公共利益理论（public in-tersest theory of regulation）和规制俘虏理论（capture theory of regulation）。规制的公共利益理论以市场失灵和福利经济学为基础，认为规制是政府对公共利益需求的满足，目的是弥补市场失灵，提高资源配置效率，实现社会福利的最大化效应；规制俘虏理论认为，政府规制是为满足产业对规制的需要而产生的，即立法者被产业所俘虏，而规制机构最终会被产业所控制，即执法者被产业所俘虏⑤。规制理论主要关注的是为什么要进行规制，规制代表谁的利益，哪些产业易受到规制等问题⑥。政府规制的类型对规制理论所关注的核心问题进行了回答，政府规制分为经济规制（econom-ic regulation）与社会规制（social regulation）两大类，核心内容是进入规制与价格规制。经济规制是指在自然垄断和存在严重信息不对称的领域，主要为防止资源配置低效率和确保使用者的公平利用，政府机关用法律权限，通过许可和认可等手段，对企业的进入和退出，产品和服务的价

① 参见《新词语大词典》，上海，上海辞书出版社，2003 年，第 432 页。
② 参见史征《媒介规制论》，杭州，浙江工商大学出版社，2014 年，第 11 页。
③ 参见曲振涛《规制经济学》，上海，复旦大学出版社，2006 年，第 3 页。
④ 参见于春池《牛津·外研社英汉汉英词典》，北京，外语教学与研究出版社，2010 年，第 7 页。
⑤ 参见胡敏洁《规制理论是否足以解释社会政策》，《清华法学》2016 年第 10 卷第 3 页。
⑥ 参见韦曙林、李龙一《论西方政府规制理论与中国规制实践之差异》，《经济问题研究》2003 年第 10 期。

格、质量、投资、财务会计等有关行为进行规制①；社会规制是对涉及生产消费和交易过程中的安全、健康、卫生、环保、提供信息、社会保障等社会行为进行规制②。基于对政府规制的认识，不同学者对"规制"给出了不同的见解，其中代表性的有：（1）规制是由行政机构制定并执行的直接干预市场配置机制或间接改变企业和消费者供需决策的一般规则或特殊行为③。（丹尼尔·F·史普博）（2）规制是社会公共机构依照一定的规制对企业的活动进行限制的行为。这里的社会公共机构简称为政府④。（植草益）（3）规制是指政府对私人经济活动所进行的某种直接的、行政性的规定和限制⑤。

规制理论实质上是经济学研究的基本理论范畴，它解决的是在微观经济领域内对企业生产活动和个人消费活动的规制过程。规制理论下的规制包含三个方面的含义：第一，规制是政府有意识地对社会经济活动所实施的控制；第二，规制主要涉及的是经济活动，尤其是资源配置方面的问题；第三，规制不同于市场上的个人交易，规制同样需要制度化。"规制"并不是一个专业的学术术语，而是一个内涵极为丰富的词汇。受到规制理论的影响，规制问题已经引起其他学科的高度重视。

（二）法学视角下的规制

法学对"规制"概念的研究主要是从执法、市场规则及行政程序的角度进行，讨论的焦点是行政程序及对规制机构行为的司法控制。行政程序受到立法、执法及司法三方面的控制。规制机构的行为必须遵守授予其权力的成文法及有关行政程序法规。

吉尔洪和皮尔斯⑥（Gellhorn & Pierce，1982）认为，规制是规制者的决策对市场决策的决然取代，并在直接规制和法律限制之间进行了区分，直接规制是规定性的，法律限制是禁止性的，并指出政府对产业的规制仅仅是对众多私人经济力量的法律控制形式中的一种。

---

① 参见廖进球、陈富良《政府规制俘虏理论与对规制者的规制》，《江西财经大学学报》2001 年第 5 期。

② 参见王健《WTO 与中国经济：加入 WTO 与微观规制调整》，《光明日报》2002 年 1 月 22 日。

③ 丹尼尔·F·史普博：《管制与市场》，余晖译，上海，上海人民出版社，1999 年，第 44～45 页。

④ 植草益：《微观规制经济学》，冯金华译，北京，中国发展出版社，2003 年，第 4 页。

⑤ 于立：《规制理论发展综述》，《财经问题研究》2001 年第 1 卷，第 18～25 页。

⑥ Gellhorn，Pierce，Regulated Industries［M］，St. Paul：West Publishing Company，1982.

布雷耶[①]（Breyer，1982）不仅从六个方面对规制进行了定义［服务成本费率制定、基于历史的价格规制、基于公共利益标准的（资源）配置、标准制定、基于历史的资源配置和个别审查］，而且考虑了对传统规制的替代方式，如反垄断法等法律制度。

兰德斯和波斯纳[②]（Landes & Posner，1975）指出，与法律通过诉讼事后处理违法行为相比，规章制度具有某种事前预防的性质，具有更低的成本。

史普博[③]（Spulber，1999）认为，有序的市场交易理当有赖于法律规制，对规制的研究必须从市场规则入手，这是经济学和法学的接壤之处。

（三）政治学视角下的规制

政治学文献强调规制决策的政治与行政内容，对政策形成和执行给予了相当的重视。政治学的文献对规制的分析既强调公共利益，也强调利益集团的讨价还价，同时还考虑到集团冲突对公共利益的决定。

米尼克[④]（Mitnick，1980）将规制看作针对私人行为的公共行政政策，是从公共利益出发而制定的规则，认为它是与政治家寻求政治目的有关的政治过程。

里普莱和弗兰克林[⑤]（Ripley & Franklin，1986）将规制政策分为"竞争型"与"保护型"两类，前者是指政府机构对特许权或服务权的分配；后者是指通过设立一系列条件控制私人行为而达到保护公共利益的政策。在这两种规制政策的执行过程中，里普莱和弗兰克林观察到利益集团存在大量的干扰和讨价还价现象。

梅尔[⑥]（Meier，1985）认为，规制是与政治家寻求政治目的有关的政治过程。

---

① 参见丹尼尔·F·史普博《管制与市场》，上海，上海三联书店，1999 年，第 24 页。

② Landes，Posner，1971："The Theory of Economic Regulation"，*Bell Journal of Economics and Management Science*，No. 1，pp. 3 – 21.

③ 参见丹尼尔·F·史普博《管制与市场》，上海，上海三联书店，1999 年，第 9 页。

④ Mitnick B.，M.，1980：*The Political Economy of Regulation*，New York：Columboa University Press，p. 7.

⑤ Riply and Franklin，1986：*Policy Implementation and Bureaucracy*，2nd ed. Chicago：Porsey Press，p. 1.

⑥ Meier. K.，J.，1985：*Regulation：Policics，Bureaucracy and Economics*，New York：St. Matins Press，p. 8.

（四）管理学视角下的规制

规制实际上只是西方发达国家的政府部门管理社会经济生活的诸多形式之一。在西方发达国家，政府的不同管理形式之间的区别是非常明显的。西方发达国家政府对社会经济生活的管理形式主要有五大类：一是普通法（即一般性法律约束），二是反托拉斯法（即间接的司法干预），三是宏观调控（即间接的参数干预），四是规制（即直接的行政干预），五是国有化（即直接的内部控制）①（见图 7 - 1）。规制与反垄断的不同之处在于，规制不是仅仅充当公诉人的角色，而是政府依据法律授权所直接采取的干预措施；规制与宏观调控的不同之处在于，规制试图直接影响和控制决策及其行为，而并非改变所谓的"决策参数"。由此可见，在管理学的视角下，规制是政府管理的一种管理形式。

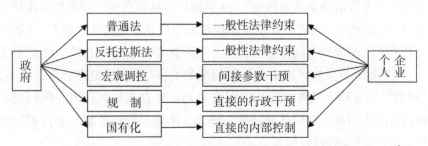

图 7 - 1　西方国家政府管理社会经济活动的 5 种形式

在不同学科角度下我们可以发现，虽然受政府规制理论的影响，各学科对规制问题的观点都自觉或不自觉地与经济问题紧密联系在一起，但是，关于规制概念的认识涉及以下核心问题：第一，规制主体问题，即拥有规制权力的主体。受到政府规制理论的影响，各学科均认可规制主体为政府或行政机构。第二，规制对象问题，即规制的指向对象。受到微观经济学研究对象的影响，规制的对象是企业或个人。第三，规制的内容，即规制的具体内容。由于规制类型的不同而导致规制的内容存在差异，经济性规制的内容是垄断或信息不对称的领域由经济活动引发的资源配置、生产活动、市场交易等；社会性规制的内容是安全、健康、卫生、环境等。第四，规制标准，即规制行为所遵循的依据。规制的依据为各领域制定的法规、政策、制度、文件等。因此，规制是政府在微观层面上，依据相关法规或者授权对机构和个人所实施的行政干预或者

---

① 参见周其仁《产权与制度变迁》，北京，北京大学出版社，2004 年，第270～271页。

直接控制。

随着多学科对规制研究的不断深入，规制理论已经脱离了经济学这一单科领域，规制对象也不再局限于"政府—市场"两者之间。现代意义上的规制理论作为一种分析工具更多地应用于不同的学科研究之中①。

（五）体育规制概念界定

在现有文献资料中，目前尚未发现使用"体育规制"这一单独术语。但是，"规制"问题研究在体育学中已经引起学者的重视。其理论依据分为三种：第一，立足于"规制"本义来研究体育问题，如曾文莉的《社交媒体在体育宣传中的运用与规制》②就是根据规制的本义对社交媒体在体育宣传中的具体应用进行研究。第二，立足于政府规制理论对体育问题进行研究。《我国体育彩票业政府规制改革思路》③《美国职业体育产业政府规制体制探析》④《我国职业体育产业政府规制的现状分析》⑤均属此类。第三，利用法律规制理论对体育问题进行研究。《体育行业自治与法律规制问题研究》⑥《我国体育行业自治及其法律规制重构》⑦《美国非法体育博彩的法律规制研究》⑧均属于此类。由此可见，"规制"已经作为成熟的理论或研究工具在体育领域具体问题的研究中得以应用。但是，对"体育规制"概念、本质、特点等基本理论问题并没有进行系统的概括。

体育规制是由"体育"和"规制"两词组成的复合词。在第一章对体育概念界定的过程中已经对此种方法的操作步骤进行过详细介绍，这里不赘述。

对体育规制概念进行界定有两个前提条件需要明确：第一，体育规制作为一种客观存在或者社会现象，它到底是什么？第二，概念界定的

---

① See Thomas O. McGaity, 1987：*Regulatory Analasis and Regulatory Reform*, 65 Tex. L. Rev. 1243, pp. 1258 – 1259.

② 参见曾文莉《社交媒体在体育宣传中的运用与规制》，《北京体育大学学报》2015 年第 6 期。

③ 参见朱小龙《我国体育彩票业政府规制改革思路》，《武汉体育学院学报》2012 年第 12 期。

④ 参见周武《美国职业体育产业政府规制体制探析》，《中国体育科技》2008 年第 3 期。

⑤ 参见周武《我国职业体育产业政府规制的现状分析》，《上海体育学院学报》2009 年第 2 期。

⑥ 参见罗思婧《体育行业自治与法律规制问题研究》，武汉大学，博士学位论文，2014 年。

⑦ 参见罗思婧《我国体育行业自治及其法律规制重构》，《北京体育大学学报》2017 年第 3 期。

⑧ 参见唐月娟《美国非法体育博彩的法律规制研究》，湘潭大学，博士学位论文，2016 年。

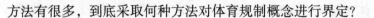

方法有很多，到底采取何种方法对体育规制概念进行界定？

前提一：根据前面对规制理论的理解，体育规制实质上是一种"控制或干预行为"。根据体育规制术语概念的逻辑表述，体育规制的描述性界定主要涉及以下核心问题：

其一，谁的行为？从经典规制理论来看，行为问题共涉及三类行为：规制者的行为、被规制者的行为以及规制利害关系人的行为（权利主体行为）。

就规制者的行为而言，规制理论普遍认为规制的主体是政府或有政府授权的组织机构，体育规制者的行为也就是政府或由政府授权管理体育的组织机构行为，具体包括立法、执法和监督行为。在我国，主要是国家体育总局代表政府行使对我国体育事务的管理责任，国家体育总局下设的各个部门（政府法规司、竞技体育司、群众体育司、青少年体育司等）以及授权管理的组织机构（中国奥委会、各单项体育协会等）具体行使规制责任。当然，代表政府行使体育规制主体责任的除国家体育总局之外，还有其他的政府职能部门，如教育部、公安部、司法部、劳动和社会保障部、建设部、文化部（现"文化和旅游部"）、卫生部（现"卫计委"）、中华体育总工会、团中央、妇联等。如2000年，公安部、教育部和国家体育总局联合下发的《关于加强各类武术学校及习武场所管理的通知》便是对武术学校和习武场所进行规制；2002年国家体育总局和农业部（现"农业农村部"）联合下发的《农村体育工作暂行规定》便是对农村体育进行规制；2002年公安部、监察部（现"国家监察委员会"）、国家体育总局、工商总局和国家旅游局（现"文化和旅游部"）联合下发的《关于严厉查处博彩性赛马活动的通知》也是对赛马活动进行的规制。

就被规制者的行为而言，被规制者本身是一个相对的概念，也就是说在特定的条件下规制者和被规制者可以进行转换。根据我国体育行政管理体系，当国家体育总局依据相关法规对体育进行规制时，这时的地方体育部门便成为被规制者，同时地方体育部门根据相关法规对本区域内的体育组织和个人进行规制时，这时的地方体育部门又成为规制者。在体育实践过程中，体育组织为维持组织的发展，其内部也会产生各种规章制度，这时的体育组织又可称为规制者。

至于规制利害关系人的行为，则是指完全意义上的被规制者的行为，也即体育规制具体对象的行为。体育规制的具体对象是从事体育这一社会文化活动的单位、组织和个人的体育行为。

其二，体育规制主体的行为针对谁？这就涉及体育规制对象问题，体育规制对象也即体育规制的客体。根据第一章体育概念的解读，体育规制的对象是体育文化。

其三，体育规制主体依据什么标准进行规制？这又涉及体育规制标准问题。根据规制理论，体育规制的依据是体育法规。由于目前对体育法规的概念界定还未得到统一，一直以来存在广义体育法规和狭义体育法规之说。广义体育法规体现了统治阶级的体育意志，是由一定国家机关在其法定权限内按照法定程序制定和认可的，依靠国家强制力而保证实施的调整各种体育社会关系的行为规范体现，其内容由特定的社会经济和体育发展状况所决定，是国家保障公民的体育权利，维护正常体育秩序，统治阶级调控、干预体育的重要工具①；狭义的体育法规是指一个国家体育法律体系中最高层次的规范性文件，即由国家最高权力机关制定的，具有较高权威性和广泛适应性的体育法律②（《中华人民共和国体育法》）。在体育实践过程中，我们时常见到这样的情形：为了保证体育比赛的顺利进行，组织者根据比赛的现实情况（人员、比赛条件等）临时制定比赛双方都遵守的规则，这时的规则在比赛的前提下同样具有"法"的效力。这种对体育进行规制的依据并不是传统意义上的体育法规。由此可见，体育规制的依据应是政府部门、政府授权部门或体育组织依据程序所指定的体育规范条文。从"法"的表达方式上来看，体育规制依据的是成文法。

其四，体育规制行为的"受力点"是什么？这就涉及体育规制的内容问题。鉴于体育是一种实践性极强的文化活动，在体育实践过程中，体育规制的内容相当广泛。总体来说，凡是与体育相关的任何内容均可作为体育规制的内容；具体而言，既包括体育素材性内容，如运动的内容、形式、方法、手段、目的、原则等；也包括体育的条件性内容，如运动的场地、器材、参与人群及体育理念等。

前提二：根据形式逻辑学关于概念的界定，对体育规制概念采取"被定义项＝种差＋临近属概念"的方法进行界定。

找到体育规制临近属概念是定义体育规制的关键所在。从词义构成上讲，体育规制是规制的一种。那么能否把"规制"确定为体育规制的临近属概念呢？显然这样的处理比较草率。通过对规制理论的分析，规

---

① 参见闫旭峰《体育法学与法理基础》，北京，北京体育大学出版社，2007年，第8页。
② 参见张扬《体育法学概论》，北京，人民出版社，2006年，第34页。

制包括经济性规制和社会性规制两种，经济性规制主要针对垄断和存在严重信息不对称经济产业领域；社会性规制主要针对安全与生产、健康、环境等领域。随着规制理论的发展，社会性规制已经突破了原有的几个领域，植草益对社会性规制的分类十分详细，他将社会性规制分为四大类：一是确保健康、卫生的社会性规制；二是确保安全的社会性规制；三是防止公害、保护环境的社会性规制；四是确保教育、文化、福利的社会性规制①。体育既有教育的属性，也有文化的成分，因此，把体育规制的临近属概念理解成社会性规制似乎在逻辑上是成立的。但是，我们也应该看到体育包含经济性的成分在内——体育产业作为朝阳产业在经济活动中扮演着重要角色。因此，把体育规制的临近属概念定位于社会性规制忽视了体育的经济性成分。

在经济性规制以及社会性规制之外还有第三种规制形态，即文化规制②。文化规制在规制目标、规制原因、规制主体、规制领域以及规制机制和规制发展方向上都存在差异（见表7-1）。在第一章中，已经对体育的概念进行了说明，体育的属性是一种文化活动，从文化规制的基本内涵来看，体育规制的临近属概念为"文化规制"③ 较为准确。

表7-1 经济性规制、社会性规制和文化规制的比较④

主要项目	经济性规制	社会性规制	文化规制
规制目标	主要强调效率目标	包括效率、公平和正义等多种目标	包括意识形态等多种目标
规制原因	自然垄断、信息不对称等	外部性、内部性等	文化渊源、政治原因等
规制主体	规制者、被规制者	规制者、被规制者、规制利害关系人	规制者、被规制者、规制利害关系人
规制相对方	特定产业或组织	不特定产业和组织，很少针对个人	既针对特定产业和组织，也针对个人

---

① 参见植草益《微观规制经济学》，朱绍文等译，北京，中国发展出版社，1992年，第21页。

② 参见马健《文化规制：概念及其解读》，《经济研究导刊》2016年第31期，第179～183页。

③ 文化规制有广义和狭义之分，广义的文化规制是指：文化规制者对微观文化主体所实施的各种文化控制；狭义的文化规制是指：文化规制者根据法律的授权，对微观文化主体所实施的各种文化控制。体育规制的属概念是指广义的文化规制；表1-1是指狭义的文化规制。

④ 参见马健《文化规制：第三种规制》，《学术论坛》2012年第3期。

续表 7 – 1

主要项目	经济性规制	社会性规制	文化规制
规制工具	价格、进入、投资规制等	明令禁止、审查许可和资格认证等	进入、禁止和审查许可等
规制领域	自然垄断、金融、建筑、交通等	健康、安全、环境	文化艺术、出版、影视、网络等
规制机制	纵向制约机制	横向制约机制	双向制约机制
规制趋势	放松规制	强化规制	放松规制

从规制理论的发展来看，我们不难发现任何形式的规制其实质上是处理政府与特定规制领域的关系问题。经济性规制是处理政府与垄断现象和信息不对称造成的经济活动的规制；社会性规制同样也是处理政府与安全、健康和环境领域内发展关系问题的规制，文化规制也不例外。基于此，体育规制实质上也是处理政府与体育发展的关系问题。如果把这种实质的表述理解成种差，那么体育规制就是调整政府与体育发展关系的文化规制。其本质是政府机构、政府授权机构或体育组织依据体育规范条文对体育的素材性内容和条件性内容实施的体育控制或干预行为。

根据体育规制概念的界定，可将其理解为"调整政府与体育发展关系"或"政府机构、政府授权机构或体育组织依据体育规范条文对体育的素材性内容和条件性内容实施的体育控制或干预行为"，具备这样内涵的词汇还有"体育法制""体育法治"等。在明确体育规制概念的基础上，为了更明晰体育规制的本质内涵，有必要对体育规制、体育法制、体育法治之间的关系进行梳理。

体育法制即体育法律制度，是法制在体育领域中的运用和体现，是由国家机关制定的用以调整、确立体育活动的法律和制度。体育法制更多的是指静态意义上的体育法律，即体育立法、体育执法、体育司法、体育守法和对体育法律实施的监督等各个环节构成的一个系统，还指体育活动中依法办事的原则。

体育法治强调的是国家依法治理体育的一种状态，是相对于"人治"提出的一种治理体育的理论、原则、理念和方法。体育法治不仅包括完备的法律体系，还包括公民的普遍自觉地遵守以及国家体育权利结构体系之间的相互制约和监督。体育法治的实现以体育法制体系健全为基础，是体现体育的整体利益与群体意志、行为之间相对自由的一种体育发展状态。

　　体育法制与体育法治之间的区别较为明显，第一，体育法制是一种静态的体育法律、规则体系；而体育法治不仅包括静态的体育法律、法规体系，还包括了动态的体育立法、司法、执法和守法等活动。从这一点上讲，体育法治的内涵要比体育法制的内涵广得多。第二，体育法制是一种体育发展制度，属于体育发展的器物层面，强调体育法律形式的普适性、稳定性和权威性。而体育法治是国家倡导的"依法治国"的具体体现，是一种意识形态层面的东西，强调的是体育治理主体的自觉性、能动性和权变性。第三，从法律层面来讲，体育法制所讲的法律制度可以是好的、民主的，也可以是不好的、专制的法律制度。如"举国体制"作为发展体育事业的一项基本制度就一直受到了批判和质疑。而法治所讲的法律制度单指良好的、民主的、能够使法得以正确适用和普遍遵守的法律制度。第四，法制社会中对于权力的规范和约束可以是人民和一切国家机关，也可以是处于至高无上地位的权力独裁者或权力机构，也就是说体育法制并不排斥体育人治。而在法治社会中对于权力的约束和规范确实是完全的、绝对的，体育法治必然排斥体育人治，在体育法治的时代，法才是至高无上的。体育法治是体育法制努力建设的方向，体育法治是体育治理的一种理想状态。

　　综上所述，体育规制强调的是以"法"为行动原则的行为方式，体育法制强调的是体育法律制度体系，体育法治强调的是体育治理所处的状态。体育规制与体育法治的词义更为接近。体育法治以健全、民主的体育法制为基础，依赖于体育法律体系的健全和完整。体育法制的不健全、不完整给体育法治留有很大的空间，体育作为社会文化活动现象其本身所具有的复杂性又迫切需要体育法治的出现。在体育法治建设进程中，作为体育法治建设的过渡地带，可能"体育规制"一词更能表达出体育法治建设的实然状态。见图7－2。

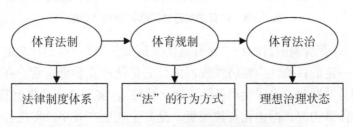

图7－2　体育法制、体育规制与体育法治词义关系

二、体育规制的内涵与特点剖析

（一）体育规制的内涵解读

1. 体育规制实质是对"运动"的规制。在第一章中已对体育的对象进行了系统阐述，可知，体育的对象是"运动"——"裸运动"。这里的"运动"既包括"人体运动"，也包括"人的本质力量对象化后的运动"。

体育规制是对体育这一文化现象进行控制或干预的行为。如前所述，体育规制的对象是体育，而体育是通过"运动"这一表现形式而存在的、发展的，脱离了"运动"的体育便是徒有其表的空壳。体育规制虽然属于文化规制的范畴，但是文化却是个抽象的概念，规制行为"附力于"抽象的事物，不仅会使规制行为变得模棱两可，而且还会使规制行为变得空洞无力，这样的体育规制就失去了存在的真正意义。也就是说，体育规制表面上是对体育这一文化现象的规制，但是规制的"附力点"还是"运动"，离开了"运动"体育将不复存在，体育规制也就成为"无根浮萍"。

不管是"人体运动"还是"人的本质力量对象化后的运动"，它们均是实实在在的客观存在，都是可观察、可感知的。体育中的"运动"也是人在特定场域下的行为方式的具体表现。体育规制行为作用于体育中的"运动"来实现体育规制的目的，这时的"运动"变成了体育规制的中介，体育规制借助"运动"这一手段来实现体育规制的最终目的。见图7-3。

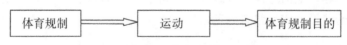

体育规制 ➡ 运动 ➡ 体育规制目的

图7-3　体育规制通过运动实现规制目的

2. 体育规制的目的是"更好地实现运动价值"。规制行为的产生总是带有一定的目的性，经济性规制的目的是使产业合理运营，在维护消费者利益的同时，力求使产业能够健全发展①。实现经济性规制目的由4个目标体系构成，即优化资源配置、提高企业生产效率、促进社会分配

① 参见植草益《微观规制经济学》，北京，中国发展出版社，1992年，第11页。

效率和维护企业发展潜力①。（有学者也把经济性规制的目的理解为"效率问题"②。）社会性规制的目的是确保国民生命安全、防止灾害、防止公害和保护自然环境，从根本上增进社会福利③。社会性规制的目标体系由 3 个部分组成：限制外部性活动，保障人类社会可持续发展；激励正向外部性活动，促进社会全面进步；保障信息劣势方的权益④。

作为规制的具体表现形式，体育规制必然也有其规制的目的以及目标体系。通过第一章所述，不能以"取向"的差异来表示体育的具体目的，体育实现运动价值是通过"运动"这一对象来实现的。那么，怎样实现运动价值，则是通过"不断提高和展现运动水平"提高来实现的。体育因具有运动价值而存在，体育规制行为的体现理应确保运动价值更好地实现，这也是体育规制的目的之所在。见图 7-4。

图 7-4　体育规制、运动价值和运动水平之间关系

从图 7-4 可以看出，提高和展现运动水平是实现运动价值的具体表现，也就是说，体育规制好坏与否的唯一评判标准就是：是否有利于提高和展现运动水平。如果是肯定的，那就是理想的规制，能顺利实现体育规制的目的；否则，就是"规制失灵"，还需从多方面寻找原因。大量的体育实践表明，体育规制所追求的目正是目前体育实践活动努力的方向：体育场地和设施的建设，体育政策法规的完善，体育基本理论的研究，体育的制度的改革等，都是"为更好地实现运动价值"而发展着；如何使"运动项目化""运动教材化""运动游戏化""运动生活化"等，都是"为更好地实现运动价值"而探讨着；"健身运动的有效性""竞技运动的公平性"和"休闲运动的健康性"等，都是"为更好地实现运动价值"而追求着。从体育规制的内容来看，体育规制体系分为素材性体育规制和条件性体育规制两个部分。

---

①　参见夏大慰、史东辉《政府规制理论、经验与中国的改革》，北京，经济科学出版社，2003 年，第 25 页。

②　参见张昕竹《中国规制与竞争：理论与政策》，社会科学文献出版社，2000 年，第 12 页。

③　参见植草益《微观规制经济学》，北京，中国发展出版社，1992 年，第 11 页。

④　参见马云泽《规制经济学》，北京，经济管理出版社，2008 年，第 28 页。

3. 体育规制是一种直接规制。直接规制（direct regulation）是规制的一种具体形式，植草益认为，直接规制是指由政府行政部门直接实施的政府干预，即对特性强烈的公共产品和外部不经济性以及严重影响社会公益的经济获得直接进行约束和规制①。直接规制是相对于间接规制而言的，两者最大的区别在于规制行为的边界，一个强调直接参与规制对象的整体活动；一个强调间接影响规制对象的部分活动；在一般情况下，两者规制的主体也存在着差异，前者一般是行政机关，而后者一般是司法机关。

如前所述，体育规制的对象是"运动"，体育规制的目的是"实现运动价值"，而运动价值实现的标准则是"提高和展现运动水平"，体育规制的内容既有对体育素材性内容的规制，也有对条件性内容的规制。在内容规制实践过程中，一般采用行政手段进行直接规制进行。在我国颁布的各项法规中，均对具体内容进行了详尽的规定和说明，这种规定和说明是通过控制和干预当事人的"运动"来实现的；如果违反法规，当事人受到的是行政处罚，而不是司法处罚，这些特征均表明，体育规制是一种典型的直接规制。如2014年国家体育总局颁布的《反兴奋剂管理办法》便是对虚假实现运动价值，对那些企图服用兴奋剂来提高和展现运动水平进行的规制，如果在规定的11种行为中检测出兴奋剂，在第六章的管理结果和处罚中也不会对当事人进行司法处罚，只是对参赛资格、停赛、禁赛等结果的行政处罚。

4. 体育规制是一种微观规制。微观规制是相对于宏观调控而言的，它是从国家对经济干预的范围角度不同而提出的两种控制形式。从概念上看，宏观调控是国家根据经济发展战略，在发挥市场机制调节配置资源的基础上，运用经济手段、法律手段、辅之以行政手段干预和调节宏观经济运行的自觉行为；微观规制是政府为了维护公众利益，依据法律和法规，以行政、法律和经济等手段规范和限制市场中特定的市场主体活动的行为②。两者在调节的目标、对象、手段、视角以及经济特征等方面均存在着差异。见表7－2。

①　参见植草益《微观规制经济学》，北京，中国发展出版社，1992年，第11页。
②　参见汤在新《宏观调控和微观规制、产业政策》，《当代经济研究》2000年第5期。

表 7－2　宏观调控与微观规制之间的区别

条　目	宏观调控	微观规制
调节目标	经济持续稳定增长；物价稳定；充分就业；国际收支平衡。	反垄断；反不正当竞争；市场价格合理化；个人收入均等化；安全、健康、环境保护等
调节对象	经济总量	经济个体（企业、个人）
调节视角	宏观角度调节市场经济运行，着重解决市场机制引起的宏观失灵和社会资源未充分利用。	企业或行业的角度管理市场经济运营，着重解决市场机制引起的微观失灵和资源未最优利用问题
调节手段	计划、财政、金融等	价格、数量管制、质量监控等
自身特性	易变性、相机抉择性、间接引导性	相对稳定性、规则性、直接强制性

注：依据《理顺宏观调控和微观规制关系》① 一文整理而来。

基于前述，规制理论是微观经济学的理论基础之一，表 7－2 中宏观控制与微观规制的比较也是从经济学的角度进行阐述。从体育规制的概念出发，对比微观规制的各要素，我们还是可以发现体育规制是一种微观规制。虽然经济学中的微观规制在规制目标、规制视角以及具体规制手段上体现了经济学的特征，但是在规制对象和规制特征上，他们之间具有相似性。从规制对象来看，体育规制同样涉及参与体育活动的企业（组织）和个体。体育规制的对象虽是体育文化现象，但是这一文化现象的产生和发展均与组织和参与运动的个体直接相关。从规制的特性来看，体育规制同样具有相对稳定性、规则性和直接强制性等特性。体育规制的这些特性主要通过体育规制的依据（标准）——体育法规表现出来，因为体育法规就具有相对稳定性、规则性和直接强制性的特点。

（二）体育规制的特点解析

1．体育规制内容的丰富性。体育规制实质上是对人行为的控制与干预，体育是一种社会文化现象，体育文化的创造总是紧紧围绕"运动"而开展的。体育规制的对象是"运动"，也就是说凡是对"运动"产生影响（提高和展现运动水平）的方方面面均是体育规制的内容。从体育实践来看，对运动产生影响的方面是多方面的，既有物质层面的也有精

① 参见王健《理顺宏观调控和微观规制关系》，《国家行政学院学报》2002 年第 5 期。

神层面的，既有运动内在的（素材性）也有运动外在的（条件性）。见表7-3。

表7-3　体育规制内容体系

领域	具体内容	目标
素材性内容	形式、方法、手段等	促进运动水平的实现 规范运动水平的实现
条件性内容	人、物、财、场地设施、道德等	保障运动水平的实现 限制运动水平的实现

素材性规制内容是对运动内部各要素进行的规制，其规制的具体内容包括形式、方法、手段等，对这些内容进行规制的目标是促进和规范运动水平的实现。此类规制具有代表性的体育法规主要有：具体项目的竞赛规程、裁判法；《健身气功管理办法》（2006）、《国内登山管理办法》（2003）、《全国田径锻炼等级标准实施办法》（2005）、《滑翔伞运动管理办法》（2000）、《运动员技术等级标准》（2013）、《体育赛事管理办法》（2015）等，均是对运动本身进行的规制，属于素材性规制。

条件性内容是对运动开展的条件进行的规制，其规制的具体内容包括人、物、财、场地设施等，对这些内容进行规制的目标是保障和限制运动水平的实现。条件性规制在规制理论中也可称为外部性规制。这类规制具有代表性的体育法规主要有：《体育竞赛裁判员管理办法》（2015）、《社会体育指导员管理办法》（2011）、《反兴奋剂管理办法》（2014）、《举办体育活动安全保卫工作规定》（1998）、《退役运动员实施办法》（1986）、《游泳场所卫生规范》（2007）、《城市公共体育运动设施用地定额标准暂行规定》（1986）、《体育场馆运营管理办法》（2015）、《国家队运动员有奖比赛奖金管理暂行办法》（2007）、《关于鼓励和引导民间资本投资体育产业的实施意见》（2012）、《关于加强体育道德建设意见》（2002）等。从我国颁布的体育法规基本情况来看，体育规制多集中于外部性条件规制，这在一定程度上影响了运动发展的边界，对于体现规制的国家意志具有积极的效果。

2．体育规制方式的丰富性。体育规制最重要的方式有4种：（1）禁止；（2）事前批准（资格审查）；（3）惩罚；（4）建立标准。

禁止是利用法规对运动以及相关事物的边界进行规制的行为方式。禁止的行为集组成了体育规制边界的外层，它规定了哪些行为是明确禁止的。确定边界的作用主要有两个方面：第一，过滤作用。将不符合法规要求的行为进行筛选，以排除在边界之外。第二，缓冲作用。虽然禁止的行为具有相对性，它只是在特定条件下才被禁止，当外部条件改变时，禁止的行为有可能被允许。但是，正是因为这种禁止行为的规定，使得体育在特定时间内能够保持某种自主性和独立性。在体育规制实践中，利用"禁止"进行的情形较为多见。如具体项目的裁判法中便有大量的行为禁止的规定。除此之外，各类体育法规也有较多的涉及体育行为的禁止，如《兴奋剂管理办法》（2014）便对"禁用药物和禁用办法"进行了详细的规定，《射击、竞技体育运动枪支管理办法》（2010）第二十六条中对"射击竞技体育运动单位及人员"的 5 种行为进行了禁止。

事前批准是个人或组织为了从事体育活动必须向规制机构申请执行许可的情形。与规制经济学中的事前批准不同的是，体育规制中的事前批准并不以自然垄断作为规制前提，其规制的目的也存在较大的差别。体育规制中的事前批准是决定申请人是否满足从事某种体育活动的最低标准，这一标准也是边界的一种表达形式，其目的是保障运动在国家预定的目标轨道上运行，以防止体育行为的脱轨现象出现。在体育规制实践中，事前批准通常表现为"登记"或"认证"制度。如《健身气功管理办法》（2006）第八条规定："申请审定批准的健身气功公法，应当具备下列条件：属于健身气功范畴、功理健康科学、按照科研课题的办法进行编创、经实践和科研检测，健身效果明显。"《国内登山管理办法》（2003）第二章"登山活动申请和批准"共 9 个条款对登山活动的申请条件进行了详细说明。

理论上，惩罚并不是严格意义上的规制方式，因为惩罚并不是规制的目标。如果违反禁止和事前批准可能会受到惩罚，但是如果当事人违反了法规而不付出代价，体育规制便失去了存在的意义。规制理论中的最佳威慑（optimal deterrence）公益模型能很好地解释惩罚在体育规制中的作用。最佳威慑公益模型可以表述为：$pD > U$[①]其中 p 表示可预期被抓获的可能性（概率），D 表示被抓获后所付出的成本，U 表示违法行为产生的收益。只有当 $pD > U$ 时，体育规制才能得以顺利执行，颁布的各项法规才能得到大多数人的遵守。在体育规制实践中，也有对惩罚的明确表述，如《反兴奋剂管理办法》（2014）第七章对违反规定行为的"惩罚与奖励"进行了详细说明。

---

① 参见安东尼·奥格斯《规制——法律形式与经济学理论》，骆梅英译，北京，中国人民大学出版社，2008 年，第 11 页。

　　标准即规则，用来评定事物好不好的规则。所谓制定标准就是规制部门根据规制目标对规制行为所应达到的最低要求制定的规则，制定标准是体育规制最常见也最重要的规制方式。根据规制理论对标准的理解，标准可以分为 3 种，干预强度由低到高依次为：目标标准（target standard）、性能标准（performance standard）和规格标准（specification standard）[①]。目标规则是不对体育行为过程进行具体规定，只对行为后所达到的结果进行规制。如《义务教育体育与健康课程标准》中的课程目标、领域目标以及水平目标的规定。性能标准即必须满足特定条件的规制。性能标准与事前批准有点类似，但存在区别。事前批准只是对"进入许可"进行规定，而性能标准对满足规制的各方面条件进行详细说明，它比事前批准的适用面更广。如《关于加强各类武术学校及习武场所管理的通知》（2000）中对武术学校的办学条件、办学行为的规制。需要说明的是，在体育规制中大多数法规的颁布均涉及性能标准，尤其是那些具有宏观指导意义的体育法规，其内容本身就是各规制条件的总和。规格标准是对体育活动的开展方式、场地器材的质量标准等方面进行的规制。如各项目裁判法中规定的场地器材的规格，《运动员技术等级管理办法》（2014）中对技术等级划分的具体内容等。

　　3. 体育规制依据（标准）的易变性和相对稳定性。如前所述，体育规制依据（标准）是成文体育法。体育规制依据的易变性是指规制标准本身会随着时间的推移可能会发生变更；体育规制依据的相对稳定性是指所颁布的体育法规虽会发生变化，但在短时间内不会发生。这里的相对是相对于宏观调控政策而言的，如在宏观经济调控过程中，中国人民银行可以在一年中连续 3 次降低利率。但是体育法规的颁布与实施变化频率不会那么快。在现行体育法规中，我国于 2010 年颁布了《关于废止部分规章和规范性文化的决定》，2016 年颁布了《国家体育总局关于废止和修改部分规章和政策性文件的决定》，时间跨度上达到 6 年之久。

第二节　体育规制的层级结构

　　"体育规制"是一个新鲜术语，在明确体育规制概念、内涵以及特征的基础上，为深层次剖析体育规制，利用整体的观点来解读体育规制的层级结构具有一定的价值与意义。

---

①　参见曲振涛《规制经济学》，上海，复旦大学出版社，2006 年。

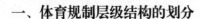

一、体育规制层级结构的划分

"层级结构"是社会结构以及关系研究中常见的一个术语，后被广泛地运用到经济、文化、社会、教育等诸多领域①。传统的社会层级结构是指社会治理领域中依据权力至上与权力大小而形成的阶梯和层级结构②。体育规制的层级结构是深层次探索其内部的结构及其搭配和安排。因此，体育规制的层级结构有两层基本含义：一是揭示体育规制内部的基本结构；二是探寻结构之间的关系。对体育规制层级结构的研讨具有一定的意义：第一，"体育规制"一词在学术界还较为少见，虽然前面对体育规制的概念、内涵及特点进行了初步的解读，但是体育规制尚有较大的疑问需进行深层次的学术探讨，对体育规制层级结构的研讨同样是体育规制的基本理论问题之一，这在学理逻辑上是比较通顺的；第二，对体育规制层级结构的探讨对于进一步认识"体育规制"有一定的促进作用。

社会层级结构的研究认为，社会层级结构的核心是"权力至上"，从体育的概念（第一章）和体育规制的内涵与特征中不难发现，体育规制层级结构应立足于"运动"这一核心要义。从与运动的关联度来看，与"运动"直接相关，直接决定"更好地运动价值实现"的是"体育规则"。各个运动项目的体育规则直接作用于运动场上的运动员和裁判员，对运动价值更好地实现有直接的影响。显而易见，这里的体育规则是狭义的体育规则，指的是运动竞赛规则，属于体育规制的第一层级。体育政策是一个国家对自己的体育事业的统筹规划、发展方向所制定的指导原则。体育是人类社会特有的一种社会文化活动，它的任务是保障整个体育事业的良性发展，让更多的人能够享受体育带来的好处，更好地实现运动价值服务，属于体育规制的第二层级。体育法规是体育的法律规范的总称，从"法"的角度来规制"运动"，让运动价值的实现归之于立法、执法的范畴中。这里的体育法规并不包括第一层级的运动竞赛规则（有学者指出运动竞赛规则也属于体育法的范畴，称为"体育固有法"），指的是以《中华人民共和国体育法》为基础的整个体育法规体系，属于体育规制的第三层级。见图7－4。

---

① 参见韩庆祥《社会层级结构理论与中国和谐文化建设》，《科学社会主义》2007年第3期。

② 参见韩庆祥《社会层级结构与理论创新》，《江苏行政学院学报》2007年第35卷第5期。

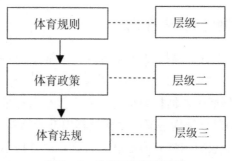

图7-4 体育规制层级结构

体育规制3个层面结构划分的主要依据是对"运动价值实现"的直接程度。直接作用于"运动"本身的是体育规则,对整个体育事业发展的整体把握的是体育政策,以"法"的形成出现来规范体育文化发展的是体育法规。三者对运动价值实现的直接作用的不同,是由三者的制定机关、表现形式和调整范围等方面的不同而决定的。体育规则的发布机构一般为国际单项体育联合会,以"竞赛规则"的形式呈现,调整的范围为运动的直接参与者。因为运动价值的实现主要靠运动员来完成,体育规则直接作用于运动本身,处于体育规制层级中的内层。体育政策是规范体育发展的指导性要求,它的发布机构一般为党政相关职权机构和机关。体育政策是为实现一定历史时期的任务而规定的行动纲领和准则,表现形式多种多样,通常是以议决、决定、纲领、通知、报告、纪要等文件表现出来,没有明确的权利和义务关系,内容带有指导和号召的性质。体育政策的调整范围是体育发展与社会发展关系,虽然体育政策的调整范围比体育规则、体育法规的调整范围要广,但是从对"运动价值实现"的影响效力来看,体育政策对"运动价值的实现"起间接的影响,处于体育规制的中间层。体育法规是以"法"的形式对"运动价值的实现"进行影响,体育法规是由国家立法机关,根据一定的立法程序制定的,是全体人民通过国家政权的形式表现自己的意志,具有国家意志的属性。体育法规是以法律条文的形式公开颁布施行的,通常以它所特有的权利和义务的双边关系明确各种责任以及违反体育法规的处罚,具有普遍的、公开的、具体的特质①。体育法规一般用来调整那些对国家统治有直接和重大影响的社会关系,虽然体育政策也是调整体育与社会发展的关系问题,但是体育法规调整的关系问题较之于体育政策要少,体育法规"实现运动价值"以"法"形式进行干预,"法"味更浓,处

---

① 参见袁振国《教育政策学》,南京,江苏教育出版社,1996年,第87页。

于外围层。见图 7 - 5。

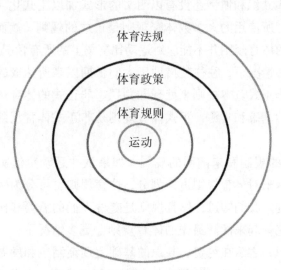

体育法规

体育政策

体育规则

运动

图 7 - 5　体育规制三层级关系

二、体育规则之于运动

（一）体育规则对"运动"干预的分类

依据形式逻辑学关于分类的观点，分类必然统一分类标准，并且在不同的分类标准下，同一事物可以划分成不同的类别。从上下位概念关系来看，体育规则是规则的下位概念，在日常生活中，我们常常听人们谈起正式规则、非正式规则，阐明的规则、未阐明的规则，潜规则、显规则，隐性规则、显性规则，构成性规则、范导性规则等。当然，对体育规则进行分类最为实效的是根据项目来划分，即可以分为篮球运动规则、足球运动规则、排球运动规则等。立足于规则的特定场景，根据有无明文规定、有无组织制定和有无强制执行以及规则的功能等方面，可以将体育规则分为正式规则和非正式规则，或阐明的规则和未阐明的规则，或显规则和潜规则以及构成性规则、规范性规则和技术性规则。我们对体育规则进行分类，还应立足于体育规则对"运动"干预为逻辑起点进行划分。

1. 正式规则和非正式规则。体育规则可根据有无组织制定和强制执行与否分为正式规则和非正式规则。所谓正式的体育规则，是指那些由运动组织部门明文制定并通过明确的奖励和惩罚措施保证其实施和执行

的规则。所谓非正式的体育规则，是指人们在运动比赛中达成的共识或者惯例，这些共识和惯例还没有以明文的形式加以正式化。在实际运动比赛中，我们所使用的大多数体育规则是正式的规则。然而，在很多情况下，正式的体育规则并不能应对运动比赛场上的所有情况和突发现象，那么，在这种情况下，往往就借助于人们长期以来所达成的共识或者惯例，也就是非正式竞赛规则来处理和判罚。非正式的体育规则是正式体育规则产生的基础和本源，正式体育规则是非正式体育规则得以实施的保证。

2. 阐明的规制和未阐明的规制。如果从"运动价值实现"阐明和未阐明的角度来对体育规则进行划分，体育规则也可分为阐明的规则和未阐明的规则。我们知道，体育规则是随着人们的需要和比赛的发展而不断修改和完善起来的。最先的体育规则，更多情况下，是人们之间的约定或者共识，之后在约定、共识的基础上逐渐制定和发展成了一些明文规定的规则，也就是一些阐明的体育规则。然而，很多情况下，体育规则并不能囊括所有的情况，应对所有的比赛突发现象，在这种情况下，人们处理问题时，所依赖的往往就是那些没有明文规定的共识或惯例，或者更确切地说，是那些符合体育精神和体育道德的未阐明的规则。所以说，体育规则也分为阐明的规则和未阐明的规则，而且未阐明体育规则是阐明体育规则的基础，是对阐明体育规则的补充和完善。

3. 显规则和潜规则。根据规则对"运动干预"的表现形式，体育规则中也包含潜规则和显规则。所谓体育规则中的显规则，就是那些明文规定的正式规则。它往往是运动员实施运动行为和裁判员执行判罚的依据。体育规则中的潜规则就是指那些在运动竞赛过程中，人们普遍达成的共识，同社会上的潜规则一样，人们心目中的体育潜规则往往也是一些与正式规则宗旨相违背的规则。另外，在运动竞赛中攻击对方弱点的规则，也是一种常见的潜规则。例如，在拳击运动中，如果对方的面颊受伤，受伤处可能会遭到更多的攻击，迫使其受伤更重以致不能正常比赛；在乒乓球比赛中，如果对方的一只脚受伤，行动不便，在回球时，更可能回到他行动不便脚的一侧。或许有人会说，这更是一种战术应用，但是从规则的角度来说，它却是一种体育潜规则。

4. 构成性规则、规范性规则和技术性规则。人们通常也将体育规则分为构成性规则（规定着比赛的具体目标及达成目标时所允许使用的手段，是比赛顺利进行的保证）和规范性规则（规定着器械、场地的轻重、大小等方面，它可被看成构成性规则的延伸）。而休茨认为，在体育

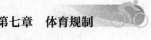

运动中应引入第三种规则——技术性规则，它与构成性规则、规范性规则一起保证比赛的顺利进行。例如，足球比赛禁止背后铲球的规则，便是根据生物力学原理，考虑到这一动作对运动员的严重伤害而制定的。但是，受人们对比赛规律认识水平的限制，技术性规则的制定和执行也并非是一蹴而就的。

（二）体育规则对"运动"干预的特点

1. 客观性和主观性的统一。从产生和存在的性质来说，体育规则对"运动"的干预是客观性和主观性的统一。所谓客观性，即"运动价值"实现过程中不以人的主观意志为转移的特性。所谓主观性，则是指体育规则本身就是因运动的需要而产生，并受到规则制定者认识水平的影响，必定体现和反映人的主观意识。体育规则的制定，不仅受物质条件发展现状、人身体条件发展状况等客观条件的影响和制约，也受规则制定者自身认识水平和主观偏好的影响。因此，体育规则本身不仅具有客观性，也具有主观性，更确切地说，它表现为客观性和主观性的有机统一。

2. 权威性和灵活性的统一。从发展和执行的情况来说，体育规则是权威性和灵活性的统一。体育规则一旦制定出来，在一段时期内相对稳定，不能轻易更改；在执行过程中，更具有不可违背性，这种不可违背性通过赋予监督规则实施的裁判以绝对权威而体现出来。然而，从某种程度上说，体育规则又具有一定的灵活性，它往往随着客观条件和人们认识水平的改变而不断进行修改和完善；在执行过程中，这种灵活性则表现为，根据比赛级别和参与主体的不同，执行判罚的尺度不一样。

3. 惩罚性和激励性的统一。从规范性功能来说，体育规则是惩罚性和激励性的统一。体育规则的规范性是得到大家公认的基本功能，往往通过惩罚和奖励两种方式来实现。体育规则的惩罚性是指违反规则的行为可能给行为主体带来超过其收益的利益损害。例如，在篮球、足球等激烈对抗性项目的犯规判罚中，所奉行的一个重要原则就是"有利"原则。当一个队被犯规而根据有利原则能获利时，则允许继续比赛，如果预期有利的那一刻没有产生有利效果，则应判罚最初的犯规。简而言之，其裁判的判罚原则就是不能做出对犯规方"有利"的判罚。反过来说，就是一定要对犯规方的犯规行为做出"不利"的判罚，以示对他们犯规的惩罚。

体育规则的激励性是指遵守规则的行为可能给行为主体带来的理想收益。如诺斯从激励性功能方面来解释制度的变迁一样，他认为，第一

次经济革命和第二次经济革命之所以能够极大地促进社会生产的发展，原因就在于新制度的建立极大地激励了行为主体的生产积极性。同理，在体育运动中，体育规则之所以能够不断得到执行和发展，也是因为体育规则的遵守和执行可以带来娱乐、名次效应和荣誉等方面的激励效用。

4. 普适性和具体性的统一。从规则实现的方式来说，体育规则是普适性和具体性的统一。普适性是体育规则对体育行为统一性要求的必然结果，其基本的原则是对体育运动遵循的无差别性，它是体育规则的本质特征之一。体育规则在很多情况下是一般而抽象的、确定的和开放的，往往能适用于无数情景。然而，因为运动场上的形势千变万化，很多情况根本无法预料，具体规则并不能应对所有的情况，在这样的情况下，就要根据体育运动的基本原则和精神，参照体育规则的普适性原则来解决问题。当然，体育运动中的一些突发偶然事件，也会促使人们制定出更为详细的规则。体育规则的具体性是指其实现方式的特殊性和多样性，这是由体育运动中实际情境变化的多样性和人们对体育规则理解的主观差异性所决定的。在不同的比赛中，由于参竞赛者的水平参差不齐，以及裁判执法水平和对规则理解的主观差异等原因，使得规则的执行和判罚标准会大不相同。

（三）体育规则的发展趋势

1. 继续促进运动价值的实现为其根本宗旨。促进运动价值的实现是体育规则永远不变的发展趋势和努力目标。体育规则随着运动的产生而产生，随着运动的发展而发展。任何一项体育运动都是在规则的制约下进行的，而规则又是根据运动本身的内在发展规律并在综合外在因素（如社会因素、经济因素、政治因素等方面）的影响和作用的基础上，形成和发展起来的。

体育规则促进运动价值的实现，往往通过规定、影响比赛中的运动技战术而直接得以体现。具体说来，体育规则往往通过以下两种途径促进运动项目及其技战术的发展。

第一，制定或修改规则，限制、制止不利于运动项目发展的技战术之发展。各种运动项目的技战术在发展过程中，总会出现一些偏差，甚至违背了运动项目的开展初衷。如果某些技战术的应用严重威胁到运动员的身体健康，或影响项目本身的观赏性等方面，就要通过规则制定或修改对这类技战术进行制止、限制，以纠正运动项目及其技战术的发展偏离，保证其健康发展。第二，制定或修改规则，认可、鼓励有利于运动项目发展的技战术之发展。体育规则通过认可、鼓励发展那些有利于运动项目发展的技战术，切实促进并保障运动项目的健康发展。从某种程度上说，技战术发展状况体现了运动项目的发展程度。

2. 继续保持构成性规则的稳定存在，以保证运动价值的实现。构成性规则是指构成某一类运动项目的规则，它规定着比赛的具体目标以及达成目标时所允许使用的手段，是比赛顺利进行的保证，也是实现运动价值的保证，违犯了这种规则，就意味着退出它们所规定的那一类行动，这样运动价值也无从实现。

无论体育运动和运动竞赛怎样发展，其构成性规则将继续稳定存在。假若构成性规则突然发生较大的变动，则运动项目将不再是原先的运动项目。如果有一天足球变成了用手去传球，那么这一运动将不再是足球。其他项目亦是如此。"项目特色是运动项目的根本，运动技术的发展必须符合本项目的特色，有利于项目特色的保持和延续"，在此，所谓的保持项目特色，更大程度上也是指保持运动项目自身构成性规则的相对稳定。

3. 更加注重促进与实现"公平竞争"，是运动价值实现的根本。体育竞赛的结构目标就是对运动员在比赛中的表现进行公正测量、比较和排序。在比赛的整个过程中，始终都应坚持"公平竞争"的道德原则，它保证竞赛条件的同一性、成绩的合理性和裁判的公正性，追求和弘扬的是人类生命的价值和优秀品质，作为运动员和竞赛工作人员的道德行为准则，已经成为体育活动的核心。

所谓公平、准确地组织运动比赛就是保证运动员在比赛条件均等的情况下竞赛。在比赛中，运动员既不能获得任何不正当的利益，也不能遭受损失，这是体育规则在所有运动竞赛中追求的主要目标之一。

在整个比赛过程中，体育规则自始至终都发挥着重要作用。从场地、设备的丈量、准备，运动员的竞赛行为，到裁判员的判罚、评判，无一不是把体育规则作为参照依据和执行标准。具体表现为：竞赛组织机构要根据提前定好的竞赛方法或竞赛规程，对运动员参赛和裁判员评判进行组织管理。运动竞赛过程中，运动员在一定的场地、场馆，借助特定的仪器、设备，遵照规则进行比赛，从而取得相应的运动成绩；裁判员则根据规则对运动员的参赛行为进行约束、评判，并对运动员或运动队的成绩进行准确的计量、比较和排序。规则对公平竞争的追求和保障则正是通过对这些方面的不断完善得以体现：使用更先进的测量手段和测量工具；严厉查处兴奋剂；从竞赛方法上保证参与机会的均等；对裁判员进行监督或增加裁判员数量等。

三、体育政策之于运动价值实现

体育政策是一个国家对自己的体育事业的统筹规划、发展方向所制定的指导原则。体育是人类社会特有的一种社会文化活动，他的任务是保障更多的人能够享受体育带来的好处，为更好地实现运动价值服务①。科技的进步、经济的繁荣、社会的发展从根本上取决于劳动者素质的高低。体育作为人们的一种生活方式，运动价值的实现在一定程度上伴随着体育活动主体身心素质的提高。体育事业的繁荣是社会进步的显著标志，因此，发展体育事业应摆在国家重点发展的战略位置，努力提高全民族的体育意识和端正体育价值观，为实现国家现代化建设目的做出应有的贡献。当前应着重加快体育体制改革的力度，大力发展群众体育，积极发展体育教育，努力提高体育人口比重，加快发展体育产业，让体育产业在国民生产总值中所占比例越来越大。所以这些都是现阶段我国体育政策的基本内容②。由此可见，体育政策就是国家、政党为实现一定时期内体育的任务和目标而制定的行动准则和行动方向，是保障"运动价值实现"的第二层级。

（一）体育政策之于运动价值实现的分类

体育政策按照不同标准可以划分为不同类型，按照级别划分，有国家政策与地方政策；按照体育产品性质划分，有事业政策与产业政策等；根据现有的政策，按照政策解决的问题性质来划分，大致可以有综合指导性政策、群众体育政策、竞技体育政策、体育产业政策以及其他政策等。

由此可见，体育政策按照不同的分类标准可以分成不同的类别。从以上类别中也不难发现，体育政策并不直接影响"运动"（"裸运动"），但它们对"运动价值的实现"却有一定的影响作用。体育政策大都是对体育在某一时期的某个内容的发展目标和方向做出规定。

1. 运动价值实现的整体性政策。运动价值实现的整体性政策是对运动价值实现从整体性上做出规定的相关政策的总称。例如，《关于运动项目管理实施协会制的若干意见》《国家体育总局、民政部、公关部关于

---

① 参见李益群、李静《政府与体育的公共政策研究》，《北京体育大学学报》2003 年第
2 期。

② 参见马宣建《北京奥运周期的中国体育政策分析》，《成都体育学院学报》2004 年第
6 期。

加强健身气功活动管理有关问题的意见》《中共中央国务院关于进一步加强和改进新时期体育工作的意见》《国家体委关于深化体育改革的意见》《国家体委关于深化改革加快发展县级体育事业的意见》《关于加强体育法制建设的决定》《关于加快体育俱乐部发展和加强体育俱乐部管理的意见》等。

《中共中央、国务院关于进一步加强和改进新时期体育工作的意见》（中发〔2002〕8号）是我国体育发展的总政策，是2001年我国申奥成功后，中共中央、国务院为办好北京奥运会、加快体育发展、满足群众需求、推动我国社会主义建设而专门制定的，有很强的针对性。该项政策体现了党和国家对体育工作的高度重视，也表现了政策、思想、理论的先导性。

现行主要体育综合指导性政策还有国务院办公厅于2019年8月10日发布的《体育强国建设纲要》（以下简称《纲要》），《纲要》对我国今后一段时期内体育发展的整体性要求做了详细的规定。"纲要"以习近平新时代中国特色社会主义思想为指导，全面贯彻党的十九大和十九届二中、三中全会精神，根据习近平总书记关于体育工作的重要论述，按照党中央、国务院关于加快推进体育强国建设的决策部署，坚持以人为本、改革创新、依法治体、协同联动，持续提升体育发展的质量和效益，大力推动全民健身与全民健康深度融合，更好发挥举国体制与市场机制相结合的重要作用，不断满足人民对美好生活的需要，努力将体育建设成为中华民族伟大复兴的标志性事业。

2. 竞赛相关的运动价值突显政策。竞赛相关的运动价值突显政策是在竞赛过程中为确保运动价值更好地实现的系列政策的总称。例如，《国家田径队教练员、运动员确定和公布试行办法》《体育运动全国纪录审批制度》《全国运动员交流暂行规定》《关于严格禁止在体育运动中使用兴奋剂行为的规定》《体育竞赛裁判员管理办法》《全国体育竞赛最佳赛区和优秀赛区评选实施办法》《奥运争光计划》等。

国家体育总局于2002年11月19日发布的《2001—2010年奥运争光计划纲要》（体竞字〔2002〕160号）文件中提出，在2008年奥运会上，力争金牌数排名前3位，并提出了一系列完成任务的政策措施。办好北京奥运会，不仅是体育战线的任务、北京市的任务，也是国家大事，需要党和国家的高度重视，以及各有关地区、部门和有关方面的密切配合。要采取精神鼓励和物质鼓励的手段，充分调动中央和地方以及社会各方面的积极性，整合全国体育资源。

3. 锻炼中运动价值突显的政策。锻炼中运动价值突显的政策是指在不同场域内进行体育锻炼来实现运动价值的过程中出台的系列政策的总和。例如，《体育运动学校办校暂行规定》《关于加强城市社区体育工作的意见》《全国城市体育先进社区评定办法》《健身气功管理办法》《全国田径业余锻炼等级标准实施办法》《健美操活动管理办法》《少年儿童体育学校管理办法》《中国青少年校园足球发展计划》《国家体育锻炼标准锻炼测验项目表》《全民健身计划纲要》等。

群众体育发展的现行主要政策性文件是国务院于 1995 年 6 月 20 日发布的《全民健身计划纲要》，2009 年《全民健身条例》均反映了国家对群众体育高度重视。文件规定了 1995—2010 年我国群众体育的目标、任务、对象和重点、对策和措施。其政策目标是，到 2010 年，努力实现体育与经济社会协调发展，全面提高民族体质和健康水平，基本建成具有中国特色的全民健身体系，文件指出全民健身以青少儿为重点，同时对职工、农民、军人、妇女、老年人、知识分子、城乡各类人等或区域的健身运动都提出了政策性要求。①

4. 体育产业中运动价值突显的政策。体育产业中运动价值突显的政策是指在体育产业发展过程中为规范运动价值实现所出台的系列政策的总和。例如，《体育彩票奖品组织管理暂行办法》《关于专项体育基金管理暂行规定》《体育彩票公益金管理暂行办法》《关于加强体育市场管理的通知》《关于进一步加强体育经营活动管理的通知》《体育产业发展纲要》等。

其中最具影响力的是《国务院关于加快发展体育产业促进体育消费的若干意见》（国发〔2014〕46 号），文件提出：到 2025 年，基本建立布局合理、功能完善、门类齐全的体育产业体系，体育产品和服务更加丰富，市场机制不断完善，消费需求愈加旺盛，对其他产业带动作用明显提升，体育产业总规模超过 5 万亿元，成为推动经济社会持续发展的重要力量。

（二）体育政策之于运动价值实现的特点

1. 体育政策的政治性。任何一个国家的体育政策都必须引导其体育事业的强化，改善国家管理，发展体育事业，按照统治阶级意志控制为社会发展服务。体育政策必须体现阶级和国家的意志，直接发扬阶级和

---

① 参见马宣建《论中国群众体育政策》，《成都体育学院学报》2005 年第 31 期。

国家的政治意图和根本利益，直接反应党和国家在一定历史时期的中心任务和大政方针。因此，体育政策具有政治性①。政治性是体育政策的根本特征，在任何社会中，体育政策都具有鲜明的阶级性。只不过随着政治内容的变化，体育政治的政治性也具有不同的性质罢了。如新中国成立初期、改革开放初期以及 21 世纪之后，我国的体育政策均体现出不同。然而，政治性是体育政策的根本特征，但是政策不等于政治。两者既有区别又有联系。政治是目的，政策是达到一定政治目的的手段，既不能颠倒两者之间的关系，又不能把两者混淆。

2. 体育政策的稳定性。体育政策的稳定性是指体育政策一经制定公布实施，在一定时期内不能随意变动，而要保持相对的稳定。其原因有两方面：第一，体育政策是依据党和国家在一定历史时期的基本任务、基本方针而制定的。因此，在一定历史时期的基本任务尚未完成之前，与之相应的体育政策就应保持稳定不变。第二，由于体育政策是指导、规范体育事业运行发展的基本原则，是指导体育工作的指南②。因此，也要求体育政策保持相对的稳定性，否则就会失去其作用，使体育工作无章可循，陷入混乱。由此可见，体育政策的稳定性是贯彻、执行体育政策的重要前提。没有稳定的体育政策，就不可能保证体育事业的稳定发展。

然而，体育政策的稳定性并不是排斥体育政策的可变性，体育政策的稳定性是相对的，体育政策的可变性是绝对的。体育政策的可变性是指政策依据客观情况的变化而变的特性。包含两层含义：一是在体育政策基本点不变的前提下，对体育政策的部分内容进行修改、补充和调整；二是体育政策所确定的目标已经完成或经过实践检验证明原定政策是错误的，必须根本改变或废止③。

3. 体育政策的权威性。体育政策是由党的组织依据党和国家在一定历史时期的基本任务、基本方针而制定的行动准则，体现广大人民的意志，代表人民的共同利益，所以具有权威性。体育政策对社会成员具有约束力，民众必须自觉地执行。如果违反了相关政策就要受到制裁④，这一点是体育政策发挥作用的重要条件和基本保障。

---

① 参见刘青《我国政府职能转变与体育行政管理体制改革》，《经济体制改革》2003 年第 6 期。

② 参见冯国有《公共体育政策的利益分析与选择》，《体育学刊》2007 年第 14 卷第 7 期。

③ 参见苗治文《当代中国体育政策分析》，北京，北京体育大学，博士学位论文，2006 年，第73 ～ 86页。

④ 参见刘复兴《教育政策的四重视角》，《清华大学教育研究》2002 年第 4 期。

4. 体育政策的实践性。制定体育政策是体育实践的要求，一个国家没有体育政策，体育实践将是混乱的，是不能持久的。体育的发展与实施受社会发展、经济发展等方面的制约，也极易受到来自各方面因素的干扰和扭曲，而制定体育政策就是为了遵循规律，排除干扰，指导体育实践正常进行，使体育事业健康发展，为社会发展服务，离开了这一点，体育政策就失去了归宿。体育政策的优劣得失在体育实践中检验，一项体育政策能符合国家、地区体育发展的实际情况，能促进体育事业的良性发展。

（三）体育政策之于运动价值的作用

制定和贯彻执行体育政策是国家领导管理体育的主要手段。正确贯彻执行国家体育政策，坚持体育的社会主义方向，是保障体育事业健康发展，体现体育为人民服务的重要保障。具体来说，体育政策具有以下两个方面的作用。

1. 导向作用。导向作用使体育政策对人民的体育行为和体育发展方向具有引导作用。其表现在：第一，为体育事业的发展提出明确的目标；第二，为实现教育政策目标规定行为规范和行为准则。导向作用的作用形式表现为直接导向和间接导向①。直接导向是指体育政策对其调整对象的直接作用；间接导向是指体育政策对非直接调节对象的影响。如《全民健身计划》对于发展群众体育具有直接导向作用，而对于诸如环境、生态等具有间接导向作用。体育政策的导向作用不单单是调整现存关系，更重要的是指导未来，这样才能发挥其推进体育事业发展的导向作用。

2. 协调作用。协调作用是指体育政策制定者通过政策对人民的行为和事物发展的制约与促进，以实现对整个体育事业的整体控制②。体育政策之所以具有控制作用，首先是由体育政策的规范性决定的。这种规范性为人们把握体育运行的边界规定了明确的尺度。另外，这也是由体育政策控制在社会控制中的核心地位决定的。体育政策作为人们行为的准则，已经成为社会控制的重要手段。体育政策控制作用的一个重要特征是体育的各个方面进行广泛的监督与检查，发现和纠正体育中的非常规因素，以保障体育的正常运转和发展③。违反了体育政策，也必然会违反政策的既定目标，歪曲体育发展的客观现实，必然要付出代价。

---

① 参见袁振国《政策型研究者和研究型决策者》，《教育研究》2002 年第 11 期。
② 参见袁振国《教育政策学》，南京，江苏教育出版社，1996 年，第 86 页。
③ 参见旷言《论政策在体育发展中的作用》，《上海体育学院学报》1987 年第 11 卷第 3 期。

（四）体育政策之于运动价值的实现过程

政策是一个过程，已成为政策研究者们的共识，但是政策过程包含哪几个阶段则有着不同的说法。关于体育和教育政策过程，我国学者尽管大多将其划分为 4 个阶段，但内容各异。钱景认为政策过程主要由政策制定、政策落实、政策成效和政策评估 4 个阶段组成；孙绵涛将政策过程分为提出政策阶段、制定政策段、执行政策阶段、改变政策阶段[①]；吴志宏的 4 个阶段则是政策制定、政策执行、政策分析、政策评估[②]；袁振国认为政策过程应划分为政策议题、政策决定、政策执行、政策评估 4 个阶段[③]。然而，体育政策与教育政策存在着差异，体育作为一定文化活动，在其发展过程中呈现出自己的特点。因此，笔者认为，将体育政策过程分为"体育政策决策""体育政策的执行"和"体育政策评估" 3 个阶段较为合理。见图 7 - 6。

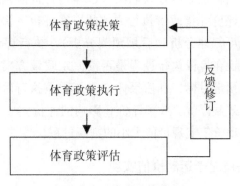

图 7 - 6 体育政策过程

1. 体育政策决策。体育政策决策其实质就是形成体育政策文本的过程。要对体育政策进行决策，首先要对影响体育政策决策的因素进行全面了解。影响体育政策决策的主要因素有政策环境（社会政治、经济环境和教育环境）、决策人物（决策者、专家与智囊和行政人员）和决策组织（组织的程序或过程、组织的层级与幅度、组织机构的设置、组织的结构）[④]。其次是体育政策的决策过程，体育政策的决策包括 5 个步

---

① 参见孙绵涛《教育政策学》，武汉，武汉工业大学出版社，1997 年，第101～103页。

② 参见吴志宏《教育政策与教育法规》，上海，华东师范大学出版社，2003 年，第74～120页。

③ 参见袁振国《教育政策学》，南京，江苏教育出版社，1996 年，第56～96页。

④ 参见钱景《试论体育政策的科学性》，《四川体育科学》1987 年第 4 期。

骤，分别为政策问题的确认、政策目标的确定、政策方案的设计、政策方案的论证、政策合法化与政策采纳。可见，体育政策决策过程就是对运动价值实现的预判过程。

2. 体育政策执行。体育政策执行就是将体育政策付诸实践的过程。然而，有时体育政策执行过程中会出现一些阻碍政策执行的因素，整体而言，主要有两个方面：一是体育政策本身的缺陷，如政策目标要求过高、政策目标笼统不具体、政策资源投入不足（包括经费资源、人力资源、信息资源和权威资源）、对政策执行环境中的不利因素考虑不足。二是政策执行者的问题，如执行组织机构的层级与幅度整合不当、执行者的人事缺陷、执行者与政策制定者的利益冲突与缺乏岗位责任意识、缺乏足够的合格执行人员、监督检查不力[1]。可见，体育政策执行过程就是对运动价值实现的保障过程。

3. 体育政策评估

体育政策评估就是对体育政策执行过程进行价值判断的过程。体育政策评估包括预评价（指政策执行之前的方案评价，旨在对设计的方案进行价值分析、可行性分析和后果预测分析），执行评价（指政策执行过程中的评价，旨在检视执行过程是否按原定政策方案进行，如果继续执行，是否达到预定目标）和后果评价（指政策执行后的产出和影响的评价，包括政策效益评价、效率评价和影响的评价）[2]。可见，体育政策评估过程便是运动价值实现价值大小的判断过程。

四、体育法规之于运动价值实现

体育法规调整的是体育运动中形成和产生的法律关系。体育法规关系的形成和产生几乎都来源于具体的体育运动过程。在体育运动中所形成和产生的行为关系是体育法规调整的对象。换言之，就是在体育运动中，体育各部门之间、体育各部门与其他社会组织之间、人与人之间、各部门与人之间形成的相互关系才是体育法规调整的对象。但是，这些关系的产生以"运动"为基点，以运动关系为中心点散发出的其他关系对"运动价值实现"同样也起到间接的影响，只是这种影响以"法"的形式呈现，因此，是体育规制的第三层级。

---

① 参见苗治文《当代中国体育政策分析》，北京，北京体育大学，博士学位论文，2006年，第6～10页。

② 参见李启迪《体育政策学构想》，金华，浙江师范大学，硕士学位论文，2005年，第10页。

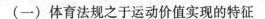

（一）体育法规之于运动价值实现的特征

1. 主体的多元性。在社会主义市场经济体制下，我国体育逐步形成了国家宏观调控、社会各方参与、多种经营并存的新格局。体育活动的开展包括管理机构、主办单位、承办单位、协办单位、赞助单位、参与单位等。这些单位涉及体育行政机关、事业单位、国有企业、集体企业、民营企业、社会团体、个体工商户乃至公民个人。这些法人、组织、自然人在体育活动中享有广泛的权利，承担多方面的义务。体育法规就是要规范这些活动主体的具体权利和义务，从而决定了体育法规的主体呈现出多元性特征，这些主体的地位不是单一的，既有处于平等地位也有处于非平等地位。如同样是公民，可以处于被管理的体育行政管理相对人的地位，又可处于自愿平等的体育交往者与协作者的地位，也可以处于体育组织内的劳动者的地位。这是体育法规的本质特征。

2. 关系的多样性。体育法规认可和保护的社会关系是体育法律关系。现代体育已经构成了包括体育组织、体育制度、体育市场、体育文化和体育价值观念的庞大社会关系体系，现代体育已经渗透进了社会的各个层次和各个领域，这就决定了体育法规所调整的社会关系是一个庞大、复杂的总和体系，涉及国家与国家、国家与国际组织、国际组织与国家组织、国家与俱乐部、俱乐部与教练、教练与运动员、管理者与承办者、裁判员与运动员、运动员的等级、裁判员的晋级等法律关系，决定了体育法规关系的多样性，这是体育法规的主要特征。

3. 范围的广泛性。体育法规遵循法律理念，既有公法的理念，又有私法的理念。在公法领域内，其基本原理是"国家意志决定"，国家机关其公务员的活动应奉行"法无授权不可为，法无明文不得为"的原则。在私法领域内，实行自治原则，即由法律地位平等的当事人，通过自由协商决定他们之间的权利义务，国家原则上不做干预。体育法规一方面适用于公法的理念，另一方面也适用于私法的理念。它既调整国家机关等主体，与国家行政管理关系相交叉，又调整一般的民事主体，主要是参与体育活动而产生的各项社会关系，体现了体育法规适用范围的广泛性。这是体育法规的重要特征。

4. 后果的特殊性。法律后果是指对违反体育法规的行为的处理方式，与其他相比，体育法规的法律后果有其自身的特殊性。由于体育法调整的法律关系的多样性、适用范围的广泛性，所以违反体育法规时要承担的法律责任就不是单一责任，而是视违法行为的轻重和性质的不同

而不同，承担的责任主要有体育行政机关或其他行政机关给予的行政法律责任。例如，工商行政机关依法给予的经济处罚、公安机关依法给予的治安管理处罚、司法机关依法追究的刑事责任等。可见承担的责任是多样的、综合的，涉及民事责任、行政责任和刑事责任等。这是体育法规的关键特征。

（二）体育法规之于运动价值实现的体系

2003 年国家体育总局普法办公室对我国体育法规进行了整理并出版了《中华人民共和国体育法规知识读本》一书，书中把国家体育法规分为9个部分：一是体育综合性组织管理法规；二是社会体育法规；三是学校体育法规；四是竞技体育法规；五是体育科技与专业教育法规；六是对外体育交往法规；七是体育保障法规；八是体育产业与经营管理法规；九是体育纠纷与法律责任①。

1. 体育法规体系的结构。目前我国体育法规体系应包括 3 个层次。第一个层次是体育基本法规，第二个层次是体育领域法规，第三个层次是体育单行法规。这种体育法规体系的结构，可以在总体上安排各体育法规的层次和内容，使得不同层次和内容的体育法律、法规在体育法规体系中相互联系、相互衔接，结构合理，层次分明。见图 7 - 7。

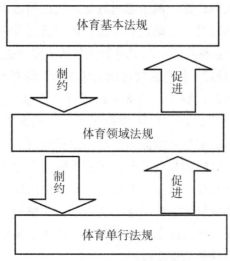

图 7 - 7　我国体育法规体系结构②

① 参见国家体育总局普法办公室《体育法规知识读本》，北京，中国法制出版社，2003 年。
② 参见陆作生、周爱光《我国体育法规体系的研究》，《中国体育科技》2008 年第 44 卷第 5 期。

在国家体育法规体系中，3 个层次的体育法规之间不是相互分离且各自独立的。它们之间存在一种制约和促进的关系，即上一层次对下一层次的体育法规起着制约作用，下一层次的体育法规的发展推动促进上一层次体育法规的完善和发展。这 3 个层次的体育法规共同发挥着规范体育发展的作用，但其作用力度范围及具体操作性是不同的。上一层次比下一层次的体育法规作用的力度和范围大，但不具体，可操作性不强，原则性规定比较多。而下一层次比上一层次的体育法规更具有可操作性，对实践规范得比较具体，但规范的力度和范围具有一定的局限性。

2. 体育法规体系内容。体育基本法规。体育基本法规在我国体育法规体系中处于统治地位，是体育法规的最高级形式。制定和实施体育基本法规是国家将体育事业纳入法治化管理轨道的重要策略。体育基本法规包括《中华人民共和国体育法》和体育综合性法规。1995 年 8 月八届全国人大常委会第十五次会议全票通过了《中华人民共和国体育法》（以下简称《体育法》）。《体育法》是我国国家体育法律体系中的基本法，在体育法规体系中占有重要的地位。随着体育改革的不断深入，国家有关机关也制定和颁布了许多体育综合性管理法规。1984 年，党中央为了提出加快我国体育事业发展的指导思想、主要任务和工作措施，发布了《关于进一步发展体育运动的通知》。为了充分肯定体育在经济、社会发展中的重要地位和作用，提出新时期发展体育事业的指导思想、工作方针和总体要求，继续实施《全民健身计划纲要》，大力推进全民健身计划，构建多元化体育服务体系，大力全面实施竞技体育发展战略，切实加强体育工作的组织领导，2002 年国务院颁布了《中共中央、国务院关于进一步加强和改进新时期体育工作的意见》。1993 年原国家体育运动委员会发布的《国家体委关于深化体育改革的意见》、2001 年国家体育总局制定的《2001—2010 年体育改革与发展纲要》等也属于体育综合性法规。

体育领域法规。体育领域法规包括社会体育、学校体育、竞技体育和体育产业及经营等领域的法规。

社会体育法规是对社会各领域中群众性体育活动和体育组织管理工作进行规范、管理和保障的法律规范的总和。社会体育法规规范包括以休闲娱乐、健身健美、康复医疗、社会交往等为目的的体育活动及其经营过程中发生的各种关系。1993 年施行的《社会体育指导员技术等级制度》、1995 年发布的《全民健身计划纲要》、2001 年施行的《社会体育指导员职业标准》、2002 年制定的《全国"体育进社区"活动工作方

案》、2001 年下发的《关于继续深入开展"亿万农民健身活动"的通知》、2002 年发布的《农村体育工作暂行规定》等都是社会体育法规。

学校体育法规是对学校中各类体育活动及其相应的组织管理进行规范和保障的法律规范的总和。学校体育活动通常包括学校体育教学、课外体育活动、学校体育训练与比赛、校际体育交流以及学生体质健康标准测试等活动，对这些活动的规范是学校体育法规的重要任务和内容。有关学校体育法规有很多，如 1990 年发布的《学校体育工作条件》、2000 年发布的《体育传统项目学校管理办法》、2002 年实施的《学生伤害事故处理办法》、2002 年试行的《学生体质健康标准》及《学生体质健康标准（试行方案）实施办法》等。

竞技体育法规是指对高水平运动员的培养和训练比赛活动及相关工作进行规范和保障的法律规范总和。从竞技体育的实践过程来讲，它主要由运动员选材、运动员培养、运动竞赛和竞技体育管理 4 个相互联系的部分组成。我国竞技体育正在向社会化、职业化、国际化、市场化方面发展，竞技体育面临着比较复杂的社会关系和诸多的体育社会问题，所以近年来我国为了规范竞技体育发展而制定了一系列法律法规。2001 年发布的《关于运动项目管理中心规范化有关问题的通知》、1986 年发布的《全国综合性运动会试行工作条例》和《全国体育竞赛赛区工作条例》、1989 年发布的《全国体育运动单项竞赛制度》和《体育运动全国纪录审批制度》及《全国运动员注册与流动管理办法（试行）》、1992 年发布的《教练员岗位培训条件及审批程序》和《教育员岗位培训合格证颁发程序管理办法》及《教练员岗位培训评估办法》、2000 年制定的《全国综合性运动会工作人员纪律规定》、2002 年发布的《关于申办国际体育活动报批程序的规定》、2002 年制定的《2001—2010 年奥运争光计划》等都是近 20 年发布实施的重要体育法规。

体育产业及经营法规是调整体育产品生产及经营活动中一系列关系的规范和保障的法律法规的总和。现阶段体育产业划分为 3 个类别：一是体育核心产业，主要指各种体育服务业，如健身休闲、竞赛表演等；二是体育附属产业，主要指与体育密切相关的生产企业，这类产业并不是通过体育活动本身来增加体育产品的价值，如体育器材、体育服装等；三是体育连带产业，主要是指随着体育核心产业发展而发展起来的一些新兴体育服务产业，服务产品虽然与体育有关但不是体育健身和竞赛表演等，它对体育核心产业的发展有一定的促进作用，但其发展受到体育核心产业发展的制约，如体育传媒、体育中介、体育旅游、培训咨询等。

我国为了规范体育产业及经营而制定和发布了许多体育法规，如 1984 年发布的《关于加强体育市场管理办法的通知》、1995 年制定的《（1995—2010 年）体育产业发展纲要》，1996 年发布了《关于进一步加强体育经营活动管理的通知》，并且各地根据"通知"从当地具体情况出发，也纷纷制定和修改了《体育经营活动管理办法》等的通知、纲要、办法，这些体育法规对体育产业及经营的有序发展起到了一定的规范作用。

体育单行法规。体育单行法规是指当体育基本法规和各领域法规都不能及时针对比较具体的一个问题而制定或修改法规时，往往通过制定单行体育法规，对其进行法律规范。如针对体育知识产权保护、体育彩票、兴奋剂等问题而制定和实施的单行体育法规。《北京市奥林匹克知识产权保护规定》《奥林匹克标志保护条例》《2001—2010 年体育科技进步的意见》《国家体委体育社会科学、软科学研究项目管理办法》《国家体育总局科学研究与科技服务经费管理暂行办法》《体育外事工作管理规定》《关于申办国际体育活动程序报批程序的规定》《关于加强国际体育组织人才培养工作的意见》《体育彩票公益金管理暂行办法》《体育彩票财务管理暂行规定》《关于加强体育彩票公益金援建项目管理的意见》《全国性体育竞赛检查禁用药物的暂行规定》《兴奋剂检查工作人员管理暂行办法》《关于严格禁止在体育运动中使用兴奋剂行为的规定（暂行)》《反兴奋剂条例》等都是单行体育法规。这些单行体育法规是针对体育在发展过程中出现的问题而及时制定实施的，对规范体育运动价值实现起着及时、具体可操作的效用。

第三节　体育规制实践与发展

体育规制实践问题是体育规制研究的核心问题，体育规制的好与坏只有付诸实践才能进行客观评判。体育规制实践实质上是规制机构如何利用体育法规对规制对象进行规制的操作过程。它涉及的是体育规制如何运行的问题。显然，由于规制的国情不同，各国体育规制实践存在着较大的差异，如何理解这种差异并充分汲取发达国家体育规制实践的先进经验为我国体育规制实践服务，是本节需要解决的主要问题。

一、体育规制实践概述

（一）体育规制实践的内涵

根据马克思主义实践观的观点，实践是指人能动地改造客观世界的

物质活动，是人所特有的对象性活动。体育规制从表面上看，是"政府机构或授权机构"对体育进行控制和干预的行为。显然，机构作为实体本身并不会能动地对体育进行控制和干预，体育规制最终离不开机构中"人"的对象性活动，而对象性是指体育本身。一般意义而言，体育规制实践就是规制机构或授权机构在规制目的指引下依据体育法规进行体育控制和干预的一系列行为。

体育规制实践是紧紧围绕"体育法规"而进行的系列行为。从概念上得知，体育规制是依据体育法规进行的控制和干预活动，离开了体育法规，体育规制便失去了基准，体育规制便成为典型的"人治"。

从学理上分析，体育规制实践有广义和狭义之分。广义的体育规制实践是国家立法机关、行政机关、司法机关以及其他法律授权或委托组织依据法定职权和程序对体育进行规制的行为集。因此，广义的体育规制实践包括体育的立法实践、执法实践和执法监督实践。狭义的体育规制是指国家行政机关或授权组织在规定的法律范围内依据体育法规程序、行使体育管理职权、履行体育管理职责和实施体育法规的活动。显然，狭义的体育规制仅指行政机关的执法行为，也即将体育法规中的具体条款落实到事实当中去的行为。接下来要探讨的体育规制实践是广义上的体育规制实践。

广义的体育规制实践包括体育法制建设的各个方面，真正体现了体育规制"依体育法规进行控制或干预"的本质所在，而这与我国提倡的"依法治体"是不谋而合的。从体育规制实践的现实情况来看，广义的体育规制实践更能概括当前我国体育规制实践过程中所存在的主要问题——体育立法问题、体育执法问题和体育执法监督问题。体育立法是体育规制实践的前提与基础，同时，完善的体育法规体系也以体育立法为基础，而完善的体育法规体系决定了体育规制的深度与广度。体育执法是体育规制实践的核心，体育法规的确立以付诸实践而体现出应然价值，尤其是对于成文体育法规而言更是如此。体育执法监督实践是指职能部门对执法主体实施的执法行为是否符合体育法规规范进行监督和督促，并对违法行为进行纠正的活动。体育执法监督是体育规制实践的保障，它能确保体育规制按照规制目标进行下去，保证了体育规制的公正与有效。

（二）体育规制实践过程

从广义的体育规制实践来看，体育规制实践过程是指体育规制机构为实现体育规制目标所采取的规制程序。这一程序是在特定时间和空间上的辩证统一，是体育规制内部要素存在的基本形态和发展的必然联系的体现。从体育规制时间维度来看，体育规制实践过程是从规制开始到规制结束的整个进程。从体育规制实践的概念得知，体育规制实践过程是以体育法规建立为起点，以体育法规废除或修改为终点的时间表现。从具体体育法规上分析，单个体育法规的废除是可能的，我国就在2010年和2016年对部分体育法规进行过废止和修改。单个体育法规的废除并不是体育规制的终止，这里面存在两种情况：第一，单个体育法规已经很好地完成了规制的目标，可以通过诸如习惯、意识等手段对该法规所规制的问题进行有效控制；第二，被其他体育法规所替代，体育规制的法规条文进行了转移。体育法规的修改又可理解为一种新的体育法规建立的开始，从而使体育规制实践总是重复着起始—实施—修改的周期性螺旋上升过程之中（图7-8）。从宏观体育规制来看，体育法规的废止是一种理想的体育规制状态，也就是说社会文明发展到了一定的历史阶段时，体育的发展不是靠体育法规对其进行控制和干预，体育可以不加控制地随心所欲地发展，正如规制经济学家提出的那样达到"放松规制的理想状态"[1]。从体育规制实践的空间维度来看，体育规制实践过程是在特定地域内体育规制实践所呈现的状态过程。不同国家或地区对待同一体育规制问题所采取的规制措施存在差异，这便是体育规制实践过程在空间状态上的体现。

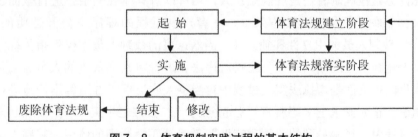

图7-8　体育规制实践过程的基本结构

（三）体育规制实践原则

体育规制实践原则是指在体育规制实践过程中必须遵循的基本准则，

---

① 参见张红凤《西方政府规制理论变迁的内在逻辑及其启示》，《教学与研究》2006年第5期。

是体育规制实践的内在要求，是长期以来体育规制实践的高度理论性概况。体育规制实践应遵循公正原则、效率原则、公开性原则、程序性原则等。

1. 公正原则。在词义上，"公正"（justice）是指没有偏私地根据一定的标准行事。现代意义上，所谓公正即公平与正义的合称①。公正既是人类社会的基本美德，也是人类不懈追求的最高理想和目标。公正内含有一定的价值标准，是一种价值判断，而这一标准和判断依据便是法律。体育规制以体育法规作为行为标准，在体育规制实践过程中理应突显出公正的实践价值要求。

在体育规制实践过程中，体育规制与正义的关系最为密切，这是因为"正义所关注的是法律规范和制度性安排的内容，它们对人类的影响以及它们在增进幸福与文明建设方面的价值"②。可见，体育规制实践与公正结合得最为直接。原因有两个方面：第一，体育规制所依据的体育法规的建立要以公正为逻辑起点，体现在体育法规文本条款的公正性；第二，体育法规的具体条款的落实都经由一个理性的程序运作过程，理性运作的过程也就是将体育法规从静止的文本状态向现实的实然状态转变的过程，而这一过程正是以公正为基本前提的。由此可见，公正既是体育规制实践的起点，也是体育规制实践的落脚点。

在体育规制实践过程中，公正的基本原则几乎贯穿于体育规制实践的始终。具体而言，在以下五个方面体现得尤为明显：（1）体育规制具体条款和程序的公开性。规制机构颁布的任何体育法规都是公开透明的，无论你是被规制者还是规制关系人，均可以对具体规制条款进行全面了解；如果当事人违反具体条款，体育规制过程的程序是公开透明的。（2）裁判人员的中立性和独立性。当然这里的裁判人员不仅仅指传统意义上竞赛场上的裁判人员，还指对违法者进行审判和裁决的人员。裁判人员的中立性是指执法实践过程中对当事人或当事双方不偏不倚地进行执法。正如亚里士多德所言"公正意为'二极端之中道'"③。在规制操作过程中，经常见到的"回避制度"就是公正性原则的体现。裁判人员的独立性是指裁判人员对违法行为的裁决具有相对独立的裁判权并承担相应的责任。如利用裁判法对体育竞赛进行规制的过程中，裁判员对违法行为的判罚就具有相对独立性。（3）当事人地位的平等性。当事人地

---

① 参见张文显《法理学》，北京，高等教育出版社，北京大学出版社，2011 年，第 6 页。

② 参见博登海默《法理学：法律哲学与法律方法》，邓正来译，北京，中国政法法学出版社，2004 年，第 21 页。

③ 参见亚里士多德《伦理学》，北京，商务印书馆，1993 年。

位的平等性是指在体育规制实践过程中如果涉及控辩双方或多方（两个及以上）时，在规制过程中他们的法律地位完全平等，不存在一方地位高于另外一方地位的情形。（4）体育规制实践行为的合法性。体育规制是依据体育法规进行的行为，在体育规制实践过程中，所有的规制行为都必须以体育法规为准绳，行为的外部表现必须是合理、合法的。（5）处罚结果的正确性。处罚结果的正确性是确定体育规制实践正义与否的试金石。对于违法体育法规的行为，结果的正确性与一致性才能保证体育规制行为的良性循环。

2. 效率原则。现代意义上的效率（efficiency）是指单位时间内完成的工作量。在不同的语境之下，效率的内涵存在着差异。在日常用语中，效率带有"好、快"的意思；在经济学中，"经济效率"又是一个专属名词，指的是投入与产出或者成本与收益之间的关系[①]。而这里的效率又有"多产出、快生产、好质量、省资源"等多层意思。体育规制实践中的效率原则是指体育规制实践活动进行的快慢程度，解决体育违法行为的数量，以及在规制过程中规制主体对各种资源（人力、物力、财力等）的利用程度和节省程度。

随着社会政治经济文化的快速发展，体育作为一种社会文化现象被得到空前重视的同时也渗透到了社会生活的各个领域之中，也就是说以"运动"为纽带的体育规制的领域正在不断扩大。这就要求体育规制实践活动要跟上这种变化，强调效率原则显得尤为重要。由于体育规制实践行为的特殊性，在对某些行为的规制过程中，对违法行为的处罚是即时的、同步的，如赛场上裁判员对运动员违法行为的规制便是如此，这更加要求体育规制实践要以效率为原则。

在体育规制实践过程中，效率原则主要体现在以下四个方面：（1）体育规制机构的精简性。体育规制机构的精简性是指规制机构在职务设置以及人员配置方面要符合体育规制所要解决事务的客观要求，杜绝规制机构设置繁杂、人浮于事的现象出现。国家体育总局作为体育规制机构的政府代表，其机构组织改革在近年来发生了重大变化，这种变化正是顺应体育规制实践效率原则的要求而进行的。（2）体育规制人员的专业性。"闻道有先后、术业有专攻"，体育规制人员较强的专业性能够提高体育规制实践的效率。体育规制人员的专业性不仅体现在具有较强的体育专业知识，而且还应具备较强的法律专业知识，更为重要的是

[①]　参见维特根斯坦《哲学研究》，李步楼译，北京，商务印书馆，1996 年。

具备体育规制实践经验。在社会分工越来越细化的现代社会，体育规制人员的专业性能够给体育规制实践带来"好、快"的结果。(3) 体育规制机构的独立性。与司法规制以及刑法规制不同的是，现阶段，体育规制机构扮演着体育法规制定者和执行者的双重身份。对违法行为的处罚往往在规制机构内部就能顺利完成，这样的机构设置给体育规制带来了极大的规制效率。只有极少数在体育规制机构解决不了问题的情况下，当事人才会求助于其他的规制机构。如典型的波斯曼法案和 Kolpak 判决首先都是在体育规制机构内部进行判决，当事人对判决结果不满意的情况下才会向更高级别的规制机构提出上诉，而且最高机构审批的依据也不是体育法规。故此曼斯特法案中最后阶段的审批并不能称为严格意义上的体育规制。但是，在体育规制实践过程中，这样的典型案例还是较为少见。(4) 程序的简明性。这里所讲的程序是指对违法行为处理的程序。与司法诉讼不同的是，司法诉讼活动严格按照程序一步一步走下去，而体育规制处理的程序相对简单明了。如对违禁药物使用者的处罚，根据具体条款进行直接处罚即可，而且处罚的结果具有终结性，这样大大提高了体育规制实践的效率。

3. 公开性原则。公开性（openness）是指体育规制实践的整个过程向社会公众公开。公开性原则与公正原则具有一定的联系，正所谓"没有公开则无所谓正义"，"正义不仅要实现，而且要以看得见的方式实现"。体育规制实践活动的公开性有利于广大民众了解国家对体育规制的基本情况，增强社会公众对体育规制的信心和支持；有助于规制当事人维护自己的合法权益，使得违法行为的规制结果更易被当事人接受；有助于防止规制人员的专横擅断，消除腐败现象；有助于对体育法规的宣传教育，增强社会公众对体育法规条文的了解。

从体育规制实践活动公开的对象来看，其包括对社会公众的公开和对当事人的公开。从公开的范围来看，体育规制公开包括规制执法的公开和结果的公开。在某些场合下，规制执法的公开和结果的公开是同步进行的，即按照体育法规条款对行为进行规制的过程中，对行为性质判断的同时就意味着相应的规制结果，这种情况在各个项目的裁判法中最为常见。如对篮球竞赛中"带球走"的行为规制，其结果就是要"交换球权"，定性为"违例"而不是个人犯规。从公开的内容来看，体育规制活动的公开包括制定法规条文的公开、执法过程的公开和执法结果的公开。法规条文是体育规制实践活动的重要依据，只有让更多的民众知晓规制文件，才能通过对当事人的规制结果让社会公众熟知与理解规制条文。只有这样，才能增强体育规制文件的合法性和可接受性，才能让体育规制真正落到实处。很难想象在体育规制条文不公开的情况下，体育规制实践活动能够得以顺利进行。

4. 程序性原则。程序性原则（procedural）是指在体育规制实践过程中的步骤程序。程序性原则是对体育规制实践活动在时间上的要求，其本身包含"有序"的含义。体育规制实践活动总是按照一定的程序进行着，体育法规的制定中有严格的程序要求，体育执法中有程序性要求，体育申诉中有程序性要求，这些程序在规制过程中是不可逆的。程序内部之间（步骤与步骤之间）一环扣一环，体现着步骤之间的逻辑性。因此，体育规制实践过程中的程序不能随意超越。"经过程序认定的事实关系和法律关系，一旦被贴上封条，便成为不可动摇的真正过去。"[①] 体育规制实践过程中的程序性原则可以有效地制约权力。规制步骤的先后次序以及严密的逻辑性杜绝"一言堂"式的管理，有效防止了权力的腐败。体育规制实践过程中的程序性原则还可以有效地促进体育法治建设。法治建设的首要环境就是在立法环节上做到"有法可依"，这就要求体育立法机关在制定体育法规的过程中要遵循程序化的内在要求。当然，这种程序化的内容要求取决于程序的正当性和有效性。只有经过程序化后所建立的体育法规体系才是真实有效的，而体育法规体系的完整，对于促进体育法治建设具有积极的意义。体育规制实践过程中的程序性原则有效地保证了结果的正当性。由于体育规制结果受到多种因素的影响，在某些情况下会造成对裁判者活动的限制，使其难以揭示行为的客观真实，无法形成正确的裁判结果。而对于错误结果的纠正必须通过正当的申诉程序进行。如比赛后的申诉都是在当事人对比赛结果有异议的前提下，由当事人书面申请，并通过正当的程序对比赛结果进行审查。

二、国外体育规制实践

由于国情的不同，各国之间的体育规制实践存在着差异。从体育规制实践的概念可知，体育规制实践包括立法实践、执法实践和监督实践3个组成部分。对国外体育规制实践主要从立法实践进行分析。

（一）英国体育规制实践

英国是现代奥林匹克运动的创始国之一，有着深厚的体育文化传统，

---

① 参见季卫东《法律程序的意义——对中国法制建设的另一种思考》，《中国社会科学》1993 年第 1 期。

该国还是多项现代体育运动比赛的发源地，如现代足球、乒乓球、羽毛球、斯洛克、水球、高尔夫球、橄榄球等。在奥运会赛场上，英国的传统优势项目较多，主要集中在田径、射击、拳击、柔道、赛艇、帆船、自行车、马术、皮划艇、现代五项等。英国的职业体育也相当发达，在四大联盟——足球协会、网球协会、英式橄榄球联盟和英格兰-威尔士板球联盟的推动下，其竞技水平处于世界领先地位。英国的体育文化之发达与该国的地理位置、政治经济文化背景密切相关外[1]，还与英国的体育规制实践密不可分。

由于英国特殊的国家体制，英国包括英格兰、苏格兰、威尔士和北爱尔兰4个部分，各地区都有自己独特的法规制度，这里所讲的应该主要是指英格兰和苏格兰在内的体育规制。

1. 英国体育规制机构体系。英国体育规制机构是典型的政府、市场和社会的多元管理体制（图7-9）。从政府管理角度讲，负责体育运动的政府部门是文化部、传媒部和体育部（DCMS）[2]。它在体育方面的立法主要包括"全民体育"（sport for all）、促进发展高水平的体育运动、对一些部级的不属于政府部门的体育运动公共实体活动进行监督、帮助政府制定各方面的体育法规以及发送体育彩票基金。英国对学校体育历来相当重视，初等学校和高等学校分属不同的组织机构管理。

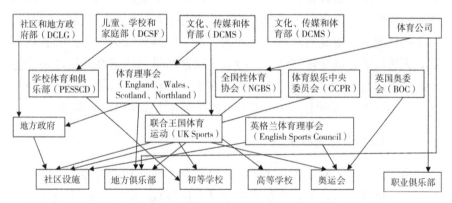

图7-9 英国体育规制机构体系关系

---

① 参见王志威《英国体育政策的发展及启示》，《上海体育学院学报》2012年第36卷第1期。

② 体育内阁成员包括文化部、媒体部和体育部大臣，英国4个行政区有分工负责体育的地方政府部长，而四区体育理事会主席作为观察员旁听部分会议。

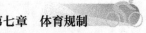

注：根据《欧洲体育法研究》①和《英国体育政策的嬗变及启示》②进行整理

在政府部门和民间体育组织之间，还有非部级的体育公共实体组织（NDPB）——体育理事会。体育理事会相当于政府和民间组织的中介组织，它直接对文化部、媒体部和体育部负责。这样的中介组织作用十分复杂，除了英格兰、苏格兰、威尔士和北爱尔兰4个体育理事会之外，还有一个叫"联合王国体育运动"（UK Sport）的组织，它实质上是政府文化部、媒体部、体育部的下属专门机构，上对英国国会负责，管理体育运动领域的公共投资，在国际关系、大型运动会、反兴奋剂以及体育市场营销等方面推动英国体育运动的发展。英格兰体育理事会的共同点是推动政府体育运动目标的实施；鼓励社会大众参与体育运动；负责项目投资；影响体育方面的政府决策和公众舆论，致力于体育运动水平的实现和提高。

除此以外，民间非政府体育机构还有体育娱乐中央委员会（Central Council of Physical Recreation，CCPR）和英国奥委会（British Olympic Association，BOA）。CCPR的主要职责是对英国国内的体育运动和舆论实体进行管理；游说政府和评价政府政策对体育运动的影响；推动体育运动志愿者活动；对体育娱乐参与者提供政策和服务；对社会体育运动管理者进行定期培训等。而英国奥委会则是负责组织和派遣运动员参加奥运会。

2. 英国体育规制的主要内容。由于英国体育规制体制是一种宏观规制，很少涉及对具体问题体育立法，但是英国对于体育规制的重点内容还是呈现出了该国的特色。

● 英国超级足球联赛电视转播权问题。足球联赛（英超）是英国四大联赛之一，1992年英超正式成立，其出售电视转播权所得的收入在俱乐部的总收入中占有很大的比重。2016—2019赛季的英超联赛在英国本土电视转播费拍出了51亿英镑的天价，由天空体育和BT Sport体育两家拿下，再加上海外转播收入，英超全球电视转播费超过81亿英镑，超过西甲、意甲、德甲、法甲联赛的总和。2017年开始，英国最高法院将全面禁止所有的非法英超直播平台和网站。最高法院的这一禁令将要求英国的互联网服务提供商（Internet Server Provider，ISP）阻止人们非法访

---

① 参见黄世席《欧洲体育法研究》，武汉，武汉大学出版社，2010年，第13页。

② 参见甄嫒园、缪佳《英国体育政策的嬗变及启示》，《西安体育学院学报》2015年第32卷第3期。

问其匹配的流媒体。这也将允许英超打击非法销售和使用诸如预装的IPTV 和 Kodi 盒子等设备的非法直播装置。这也就是说，英超每个赛季的138 场比赛全部得付费观看。

由于英国没有针对足球比赛权利方面的法规，电视台和其他媒体享受权利对足球比赛片段的独家报道，此类比赛片段的报道受到版权法的保护。而在实践操作过程中，英超的电视转播权掌握在以本地的天空电视台为主体地位的媒体公司手中，使得媒体领域的其他公司纷纷破产与合并，这种垄断现象引发了欧洲委员会对英超集体出售电视转播权的调查。

欧洲委员会认为尽管天空广播公司是按照投标程序，通过自由市场竞争买断转播权的，但这是一种非法的交易，因为至少要 2 家广播公司分享比赛的转播权。而英超则解释，任何要求将现场转播权出售给多家广播公司的行为都会造成转播权价格的暴跌，这对于俱乐部、球迷和足球运动的基层组织将受损。① 欧洲委员会表述，如果英超不遵守 2003 年提出的将电视转播权出售给至少 2 家电视台，将以违反公平竞争为由将英超告上法庭。如果欧盟获胜，将对英超处以高达年销售额 10% 的罚款。

· 体育运动暴力问题。自 20 世纪初，球场暴力尤其是"足球暴力"一直都是英国比较严重的社会问题。1909 年苏格兰足总杯决赛上，球迷和警察发生冲突，约 100 名球迷受伤；1961 年桑德兰和托特姆俱乐部之间在比赛中发生骚乱；1971 年 1 月 2 日，英国格拉斯哥的伊布洛克斯公园球场发生暴力惨案，导致 66 人死亡，145 人受伤；1985 年利物浦与尤文图斯在布鲁塞尔海瑟尔体育场进行欧洲冠军杯决赛，比赛中双方球迷的辱骂和投掷行为演变成双方球迷的大打出手，导致看台倒塌，当场 39 名球迷被压死，300 多人受伤，这就是著名的"海瑟尔惨案"；1989 年，在谢菲尔德的希尔斯堡举行的英国足总杯半决赛中，由于没有固定座位，大批球迷你推我撞，导致球迷推翻围栏，造成 96 名球迷死亡，1000 多人受伤。警察的无能以及球场的恶劣条件是造成这一灾难的主要原因。② 此后，英国政府出台针对性的体育法规，以对球场暴力进行规制（见表

---

① 英超将电视转播权的部分收入用于资助已经退役运动员再就业的培训，俱乐部拿出转播收入的 5% 组成足球基金，用于资助基层足球设施，对降级俱乐部支付部分条款以减少不同俱乐部之间的差异。

② 参见宁伟、谭小勇《国外体育赛事球场观众暴力法律规制评介》，《体育科研》2013 年第 34 卷第 6 期。

7-4）。英国对球场暴力的处罚是相当严厉的，一旦确定某人行为性质为足球流氓，可能会受到以下处罚：第一，政府有可能让这些足球流氓再也回不到英国；第二，判刑，刑期不等；第三，10年内不得进入国内赛场看球。

表7-4 英国球场暴力代表性法规颁布情况①

时间	名称	具体内容
1975年	体育场地安全法	对比赛场地、安全等问题进行规制
1985年	体育比赛法案	饮酒、闯入球场等
1986年	公共秩序法案	禁止足球流氓观看比赛等
1989年	足球观众法案	对观众观看比赛行为进行规制
1991年	足球犯罪法案	比赛现场，投掷物以及种族言行等
1999年	足球（犯罪和骚乱）法案	对足球犯罪行为和骚乱行为进行规制等
2000年	足球骚乱法	对《足球管制法案》的修订

● 奥林匹克知识产权保护问题。奥林匹克标准的使用是由英国奥委会（12年伦敦奥组委）和国际奥委会严格控制的，只有在符合英国奥委会或者国际奥委会的条件的情况下才能获得官方赞助商、供应商以及许可商的地位。2012年伦敦获得第30届夏季奥运会举办权，英国奥委会在申请和举办奥运会向英国商标局提交了"London 2012"的商标注册，这是英国商标注册处在奥运会申办过程中第一次对"城市+年份"的商标进行注册。这是因为英国对奥林匹克知识产权进行了严格的规制。

1995年英国国会通过了《奥林匹克标准保护法》，规定应在英国范围内保护奥林匹克标志、格言以及"Olympiad（s）""Olympian（s）""Olympic（s）"这三个词。但是，这种规定只适用于1999年9月25日之后的情形。当时英国注册商标中有50多个包含"Olympic（s）"，这些商标的所有者并不是英国奥委会。在此之前，1949年《注册外观设计法》、1988年《版权设计和专利法》都对未经授权而使用的相关标志、吉祥物进行保护；1994年的《商标法》也禁止注册未经英国奥委会同意的包括奥林匹克标志的商标；《反假冒条例》把假冒奥林匹克标志的商品全部清除出英国市场。2005年7月，为配合2012年伦敦奥运会的举行，英国政府通过了指导奥运会商业开发的《伦敦奥林匹克法案》（London Olympics Bill），2006年改名为《2016伦敦奥运会和残奥会法》，并成

① 参见黄世席《欧洲体育法研究》，武汉，武汉大学出版社，2010年，第3页。

立了规制机构"奥林匹克筹建局"（Olympic Delivery Authority）[①]。

（二）美国体育规制实践

美国竞技体育发达，群众体育基础雄厚，体育市场成熟，美国体育的这些特征与美国体育规制实践密不可分。20世纪初，针对体育产业发展中的问题，美国开始了体育法规的制定，最早出现法律纠纷并引起诉讼的运动项目是棒球。[②] 美国体育产业发展中的法律纠纷基本上都是围绕着合同法、反托拉斯法和劳工法等问题展开的。但当时对这些法律纠纷或运动场上侵权行为的诉讼和裁决并没有用"体育法"（sport law）来界定，因此这类冲突的解决通常是以经济纠纷或刑事诉讼的程序来处理的。直到1972年美国波士顿法学院的罗伯特·彼雷教授第一次开设体育法课程"职业体育产业的规则"之后，体育法才得到了正式承认。[③]

1. 美国体育规制机构体系。美国是典型的政府分权型体育规制立法体系（图7-10），政府没有专门的体育主管部门，也没有单一、垂直的权威机构来负责全面的体育协调工作，政府在立法规制中扮演着宏观调控的角色，在体育规制实践过程中，多个专门的社会组织和私人企业在体育运动中扮演着主要角色。这是美国体育体制最显著的特点之一[④]。

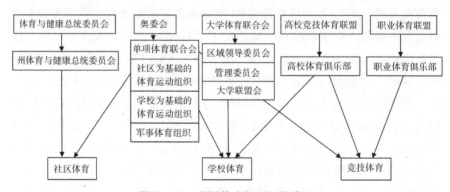

图7-10　美国体育规制机构体系

---

① London Olympic Game and Paralympics Games Act 2006.

② 参见吴义华《美国体育立法概况及体育纠纷解决机制研究》，《山西师大体育学院学报》2009年第24卷第1期。

③ 参见凌平、冯宇超《略论美国体育管理法规的立法形式和司法程序对我国体育法制建设的借鉴价值》，《浙江体育科学》2003年第25卷第3期。

④ 参见程蕉、袁古杰《美国、澳大利亚、南非、日本体育立法比较研究》，《体育科学研究》2012年第16卷第5期。

虽然美国对竞技体育采取的是不直接干预的政策，但是对社区体育的发展还是十分重视的，美国成立了以联邦政府和州政府垂直结构的规制体系——体育与健康总统委员会和州体育与健康总统委员会。它是一个负责美国大众体育事业发展的重要的政府咨询机构①。美国奥委会是美国的非官方体育组织，分别管理不同方面的体育。下属的国内单项体育联合会负责奥运会国家队的组建和对奥运项目进行管理的职责；除对奥运会相关事宜进行管理之外，还分设了以社区为基础的多项目的体育运动组织（Community-Based Multisport Organization）和以学校为基础的多项目的体育运动组织（Education-Based Multisport Organization），还有管理特定体育的机构，如管理海陆空三军的军事体育组织②。可见，美国奥委会对于促进美国体育的发展起到至关重要的作用。立法是美国大学体育管理的重要组成部分，所有的校际体育运动应遵循联合会的立法及法规。全国大学生体育联合会、区域领导委员会、管理委员会、大学联盟会均应以联合会的法规作为其行为准则，并与联合会的宗旨和基本原则相统一。③ 全美高校竞技体育联盟（National Collegiate Athletic Association，NCAA）行使高校高水平竞技体育的规制责权，而职业体育联盟则对职业体育的发展进行规制。体育联盟在美国相对发达（不论是学校还是职业体育），如美国著名的四大职业体育联盟——美国职业橄榄球联盟（National Football League，NFL）、美国职业篮球联盟（National Basketball Association，NBA）、美国职业棒球联盟（Major League Baseball，MLB）和美国职业冰球联盟（National Hockey League，NHL），能取得如此大的影响力与对其进行科学规制密不可分。

2. 美国体育规制的主要内容。《业余体育法》规制的主要内容。1978 年第 95 届美国国会通过《业余体育法》（*The Amateur Sports Act of 1978*），并于 1998 年将该法案改为《奥林匹克与业余体育法》（*Olympic and Amateur Sports Act*）。④《业余体育法》是美国业余体育颁布的较为全面的一部法典，从条文上看，《业余体育法》主要针对竞技体育的规制法规，这里的竞技体育在美国又称为精英体育，是指高水平运动员从事

① 参见国家体育总局《全民健身指导丛书》编委会《国外大众体育》，北京，北京体育大学出版社，2003 年，第40～41页。

② 参见郭树理《外国体育法律制度专题研究》，武汉，武汉大学出版社，2008 年，第 19 页。

③ 参见张锐、胡琪等《美国大学体育联合会的立法分类与程序》，《北京体育大学学报》2003 年第 26 卷第 4 期。

④ 参见郭树理《外国体育法律制度专题研究》，武汉，武汉大学出版社，2008 年，第 29 页。

的体育活动，而精英体育又分为职业体育和业余体育①。

《业余体育法》主要是围绕美国奥委会（United States Olympic Committee，简称 USOC）和国内单项体育联合会（The National Governing Body，简称 NGB）而展开的，它授权美国奥委会协调业余体育运动，规定了国内单项体育联合会的结合和法律地位。具体而言，《业余体育法》主要由两部分组成，第一部分主要是对法人即美国奥委会的性质、权利与义务的规定；第二部分主要是对国内单项体育联合会相关权利与义务的界定。第一章规定了美国奥委会的定义、组织、目标、成员资格、权力，对名称、印章、标记、标志的专有权、对营利性活动进行了限制，并对争端解决、传票送达手续、报告和挑选队员等方面进行了规定。第二章对作为国内单项体育联合会的业余体育组织的资格条件、权利、义务、业余体育比赛的批准进行了规定，同时对国内单项体育联合会的申诉、控告等方面进行了限定②。可见，《业余体育法》对业余体育在美国的开展以及对美国运动员参与奥运会、世锦赛等重大赛事进行了规制，而竞技体育中的其他组成部分由其他相关的法律进行管理。

反兴奋剂的规制。美国设立了反兴奋剂的专门机构——美国反兴奋剂机构（United States Anti-Doping Agency）（简称 USADA）。USADA 与美国单项体育联合会和美国奥委会共同完成对美国国内赛事中发生的兴奋剂争议和运动员服用兴奋剂案件进行管理。USADA 是受政府资助的非营利性、私人性质的自治机构，主要负责制定和执行美国"奥林匹克反兴奋剂计划"，管理美国参加奥运会、泛美运动会和残疾人奥运会运动员的药物检测和处罚制定事务，并组织开展反兴奋剂研究和教育工作。

从对 USADA 检查的对象来看，根据规则，USADA 有权对任何运动员进行检测，只要他是 NGB 的成员。另外，还可以检查"参加由美国奥委会和美国单项体育联合会裁判的赛事的任何运动员"。为了提高 USADA 的国际影响力，该机构可以检测"任何国外的、愿意接受 USADA 检测的运动员或任何愿意接受 USADA 检测的运动员"，还可以检查"任何被美国奥委会或美国单项体育联合会提名参加奥林匹克赛事或泛美赛事的运动员或正在代表美国奥运会和美国单项体育联合会参加国际性比赛

---

① 参见金涛、王永顺等《美国〈业余体育法〉解读与启示》，《体育学刊》2014 年第 21 卷第 2 期。"业余运动员"解释为达到国内单项运动联会或残疾人体育组织参赛标准的运动员；"业余体育组织"定义为非营利的法人、协会或者其他在美国组成的资助或安排业余体育竞赛的组织。

② 参见赵东平《美国业余体育法及其对中国的启示》，《暨南学报（哲学社会科学版）》2011 年第 3 期。

预选赛的运动员"。根据《美国奥林匹克委员会反兴奋剂规则》的规定，USADA 还可以对退役运动员进行检查。从遵循的规则来看，USADA 对检测运动员的血样或尿样进行检测，要遵循国际奥林匹克委员会（International Olympic Committee，IOC）制定的兴奋剂准则——《反兴奋剂条例》，分析具体案件时，采用的是国际单项体育联合会总会（General Association of International Sports Federations，GAISF）的违禁物清单。在无法得到足够的阳性检测尿样证据的情况下，还可以采取"威力最大的条例"——"非辨认性阳性"条例[1]，对被测运动员进行处罚。如果运动员对检验结果有异议，在处罚生效之前可以向全国体育仲裁小组（The National Sports Panel）或国际体育仲裁院纽约办事处提出仲裁。

（三）俄罗斯体育规制实践

1991 年 12 月俄罗斯宣布独立，独立后的俄罗斯是苏联的主体，继承了苏联丰富的体育遗产。在历届奥运会上，俄罗斯代表队均取得了很好的成绩。俄罗斯对体育的规制是以国家立法的形式，通过明确的法律条文来规范和调整体育领域中的各种关系。其内容涉及运动员的职务、劳动协议、退役运动员的退休金和服务年限有关的待遇等。1993 年俄罗斯联邦最高联盟颁发了《体育和竞技运动的立法基础》，加快在体育领域内依靠法律来规范、发展体育的进程。[2]

1. 俄罗斯体育规制机构体系。以前，俄罗斯体育规制机构主要分为两部分：一是俄罗斯联邦国家体育运动委员会（俄罗斯国家体委）；二是俄罗斯奥委会。前者负责体育部门间协调和解决专业体育问题，是联邦执行权力机构。后者属于社会团体，是俄罗斯体育组织和俄罗斯联邦公民的联盟，领导俄罗斯的奥林匹克运动，代表俄罗斯联邦的利益，负责 4 年一届的奥运会，与国际奥委会和相关体育组织进行交流。但是，两大规制机构在一系列问题上产生了较大的分歧。如在经费使用方面，由于俄罗斯国家体委失去了对国家竞技体育的主要管理权，尤其是奥运会备战方面完全由俄罗斯奥委会负责，因此，联邦预算也对俄罗斯奥委会倾斜，这导致俄罗斯国家体委的很多工作受到影响，许多体育专业的教练员都离开了国家体委，另谋出路。

俄罗斯在奥运会成绩的下滑（1996—2004 年俄罗斯单独组队参赛的

---

① "非辨认性阳性"条例：运行反兴奋剂机构在没有得到足够证据的情况下，依据机构掌握的情况认定运动员"有罪"，并对运动员进行处罚。

② 参见郭树理《外国体育法律制度专题研究》，武汉，武汉大学出版社，2008 年，第 9 页。

三届奥运会，1996 年、2000 年均获第二名，2004 年跌到中国队之后，名列第三。俄罗斯失去了同美国抗衡的能力，只能同中国、德国、法国、澳大利亚等第二军团相争。冬奥会上，俄罗斯再也没有苏联的优势，只能同德国、美国、挪威等国站在一个起跑线上。①），更加加剧了俄罗斯国家体委和俄罗斯奥委会之间的矛盾。普京上台后，加速了俄罗斯体育规制机构的改革。

俄罗斯新体育规制机构改革后的基本特征是体育政策决定与实施的民营化。国家体育事业多数由民间体育管理组织和体育关联企业以承包的形式实施完成。② 改革了俄罗斯原国家体育组织上请下达型的旧管理体制，充分调动发挥民间体育组织和关联企业的积极性并予以更多的权限，是在国家体育组织的宏观指导下，向民间体育行政组织下放权限的过程。这样更有利于将国民和体育界的意愿汇总，并由俄罗斯奥委会竞技团体、体育企业、国立体育研究所、体育俱乐部以阶段性的提议向俄议会提出。因此，这些规制组织机构作为利益团体具有更高的规制权力。

大总统附属体育咨询与调整委员会主要是依据国家的政策方针，制定国家体育政策并向俄总统进行提案，对全俄罗斯所有体育组织机构进行权力调整，它是俄罗斯体育规制的最高政府机构。国家体育观光委员会主要对俄罗斯所有体育竞技事业进行规制。俄罗斯联邦体育委员会主要对俄罗斯所有学校体育事业进行规制。国家体育基金主要对俄罗斯体育组织的财政进行规制，是体育事业奖励的财源。俄罗斯奥委会主要对俄罗斯竞技团体、竞技交流进行规制。俄罗斯竞技团体主要是派遣队伍参加世界锦标赛为核心的国际比赛，对全俄罗斯的竞技体育事业进行规制。俄罗斯任意体育团体主要负责全俄罗斯所有民间体育俱乐部体育设施青少年体育专门学校，承担实质性的体育活动的权利。俄罗斯运动员联盟主要维护俄罗斯运动员、教练员、体育组织的职员的权利，并保障支付退休金、年金、社会保障及体育关系者生活的任意组织。俄罗斯体育教练员联盟主要维护俄罗斯所有教练员的权利，对违反教练员权利的行为进行规制。嘉西纳夫纪念基金主要为保障支付体育组织职员年金所设立的半官半民的年金使用。伏劳库诺夫体育委员会主要对发行体育彩票和受益进行规制。俄罗斯体育与研究结构主要是对俄罗斯竞技体育研

---

① 参见马忠利《俄罗斯体育重归政府管理的过程及缘由探析》，《成都体育学院学报》2008 年第 34 卷第 3 期。

② 参见马忠利、叶华聪等《苏联解体后俄罗斯体育政策的演进及启示》，《上海体育学院学报》2014 年第 38 卷第 1 期。

究和运动员训练的中央机构和大学组织。青少年体育专门学校是由政府
和民间组织分管，对奥运项目和民族传统体育进行教育的学校组织（图
7–11）。

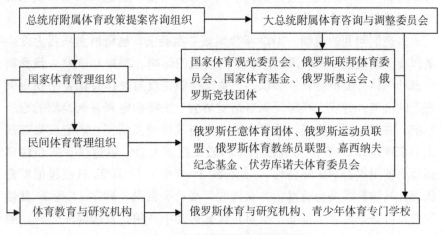

图 7–11 俄罗斯体育规制机构

2. 俄罗斯体育规制的主要内容。职业冰球运动的规制问题。根据
《俄罗斯联邦体育文化和运动法》第二条规定，"职业运动员是把参加体
育比赛和参与体育运动作为其主要的活动并以此获取报酬和其他金钱补
偿的运动员"[1]。俄罗斯职业体育著名的项目是冰球和足球。

在俄罗斯，冰球一直是民众普遍受欢迎的运动项目之一，俄罗斯职
业冰球联盟是仅次于北美冰球联盟的最佳冰球联盟。苏联解体之后，加
盟国之间成立了冰球联盟，直到1996年，俄罗斯成立了在法律上和经济
上都独立的俄罗斯职业冰球联盟（Russian Hockey League，简称 PHL）。
联盟成立后迅速制定了相关法规对冰球联盟进行规制，主要包括《俄罗
斯职业冰球联盟非商业合作章程》（1999年）、《冰球球员身份地位规
则》（2002年）、《俄罗斯冰球联盟经纪人活动条例》（2002年）以及
《俄罗斯冰球联盟年度联赛条例》（2002年），这些法规从商业合作、球
员身份、俱乐部地位、经纪人活动以及比赛规则等诸多方面对冰球运动
进行规制。

《俄罗斯职业冰球联盟非商业合伙章程》规定了该联盟的法律地位，
即其组织形式是在俄罗斯比较普遍的非商业组织，主要目的是在俄罗斯

---

① 参见姚颂平《依法治体——俄罗斯联邦体育改革与启示》，《上海体育学院学报》2015
年第39卷第2期。

联邦境内发展和协调职业冰球运动，章程中规定职业冰球的主要管理机构是大会、联盟理事会、委员会以及解决争议的仲裁委员会等。根据俄罗斯冰球联盟年度联赛条例的规定，所有在冰球运动中产生的争议当由仲裁委员会进行裁决，其他条例中也有球员身份、经纪人活动、俱乐部地位以及仲裁争议的条款。

兴奋剂问题的规制。2002 年盐湖城冬奥会上，越野滑雪项目上发生的兴奋剂案使俄罗斯的国际声誉受到极大的影响。2004 年 3 月，俄罗斯国家杜马体育委员会召开会议，一致支持制定反对在体育比赛中使用兴奋剂的法案，并成立联邦反兴奋剂委员会。法案确定兴奋剂检测的程序标准，并对检测过程进行监督；成立兴奋剂检测实验室，确定反兴奋剂上的职责。2005 年 10 月在联合国科教文组织大会上通过《反对在体育运动中使用兴奋剂国际公约》，此公约于 2006 年 12 月 22 日获得俄罗斯国家杜马体育委员会通过，并获得联邦委员会批准，同年 12 月 29 日俄罗斯总统普京签署了批准《反对在体育运动中使用兴奋剂国际公约》的联邦法律。公约的批准将俄罗斯反兴奋剂问题提升到国家法律层面，对俄罗斯反兴奋剂问题起到了很好的促进作用①。

三、我国体育规制实践与发展

（一）现阶段我国体育规制实践过程

1. 体育规制实践中的体育立法。体育规制实践中的体育立法实践是指各类国家机关和组织依照法定职权和程序制定的各种体育法规范的活动②。体育立法实践是体育规制实践的前提与基础，没有体育的立法实践，体育规制实践活动也将不会存在。体育立法实践以体育法规的颁布实施。

从体育立法权限划分的角度来看，它存在着多级并存、多类结合的情形。体育立法是由国家最高权力机关及其常设机关统一领导，地方政府机关行使一定权力，最终实现体育立法权限的划分，达到权力下放的目的。在我国体育立法实践过程中，国家最高权力机关指的是全国人大及其常委会，而常设机关指的就是国家体育总局。体育立法权力的下放也是通过地方人大以及地方体育主管部门（省体育局、市县体育文化旅

---

① 参见郭树理《外国体育法律制度专题研究》，武汉，武汉大学出版社，2008 年，第 9 页。

② 参见胡伟、程亚萍《论我国体育立法的价值选择》，《体育与科学》2011 年第 32 卷第 1 期。

游局）制定地方性法规来得以实现的。但是，地方性体育法规不能与最高权力机关以及常设机关所制定的体育法规相抵触。

我国体育立法的权力下放也决定了体育规制实践立法主体的多样性。即由全国人大及其常委会制定国家体育法律（1995 年的《中华人民共和国体育法》），以国家体育总局为主，国务院其他所属部门制定行政法规以及部门规章，而地方政府机关制定地方性体育法规。最后，立法主体的多样性也造就了体育法规的多类性。

立法主体多样性和体育法规的多类性符合目前我国体育规制实践的客观现实，有三个方面的原因：第一，我国是社会主义国家，以体现广大人民群众一致的全国人大及其常委会行使国家立法权；第二，我国幅员辽阔，地方经济、文化发展不平衡，而仅靠全国人大及其常委会或者国务院部属机构与国家体育总局相配合来完成整个国家的体育立法是不现实的，也是不科学的，这就要求在立法上实行一定的分权；第三，体育规制实践是在以国有经济为主导、多种经济成分并存的经济背景下运行的，体育规制实践的立法也应该坚持中央统一领导，地方多方参与。

在这样的立法体系下，目前，我国体育规制实践中的体育立法内容丰富。其中，现行有效的部门立法 32 件，现行有效的规范性立法 142 件①，内容涉及素材性体育规制以及条件性体育规制的诸多方面。

2. 体育规制实践中的体育执法。体育规制实践中的体育执法是指体育行政机关及体育社团在体育法规定的职权范围内，依照法定程序把体育法律、法规、规章的规定适用于具体的对象或案件的活动②。体育执法是体育规制实践的重要组成部分和基本实现方式。体育法规的生命力在于执法，体育执法是检验体育法规效用的有效手段，体育法规的效用价值通过执法得以体现。因此，高度重视体育执法是体育规制实践发展的必然要求。

根据宪法规定，"国家行政机关是国家权力机关的执法机关，国家权力机关制定的法律及其他规范性法律文件主要通过国家行政机关的日常职务活动来贯彻执行"③。由此可见，我国体育规制实践中的体育执法主体是国家行政机关。但是，在体育执法实践中，体育执法主体不仅仅是

---

① 参见姜熙《比较法视角下的我国体育立法研究——以〈体育法〉修改为切入点》，上海，上海体育学院，博士学位论文，2017 年，第 4 页。

② 参见华洪兴、李江等《体育执法中的问题及其对策》，《体育与科学》2000 年第 21 卷第 3 期。

③ 参见张文显《法理学》，北京，高等教育出版社，北京大学出版社，2011 年，第 6 页。

体育行政机关，还包括授权的社会组织以及行政委托的社会组织。

显而易见，国家体育总局是我国的最高执法机构，其代表的是国家政府行使体育执法的权力，其下设的各个工作部门根据颁布的体育法规的规定，在自己职权范围内行使执法权，如各项目管理中心（足协除外），对具体的项目事宜进行执法。随着我国体育规制实践的不断深入，体育总局的各个工作部门主要通过执法来进行行政管理。根据我国《行政处罚法》第十七条规定："法律、法规授权的具有管理公共事务职能的组织可以在法定授权范围内实施行政处罚。"① 也就是说，由法律授权的社会体育组织也是体育执法的主体之一。在我国由法律授权的社会体育组织主要有中国奥委会、单项体育协会等民间体育组织。在法治化进程中，出现了第三类体育执法主体，即行政委托的社会组织。与法律授权的社会体育组织不同的是，委托执法的社会组织不具有立法权，它仅仅只是受行政部门委托，在特定时间内，对特定的体育规制实践内容进行执法。类似于"第三方委托执法"。如现在很多地方教育部门委托第三方组织对"学生体质健康标准"的检测便是如此。

（二）体育规制实践中存在的主要问题

体育规制实践依赖于完善的体育法规体系和严谨的体育执法过程。新中国成立以来，我国体育规制实践道路经历了几十年的洗礼，已经取得了较大的成果。但是我们也应该理性地看到，我国的体育规制实践还存在着较多的问题。其中较为突出的问题存在于体育法规体系不完善、体育执法不真实两个方面。

1. 体育规制实践中的法规体系不完善。具体而言，我国的体育法规体系形成了以体育法为指导，行政部门法规为主体，地方性体育法规为支撑的体育法规结构体系②。就内容体系而言，第一，体育法作为我国仅有的一部体育法律，还缺乏与之完善配套的体育法律，虽然行政性部门法规承担了部分配套法律的责任，但显然，行政性部门法规的法律效力上与体育法律还存在着一定的差别，这也就是体育执法不真实的主要原因。第二，就行政性部门体育法规而言，其调整的内容是以宏观管理为主，缺少针对体育特殊性建立起来的专门性法规，如解决体育纠纷的体育仲裁、体育市场管理以及体育竞赛秩序（对扰乱竞赛秩序的人的规

① 参见张文显《法理学》，北京，高等教育出版社，北京大学出版社，2011 年，第 6 页。
② 参见闫旭峰《体育法学与法理基础》，北京，北京体育大学出版社，2007 年，第 14 页。

制，依据的还是诸如《治安管理处罚法》）等。第三，就地方性体育规范而言，首先，欠缺的是对地方性体育立法的指导思想，更多的是根据行政部门法规进行机械的修补，这样构建的体育法规谈不上了完整的体育法规体系；其次，地方性体育规范带有明显的为地方经济服务的价值取向，对体育调整体育内部关系和体育外部关系的关注明显不足。而这与行政性体育法规在内容上很难衔接一致。

体育法规体系内容结构的不完善直接影响了体育规制实践的深度与广度。在深度上，表现为体育控制与干预的程度不够，使得体育的发展在外界影响之下偏离了预期的轨道；在广度上，表现为对体育控制与干预的范围不够，对体育发展过程中出现的各类问题缺乏干预依据，也就是无法做到"有法可依"。

2. 体育规制实践中的体育执法不真实。体育执法不真实是指在体育法规落实过程中与立法的预期目的不一致，无法把制定的体育法规落实到实践情境当中。如前所述，体育执法不真实的原因之一是由于我国制定的行政性部门法规的出发点便是宏观调控，执法主体对法规条文理解上的偏差有可能致使体育执法与立法目的相悖。原因之二在于，体育执法主体的职权身份含糊不清。体育法规的执行不像我国的司法和刑法一样，按照"立法、执法和司法"分离的原则进行，体育执法的主体是行政部门机构，他们既是体育法规的制定者，也是体育法规的执法者。体育执法主体的双重身份使其在体育执法中对自己是否"越位""错位""越权"很难有身份转换上的判定标准。原因之三在于，专门的执法机构缺失，专业执法人员专业素养有待提高。体育执法不像刑法那样有公安机关作为专门的执法机构，而在行政部门的机构设置上大都没有设置执法部门，即使进行体育执法，要么也是本部门工作人员临时形成执法小组，小组成员大都缺乏专门的执法训练，执法素养有待进一步提高。这也是体育执法由第三方机构完成的原因之一。

体育执法是体育规制实践中的核心环节，体育执法的不真实在体育规制实践过程中主要体现为"执法不严"，又称为"规制失灵"，即无法完全根据体育法规对体育进行有效规制，致使体育规制的效果大打折扣。体育规制效果的失真也将消减体育立法的真实意义，这是在体育规制实践中要着重解决的重点问题。

（三）体育规制实践的发展方向——迈向"理性"的体育规制

由于各国的体育发展情况不同，在规制实践现状以及发展方向上均

存在着差异。但是，无论体育规制如何发展，各国规制的出发点和最终目的却是相通的，即保证体育在政府预定的轨道上前行的同时，还能正确处理好体育与社会其他事物发展之间的关系，最终实现社会文明的整体发展与进步。但是，我们应该理性地看到，无论怎样规制总是存在着这样或者那样的问题。首先，可以肯定的是，体育规制总是与体育发展中的具体问题同行，规制只是解决问题的一种有效手段；其次，解决体育发展中的问题的手段具有多样性，显然，规制是最有效的手段之一；最后，体育规制实践过程本身就是一个复杂的综合操作过程，从立法到执法涉及的因素很多，这就需要我们要用理性的眼光来审视体育规制本身。

理性是指人在正常思维状态下为了获得预期结果，有自信与勇气冷静地面对现状，并快速全面了解现实分析出多种可行性方案，再判断出最佳方案且对其有效执行的能力。理性是一种世界观，也是一种人生哲学和人生理想，还是一种分析工具[①]。从理论上分析，体育规制是理性思维的结果。这是因为，体育规制实践所参照的体育法规是理性的，在贯彻体育法规的过程中需要理性思维。然而体育规制实践中却经常看到非理性的身影：体育法规的制定脱离体育发展具体实际，体育法规执行过程中有"人治"的成分等。正因为如此，杜绝非理性体育规制，呼吁理性体育规制是体育规制实践今后发展的基本方向。

理性的体育规制是一种对体育发展问题全方位的规制。它不仅涉及体育发展领域中的新问题，也涉及老问题；不仅涉及精英体育的问题，还涉及休闲体育、体育教育等诸多领域；它不仅涉及以运动为核心内容的规制，还涉及与体育发展相关内容的规制。理性的体育规制是一种以"法"为准绳的规制。它拒绝了"人治"，是体育法制建设的重要组成部分，是"依法治体"的客观要求。理性的体育规制真正为体育发展目标服务，为保障运动价值实现服务，为确保所有人运动水平展现和提高服务。

在具体内容上，理性的体育规制包括理性的体育立法和体育执法两个方面。就体育立法而言，除应有完善的立法机构体系之外，立法者们还应具备理性的立法思维。理性的体育法规应具备以下 10 个方面的特

---

① 参见张良桥、冯从文《理性与有限理性——论经典博弈理论与进化博弈理论之关系》，《世界经济》2001 年第 8 期。

质①：（1）确定具体规制议题，确保规制与问题呈正比。（2）尽量简单，但必须以目的为基础进行规制。（3）为将来预留灵活性，因此一定要设定规制发展的总体性目标。（4）尽量简短，以体现出较强的操作性。（5）预测规制后对自身和外界的影响。（6）最少化规制成本，最大化规制效应。（7）与以前的规制进行有机衔接。（8）确保规制得到有效实施和监督。（9）确保规制的实施效力能够得到有效评估。（10）允许足够充足的效力时间。

以上 10 个特征是一种理想的体育法规，是理性思考后的产物，这对于先前有些体育法规的模糊性陈述是一种进步，也是一种比较的标准、改进的依据。有了理想的体育法规，还得通过有效实施才能把这种理性思考的体育法规变成现实。我国依靠行政人员作为执法主体的传统由来已久，从社会成本的角度出发，这是一种最为"经济"的选择。但是，从执法效果的角度出发，却不是一种理性的选择。故此，在竞技体育领域，学者们提出了"管办分离"②的观点。至于如何"管办分离"，其理论研究还在进行中上，实践摸索还有很长的路要走。

最后要说明的是，从规制理论出发，不论是社会性规制还是经济性规制，规制发展的终点是"放松规制"。放松规制就是指事物的发展不需要利用法规来进行控制与干预，而是放松规制的理论基础来源于市场的失败和政府的失败③。而这些理论不是体育规制的理论来源，体育规制恰是处理政府与体育之间关系的一种手段。在整个体育发展过程中，从国家利益出发放松规制在短时间内是不可能实现的。但是，放松规制可以在体育规制的某个具体领域产生效用。如职业体育中处理俱乐部与政府之间关系的时候。可见，放松规制并不是体育规制整体实践发展的方向，它只是目前体育规制可利用的一种规制方式。

---

① 参考 A. Schwartz, *Thinking about Regulating*：*A Guide to Good Regulation*, can. bus, pp. LJ 437 – 438.

② 参见刘苏、张林《中国职业足球"管办分离"改革的逻辑分析——从质疑与反思到完善与创新》，《成都体育学院学报》2013 年第 39 卷第 11 期。

③ 参见黄新华《放松规制与激励规制》，《云南民族大学学报（哲学社会科学版）》2004 年第 21 卷第 5 期。

第八章　体育思想的三维审视

在历史长河中，众多体育思想闪烁着人类智慧的火花。体育思想博大精深，各有背景，各有侧重，体育新论如何论述这些智慧博大的思想？纵观历史，有从思源或从名家角度来写体育思想，会出现思想零散或不够详细、阐述缺乏连续性和清晰性以及思想意义不明的情况。本章节构思不同于以往从历史阶段视角、从思想名家视角或从体育思潮视角撰写的体育思想，而是从价值性、技术性和文化性三个维度挖掘前人体育思想精髓，在一定程度上避免了传统体育思想写法的不足。

思想是客观存在反映于人的意识中经过思维活动而形成的观点，体育思想就是人的本质运动化客观存在反映于人的意识中经过思维活动而形成的体育观点。价值性审视主要从人类社会对体育需要及体育追求、体育目的来总结论述；技术性审视主要从有效的体育方式、方法、手段、途径来谈；文化性审视主要是从人的本质力量凝结于运动和运动彰显人的本质力量来撰写的。研究基于体育新概念，对自觉实现运动价值、提高和展现运动水平的文化活动进行新的审视，突破以往体育思想研究中"以社会精英体育思想研究为线索的循规性书写形态"和"以社会体育思潮研究为中心的话语性书写形态"，更有利于对体育文化的诠释、理解和传承。

第一节　体育思想的价值性审视

价值性审视主要从体育的追求、体育的目的来总结论述以往的体育思想。价值是指人们根据自己的主观需要对事物客观属性进行判定和选择，体育价值就是人们根据自身需要来判定和选择体育的客观属性，从而形成不同的体育思想。体育是一个复杂的文化活动，具有多种客观属性，可满足人们不同的需求，形成不同的体育价值。体育自身具有强身健体、休闲娱乐、教化育人、超越极限的本体价值；与社会其他领域互动过程中又产生军事、政治、经济、文化的衍生价值。不同的历史时期，人们利用体育的本体价值实现的追求、目的、目标是不同的，从而形成

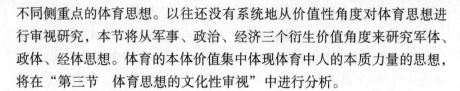

不同侧重点的体育思想。以往还没有系统地从价值性角度对体育思想进行审视研究，本节将从军事、政治、经济三个衍生价值角度来研究军体、政体、经体思想。体育的本体价值集中体现体育中人的本质力量的思想，将在"第三节　体育思想的文化性审视"中进行分析。

一、追求军事价值的军体思想

史前时期，人类为了生存而本能地采取格斗手段，世界各国的先民所采取的格斗手段基本上是一致的，都具有克敌制胜的实用功能。中国武术和军事武艺都起源于先民的原始技击，以战胜敌人为指导思想，具有刚健、粗犷的风格，大刀阔斧，猛冲狠打。越到后世，军事武艺越被统治者重视，要求军队加强军事训练，将士掌握军事武艺。这样，军事武艺越发展越具有自己的特色，目的是战争，完全从战胜敌人、保全自己出发，技击动作简要实用，重在器械术。军事武艺原本是军事内容，为提高军事武艺运动的水平，实现这些运动的军事价值，一些军事武艺内容成为体育内容，即作为体育运动的具体形态而存在。

（一）以国家尚武为特征追求军事价值的军体思想

中国早期古代社会"尚武"思潮盛行。原始先民在与自然抗争、与其他部落的战斗中形成了强悍的民族性格，必然会形成"尚武"精神。这种原始的尚武传统虽历经夏商周三代有所减弱，但仍然深深影响着春秋战国时期的社会心态，是当时社会文化中不可或缺的重要元素。当时盛行佩剑之风，是社会尚武思潮的表现。另外，春秋霸主齐国推行尚武风潮。"齐国自吕尚建国以来，便确立了'举贤尚功'的治国方针，实行以武力为本的统治政策。"① 因此，齐国自国君到士民推崇武勇精神，使尚武精神蔚然成风。齐国也非常重视武技水平的发展，推崇杀敌搏斗的技巧，注重精良武器的制造，重视士卒的选练，使得尚武精神成为齐人的民族精神，齐国也因此迅速强大，成为较长时期的强国。

春秋战国时期是分裂割据的时代，战事不断，军事力量是国家实力的象征，是国家赖以生存的根本保障，这也必然促使各国流行"尚武"风潮。各国都重视军事武艺的发展、军事人才的培训、选拔，尤为突出的是战国时赵武灵王推行的"胡服骑射"。赵武灵王直接进行军事改革，

---

① 参见杨向东、张雪梅《中国体育思想史（古代卷）》，北京，首都师范大学出版社，2008年，第81页。

以骑射技术教习于军队，建立骑兵部队，取得了重大的军事胜利。

古希腊时期，由于各城邦国家之间不断发生战争，各城邦国家都很重视体育强身健体功能的军事价值，尤其以斯巴达军事体育最为突出。斯巴达实行全民皆兵的国策，一切活动以军事为出发点，学校里实行军事体育训练。斯巴达对不同年龄阶段的人施行不同的体育训练。12 岁以下的儿童，主要学游戏、投枪、掷重物、赛跑、跳跃、角力和游泳等，特别重视吃苦耐劳的意志品质培养；12 岁以后重新编组，进行更加严格和强度更大的训练；年满 18 岁的青年参加埃弗比士官团接受正规军事训练。斯巴达妇女也要经常参加军事训练，为的是能生育健壮的后代，能在男子出征时担负起守城的任务。

（二）以军事武艺、技击、攻防为特征追求军事价值的军体思想

先秦时期，墨家尚贤举能的思想体现了军事体育思想。墨子十分重视射御之才的选拔，他在《墨子·尚贤上》说："譬如欲众其国之善射御之士，必将富之、贵之、敬之、誉之。然后国之善射御之士，将可得而众也"，又说"凡我国能射御之士，我将赏贵之；不能射御之士，我将罪贱之"。可见，墨子十分重视军事武艺，建议国家重赏善射御之士。这对后代的思想家、军事家、政治家有极为深远的影响，对军事体育的发展有积极影响。比如，荀子受墨子的影响，主张广泛招收射御之才，建立重赏制度，并对当时各国选择和训练士兵的制度进行了分析研究。兵法家的代表人物孙武、孙膑等人的兵法战略、战术，对后世兵家的军事思想和军事武艺的技击思想都有深远影响。尤其是《孙子兵法》这部世界上最早的军事著作，其对后世社会各方面影响深远，其中有关对抗的战略、战术对中国武术的技击和各种体育对抗都有深远影响。

秦朝至唐朝，是中国封建社会的发展和成熟时期，军事体育也随之发展和成熟。西汉初期的晁错"守边备塞，劝农力本"的思想，采取巩固边疆、积极防御的御边政策，积极对抗匈奴，对后世影响很大。晁错提出建立移民民兵制度，"居则习民于射法，出则教民于应敌"；并提出军备保障、以夷制夷的对策，对于归降的蛮夷，让其学习军事武艺，同汉军一起对付匈奴。晁错的策略，对于军事武艺的普及推广以及民族交流、提高士卒的体能，增强战斗力都起到了巨大作用。三国时期的曹操、曹丕父子非常重视军事武艺，并且文武兼备。曹操本人擅长骑射，武艺超群，"上以弓马为务，家以蹴鞠为学"，他以弓马、蹴鞠来训练士兵、教育子弟；并以五德——智、信、仁、勇、严为选才任将的标准。诸葛

亮十分重视对士兵的军事武艺训练，要求士兵和军官都要习武操练，互相学习，全军大练兵，既教作战技术和武艺，又教礼仪、忠信、典刑、赏罚之德；另外，他还重视兵器的质量，改进兵器不足，这对提高军队的整体素质、军事武艺水平和实战能力有重要意义。唐玄宗时期的李筌著有《太白阴经》，是论述兵事之书，对后世影响较大。李筌重视天时、地利，尤其重视人和；重视知敌而战，以计取胜，认为战争是敌我双方的智慧和勇力之争，必须运用智谋；认为要讲究战略、战术，掌握主动权，置敌人于不利地位才能获得战争胜利，也就是重视出奇兵，因势胜；同时，要鼓舞士卒的士气，夺敌之气，攻心为上，消耗敌人的战斗力。李筌的这些军事主张，对今天的体育比赛、对竞技场上的输赢有较好的指导意义。

宋、元和明清时期的军事体育思想有了更成熟的发展。宋仁宗时期，出现了官修兵书《武经总要》，开创的兵书编撰体例，对后世产生很大影响。《武经总要》由曾公亮、丁度率众编写，1040年始纂，1043年完成。书中前后各20卷，系统论述选将料兵、教育训练、部队编成、城邑攻防等军队建设和用兵作战的基本理论、制度、常识等；还分类介绍了历代战例，进行总结分析，汲取经验。其中，讲武教战和提高武艺属于军事体育思想。明朝抗倭名将戚继光撰写了《纪效新书》和《练兵实纪》两部练兵思想的著作。他强调练兵要从难要求，即训练的强度、难度等方面要大于实战要求，这样才能收取实效。戚继光要求的严格训练是全方位进行的，从士卒的思想觉悟、严明号令、师道尊严、日常训练及生活管理等方面的练兵过程进行全方位的严格要求和管理。他还强调要按实战要求进行练兵，而且研究倭寇的作战特点进行专门的克敌训练。另外一位明朝将领何良臣著有其军事代表作《阵纪》，强调严格训练，严明法纪，提高军队战斗力。教兵习武有"五教"，训练士卒要以耳、目、手、足、心五教为大纲，全面训练，使武艺精熟，协同作战；而且要武艺、胆气、节制三者都练，缺一不可。①

（三）以"师夷长技"为特征追求军事价值的军体思想

晚清政府的洋务派人士开始学习西方的物质文明，发展新式军队，提出了相应的军事体育思想。曾国藩的练武体育思想体现在"别树一帜，

---

① 以上三段内容总结自杨向东、张雪梅《中国体育思想史（古代卷）》，北京，首都师范大学出版社，2008年。

改弦更张"的军事政治主张上,认为应该建立一种新式军队。他继承了戚继光的练兵方法,采取权利高度集中的管理模式,既进行士兵个人的技艺训练,又进行集体的阵法训练;同时,他又引进西洋体操到湘军的训练,规定士兵每天早晚各做一次体操,也进行了洋枪洋炮的训练。李鸿章仿照湘军建立了淮军,尤其是大力引进和采用西洋的兵操训练。左宗棠独特的军事体育思想表现在积极建议派遣中国留学生到英国、法国、德国学习造船和驾驶。张之洞提出了"中学为体,西学为用"的思想,也贯彻到他的体育思想中。他认为中国军队的落后主要是武器的落后,所以在湖北设立枪炮厂。张之洞筹建了自强新军,聘请 35 名德国军官带兵操练,华人军官负责军队管理。自强新军的新式训练,被编成《自强军西法类编》,为西洋兵操在中国军队的普及和推广起到促进作用。

(四)以新型国防为特征追求军事价值的军体思想

新中国成立后,军委原政治部于 1950 年提出"大力加强部队体育活动"。1952 年,中央军委决定把体育列为人民解放军正规化训练的一个基本课目,同年举办第一届全军运动会。1955 年抗美援朝后,我国开始有组织地开展国防活动,开始大范围、大规模地开展国防体育。1956年,成立"中国人民国防体育协会",以培养国防建设后备力量为目的,有限度、有范围地开展活动。1958 年在"大跃进"时期,国防体育有了更大规模的发展,以培养国防建设和生产建设后备力量和人才为明确目的。把国防体育列入群众业余体育运动,学校工厂在假期开展军事野营、射击活动。在人民军队里,体育作为军事训练科目之一,出现了体育红旗连或劳卫制连。20 世纪 60 年代,因为我国国际形势的恶化,全国掀起了"全民皆兵"的练兵热潮,国防体育得到了强化。

二、追求政治价值的政体思想

(一)以伦理为中心的"射礼""养义"的政体思想

孔子以礼仁的体育思想为核心。孔子推崇西周以来的六艺教育,即礼、乐、射、御、书、数,他本人也擅长射、御,具有行武的实践。孔子主张文武兼备,求文的同时也求武,但行武不可过,行武的目的是践行仁。孟子的体育思想也具有较强的伦理性,把射御之事与仁义相提并论,在《孟子·公孙丑上》中主张"仁者如射","射者正己而后发,发而不中,不怨胜己者,反求诸己而已矣"。体育从属于政治的集中体现是

"射礼"活动,《礼记·射义》记载:"古者诸侯之射也,必先行燕礼;卿、大夫、士之射也,必先行乡饮酒之礼。故燕礼者,所以明君臣之义也;乡饮酒之礼者,所以明长幼之序也。故射者,进退周还必中礼,内志正,外体直,然后持弓矢审固;持弓矢审固,然后可以言中,此可以观德行矣。"这充分说明,射礼活动是一种"明君臣之义,明长幼之序"的维护统治阶级秩序的工具。总之,射、御体现了先秦时期尚武的风气,是对勇力的崇尚,也是当时战争和执政的需要。

自汉武帝"罢黜百家,独尊儒术"以后,儒家思想成为我国古代漫长社会的主流思想。在各时期儒家代表人物的体育思想中,较多承袭了"育德于体"的先秦儒家体育思想。西汉董仲舒《春秋繁露》记载:"天之生人也,使人生义与利:利以养其体,义以养其心。心不得义不能乐,体不得利不能安。义者心之养也,利者体之养也。体莫贵于心,故养莫重于义。义之养生人,大于利。"可见,董仲舒主张"养义"的体育思想,认为养体的利必须在养心的义的指导下进行。而"义"代表的是天下大义,是符合统治阶级利益的价值观。刘向、刘歆父子主张文武并重,同时强调"先文德而后武力"。在射、御的活动中强调以道德标准来指导其行为。杨雄主张文武之道应该并重,文、武各有用处,两者缺一不可。国家要重视平时的军事训练,不要轻易开战,要避免战争发生,也不能长期战争。韩愈主张静以养心的养生观,人要顺乎天命,合乎天意,珍重自爱,慎重饮食,这是修身养性、强身健体之道。而修身养性的目的是齐家、治国、平天下。韩愈主张重文轻武,贬低武官,可又非常赞扬文武双全之人,推崇文韬武略之才。他的好友李翱也主张静以养心,但认为文可以治国、武可以定祸乱,主张文武并重。

封建社会后期,理学思想是统治阶级主导的思想意识,体育的发展也受理学的影响。北宋的司马光把君权、父权、神权联系在一起,主张致中和以养生,认为"民受天地中和之气以生,所谓命;能养之以取福,不能败之以取祸"。司马光爱好投壶,认为投壶可以为封建礼教服务,可以对人进行修身教育,是教育人们行中正、中和之道的一项措施。

(二)侧重国家民族利益的"强种强国"政体思想

中国近代资产阶级在肯定西洋体操军事价值的同时,开始从更深的层面上介绍西方体育和认识西方体育,认为西方体育具有强种、强国作用,符合国家与民族长远利益,把西洋体操引进学校教育之中。

维新派康有为的体育思想主要反映在他的《大同书》中对太平世的

学校教育情景的描述。他的理想中，无论是育婴院，还是小学院、中学院、大学院都涉及了体育问题的讨论。另外，在他创办的万木草堂中，明确提出要进行德育、智育、体育的教育。规定每天要练习体操，还要在课外活动中进行体育活动的补充。严复的体育思想体现在他的政论文章和一系列教育活动中，他提出了"鼓民力、开民智、新民德"的主张。他倡导以德、智、体三育改造国民问题，达到强种强国的目的，从而实现人的现代化。梁启超的强种强国体育思想主要反映在《论尚武》一文中，他提出"有健康强固之体魄，然后有坚忍不屈之精神"。梁启超倡导德智体三育并重，重视女子体育，主张实施"以发展女子身心健康"为办学宗旨的女子教育。

革命派的先驱孙中山先生提出"强种保国，强民自卫"的主张。从体育思想角度来审视，这种主张既强调了体育的军事价值，又强调了体育的强种强民的政治价值。他主张"今以提倡体魄之修养，此与强种保国有莫大关系"，国人要加强体育锻炼，强健体魄，这关系到国力的强弱与民族的盛衰。此外，革命党人黄兴和秋瑾也很重视尚武精神，认为体育关系到民族的振兴。在这种强烈的强种强国体育思想的影响下，我国近代体育发展有了长足进步，表现为：妇女体育的兴起，出现了近代史上最早的女子体育专业教育，并于 1908 年创办了正式的中国女子体操学校；学校体育的确立，随着癸卯学制的实施，它规定的体育教育内容也在全国学校范围内确立，在上海出现了影响较大的中国体操学校，培养体育专门人才。

1917 年，毛泽东在《新青年》发表文章《体育之研究》，指出体育对个人和国家的重要性。他说："国力荼弱，武风不振，民族之体质，日趋轻细。此甚可忧之现象也。提倡之者，不得其本，久而无效。长是不改，弱且加甚。夫命中致远，外部之事，结果之事也。体力充实，内部之事，原因之事也。体不坚实，则见兵而畏之，何有于命中，何有于致远？"他认为体育对个人而言可以养生，对国家而言可以提升民族体质。

早期体育领袖王正廷认为体育是强国强种的手段，认为习体育可以强身，可以利国，可以唤起民族的团结意识。他说道："吾国文弱已达极点，故国家有岌岌不可终日之势。今欲救国必先强种，既欲强种，非男女体育同时提倡，不克奏效。"他还指出："女子为国民之母，母体不强，其子女必弱。"因此，他提倡女子体育与男子体育同时发达，种族必强，兴国必可图。另一位早期体育领袖张伯苓提出"强国必先强种，强种必先强身"的体育思想，大声疾呼"强我种族，体育为先"。他认为

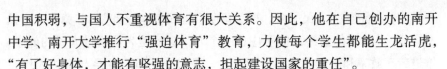

中国积弱，与国人不重视体育有很大关系。因此，他在自己创办的南开中学、南开大学推行"强迫体育"教育，力使每个学生都能生龙活虎，"有了好身体，才能有坚强的意志，担起建设国家的重任"。

（三）"体育为人民服务"的新民主主义政体思想

中国共产党依据马克思主义体育观，根据中国近代体育的实际情况，提出了新民主主义体育思想。"新民主主义体育应该以工农大众为主要对象，并以维护其体育方面的根本利益为出发点；革命战争时代为培养具有强健体魄的革命战士，和平时代为培养建设人才服务，它应该是民族的、科学的、大众的，等等。"[①] 在建立新中国的过程中，新民主主义体育思想随之产生发展，指导红色体育实践，为中国共产党在一定历史时期的政治使命服务。土地革命时期，毛泽东的体育思想突出了人民性和革命性的特点，他说"锻炼工农阶级铁的筋骨，战胜一切敌人"、"应该把苏区的体育活动很好地开展起来，尤其是军事体育和田径运动"，苏维埃政府曾明确指示"体育运动，应在工农群众中开展，发动群众经常做各种运动，强健身体"。抗日战争和解放战争时期，在毛泽东的指导下，延安体育工作者开始考虑新民主主义体育理论的构建，提出了体育大众化、民族化、生活化和经常化的发展方向。其中，大众化和民族化集中体现了体育为当时政治和战争服务的思想。1940 年，成立"延安体育会"的任务就是积极组织群众进行体育运动，增强体质，提高工作、生产、学习效率，以战胜日本侵略者。1937 年，在纪念中国工农红军建军十周年抗战动员运动大会上，毛泽东讲话提到"我们这个运动大会，不仅是运动竞赛，而且要为抗战而动员起来"。毛泽东在 1941 年《解放日报》体育专刊上题词"锻炼体魄，好打日本"，林伯渠、李富春、陆定一、冯文彬等人撰写文章，强调体育要为政治服务，为战争服务。[②]

新中国成立以来，随着新民主主义国民体育的建立，形成了新民主主义体育思想体系。1949 年 9 月，《共同纲领》规定"国家提倡国民体育"，体现了新中国对国民体育的重视。新民主主义体育思想体系由两部分构成。一是"体育为人民服务"的体育工作指导思想。朱德在全国体育总会筹备会上提出"过去的体育是和广大人民脱离的，现在我们的体

---

① 参见曹守和、傅砚农《中国体育思想史（现代卷）》，北京，首都师范大学出版社，2008 年，第 3 页。

② 参见曹守和、傅砚农《中国体育思想史（现代卷）》，北京，首都师范大学出版社，2008 年，第 6～9页。

育事业，一定要为人民服务，要为国防和国民健康服务"。苏竞存先生撰文写道："体育的最终目的不应止于个人，应当是为了增进人民的健康，增进劳动效率和巩固国防，简而言之，是要止于整个社会与全体人民。"二是"发展体育运动，增强人民体质"的体育目的和任务。在新中国成立初期，面临内忧外患，工人、农民、学生的体质普遍低下，这时增强人民体质是一项重要的政治任务，是中华民族能否立于世界民族之林的一项重要标志，关系到能否切实落实"体育为人民服务"的出发点。

在新民主主义体育思想体系形成过程中，伴随着"批美学苏"的思想风潮。新中国成立初期，由于意识形态的对立，中国加入了苏联为首的社会主义阵营，学习苏联成了唯一的选择，因此必须全面批判旧体育"崇美"的思想。1950 年《新体育》创刊号上，徐英超在《论改造旧体育的两个问题》一文中指出"美国体育一部分关于技术、生理方面的有些价值，但其实是为统治阶级服务的少数人的体育运动，广大劳动人民没有享受体育的权利和可能"。在多方讨论中，体育工作者认清了旧中国和新中国体育本质上的不同，清除崇美体育思想，对美国体育的众多现象进行批判。同时，全面引进苏联体育，在《新体育》杂志中重点介绍苏联体育。我国学者认识到苏联体育与资本主义国家体育的本质不同，认为苏联体育在人类历史上首次明确指出了体育的政治任务，即"为实行人民大众的共产主义的教育的任务，当和政府给予苏联人民的体育以重要意义，看成人的全面发展的教育，看成人们从事彻底实现共产主义的斗争的能力的条件之一"。

（四）强调"体育强国"的政体思想

在"文化大革命"的动荡时期，中国体育经历了从早期"瘫痪"到"突出政治"的繁荣，可谓磨难重重。拨乱反正后，中国和中国体育迈入改革开放的新时期。1983 年，国家体委明确提出要在 20 世纪末把我国建设成为"世界体育强国"的战略思想。1986 年，国家体委下发《关于体育体制改革的决定（草案）》，正式确立"以革命化为灵魂，以社会化和科学化为两翼，实现体育腾飞"（简称"三化促腾飞"）的战略指导思想，把社会化和科学化作为建设体育强国的两项根本措施。

1992 年，在"三化促腾飞"的基础上，根据邓小平同志南行讲话和中共十四大报告的指导思想，国家体委在"中山会议"上提出了"五化五转变"的工作思路。1995 年开始，"五化五转变"向"六化六转变"过渡。1996 年，国家体委召开全国体育法制工作会议，正式形成"六化

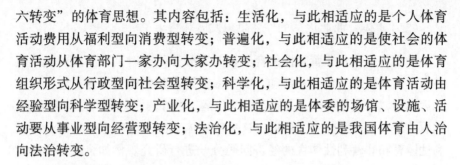

六转变"的体育思想。其内容包括：生活化，与此相适应的是个人体育活动费用从福利型向消费型转变；普遍化，与此相适应的是使社会的体育活动从体育部门一家办向大家办转变；社会化，与此相适应的是体育组织形式从行政型向社会型转变；科学化，与此相适应的是体育活动由经验型向科学型转变；产业化，与此相适应的是体委的场馆、设施、活动要从事业型向经营型转变；法治化，与此相适应的是我国体育由人治向法治转变。

三、追求经济价值的经体思想

（一）蕴含"社会分工""无形产品""有闲阶级"等朴素观念的经体思想

古希腊时期，由于古希腊的商业文明较为发达，产生了以苏格拉底、柏拉图、亚里士多德为代表的古希腊经济思想，其中也蕴含着体育经济思想的萌芽。在柏拉图的社会分工理论中，包含体育需求是社会分工形式的思想。在《理想国》中，他认为武士是经过精选并加以严格训练的人群，平时只从事体育活动，锻炼体魄，不应从事任何经济活动，担负着守土抗敌、保家卫国的重责，体现了所谓"体育的国家需求"。色诺芬在《经济论》中强调了社会分工的重要性，认为包含体育因素在内的农业是"百业之母"，"对于一个高尚的人来说，最好的职业和最好的学问就是人们从中取得生活必需品的农业"。农业能够给人带来较多的休闲与肉体的发达，农业又是提高体力和竞技最恰当的锻炼，有利于培养爱国心、同情心、正义感等。

古典政治经济学时代，一批经济学家的思想对后世体育经济思想的发展有着重要影响。大卫·休谟关于"享受"和"人类幸福"的经济学观点，萨伊关于"无形产品"的论述观点，都对后世的体育消费价值和观念、体育产品概念界定等提供了有力支持。新古典经济学时期出现的标志是19世纪70年代初期的"边际革命"，其效用价值论作为一种把价值归结为商品的效用或者它满足人们欲望的能力的理论，自然对今天的许多体育经济理论的形成有着重要意义。如凡勃伦的"有闲阶级论"，对今天体育经济学中体育消费行为、类型、动机以及社会、经济、文化等影响因素的研究具有重要的历史价值和借鉴意义。另外，当代西方经济学理论对当今体育经济思想的形成更为明显，更为直接，也最为重要。

（二）"体育商业化"的经体思想发展脉络

针对营利性和非营利性体育经济问题分开研究时期：早期的现代奥林匹克运动拒绝一切商业活动，要求参赛运动员的业余属性；经济在体育运动领域的直接体现，是在奥林匹克运动之外的一些营利性体育活动，如职业体育、商业体育。所以，这一时期体育经济研究思路一般是将营利性体育和非营利性体育的经济问题分开进行研究。例如，联合国科教文组织主办的《国际社会科学》[①] 第一卷刊登的《法国体育经济学》一文，研究的就是非营利性体育经济问题。而对营利性体育经济问题，西方体育经济学主要是研究体育市场，体育场（馆）、各类运动俱乐部的经营管理，大型赛事活动资金的筹措，赛事活动的门票价格，运动员的转会及费用等。

体育经济学科体系初步建立时期：苏联最早进行此类研究，把个别经济学内容列入体育管理教程中，这点体现在《体育领域的物质保证》（1952 年）、《体育工作的资金》（1961 年）、《体育领域的财政和物质技术保障》（1965 年）；体育组织和管理课程列为专业部分，这点体现在《体育活动的财政和物质技术保证》（1977 年）、《体育管理的经济基础》（1987 年）；体育经济学的课程设置阶段，体现在《体育经济学》课程成为体育管理与经济学学科的必要部分、《体育经济学》（1983 年）教材的出版、2000 年列入国家 521900[②] 种"体育技能"。

职业体育、商业模式进入奥运会时期："二战"以后，体育运动已成为人们生活的重要组成部分，各单项体育活动或赛事已开始职业化运作。一方面，职业体育使体育产业在一国中的国民经济地位空前提高；另一方面，由于商业机制的导入，特别是电视媒体的介入使职业体育商业化程度加深，转播权转让费已成为体育产业重要的利润来源，从而使竞技体育水平得到高速飞跃。萨马兰奇在 20 世纪 80 年代将职业体育运作逐渐引入奥林匹克运动，使全球范围内职业体育成为国际体育发展的新趋势。1984 年洛杉矶奥运会的商业模式，反映的是当时奥林匹克运动的现实背景，从而给我们带来了奥运经济思考和研究。同时，人们对体育运动需求的不断增长，以及体育运动所表现出来的对经济的作用，导致了社会对体育运动投资的增加，增加投资就需要对投资的效益进行研

---

① 《国际社会科学》是联合国科教文组织 1949 年创办的综合性社会科学期刊（季刊），使用英国、法国、德国、俄国、中国、西班牙 6 种语言在世界范围内发行。

② 是俄罗斯的学科代码：体育学 521900。

究。此时，体育经济思想更多地反映在全面健身和人力资本等理论观点中。①

(三)"体育产业化"的经体思想

20 世纪 90 年代以来，以体育产业研究为代表的高速发展时期：体育职业化、商业化和社会化的日趋成熟，其市场规模和效益也较显著。如此巨大的体育产业及其效益引起国家、社会的高度关注。体育经济思想的研究也偏重相关的体育产业、体育市场等理论，产业经济学理论成为当今体育经济思想形成的重要基础。同时，由于受到当代西方经济学理论的影响，体育经济学的研究还表现在生产组织行为理论在体育组织中的体现、财政学理论中体育产品性质和体育事业费用支出问题、体育投资对提升人力资本积极意义的经济学分析等方面。

中国 20 世纪 80 年代以来，随着计划经济逐渐向市场经济转型，体育原有的资源配置方式难以满足人们的体育需求，体育产业化的问题提上日程。1993 年 5 月，国家体委发布《关于深化体育改革的意见》，提出"加快体育产业化进程，力争在 20 世纪末基本形成门类齐全的体育市场体系和多种所有制并存的社会化体育产业体系"的号召。在附件《关于培育体育市场，加快体育产业化进程的意见》中，指出培养和发展体育市场是实现体育产业化的根本途径、提出了体育要面向市场、走向市场，以产业化为方向。② 随之，人们对体育产业的很多问题进行了大范围的讨论，虽然对很多相关问题的看法不同，但体育要产业化，体育具有巨大的经济价值已经得到了大家的一致认可。1995 年 6 月 16 日，国家体委下发《体育产业发展纲要》的重要文件，指出体育产业发展的指导思想，规范体育产业的三大类别，指出体育产业发展的目标、基本政策、基本措施，为我国体育产业发展提供了政策支持。

2014 年 10 月 20 日，国务院印发了《关于加快发展体育产业促进体育消费的若干意见》，部署积极扩大体育产品和服务供给，推动体育产业成为经济转型升级的重要力量，促进群众体育与竞技体育全面发展，加快体育强国建设，不断满足人民群众日益增长的体育需求。2016 年 10 月 25 日，国务院印发《国务院办公厅关于加快发展健身休闲产业的指导意

① 以上内容总结自王子朴《西方经济学发展史对当今体育经济思想的影响研究》，《体育科学》2006 年第 26 卷第 11 页。

② 参见曹守和、傅砚农《中国体育思想史（现代卷）》，北京，首都师范大学出版社，2008 年，第 271 页。

见》，明确指出加快发展健身休闲产业是推动体育产业向纵深发展的强劲引擎，是增强人民体质、实现全民健身和全民健康深度融合的必然要求，是建设"健康中国"的重要内容，对挖掘和释放消费潜力、保障和改善民生、培育新的经济增长点、增强经济增长新动能具有重要意义。可见，当下体育产业已经成为中国经济转型升级的重要力量，体育的经济价值得到了国家和人们的高度重视。

四、从价值性视角对以往体育思想研究的评价

综观《中国体育思想史》古代卷、近代卷、现代卷 3 本书，可以发现从军事和政治两大方面对体育思想进行的研究，占了整套书大约三分之一的篇幅，这也说明了中国体育的发展深受社会其他因素的影响，并未独立发展，导致我们至今对体育概念、体育本质这样的本体论问题还没有广泛系统的研究，对体育概念没有明确科学的界定。本书开篇之章提出的新体育概念具备广泛的包容性，相较于其他体育概念来说更加科学合理，基于体育是为了实现运动价值的目的而言，当前体育理论的研究重心不应该放在利用体育实现军事、政治、经济这些衍生价值方面，而应该侧重体育作为文化本身的文化价值方面，即体育的本体价值研究，包括体育的强身健体、休闲娱乐、竞技超越、教化育人这四个方面的价值。

体育通过影响人的运动水平，进而发展为一种独立的社会存在现象，并对其他社会活动产生影响，形成军事、政治、经济、文化价值，但是军事、政治、经济价值都不是为了实现人的运动价值而存在，严格意义上来说，某个军事家、政治家甚至教育家对体育的观点，是强调利用体育实现其他社会目的。只有体育强身健体、休闲娱乐、竞技超越、教化育人的价值才是为了实现人的运动价值而产生的本体价值，应是体育思想研究的重点。

第二节　体育思想的技术性审视

体育思想的技术性审视主要是从有效的体育方法、体育手段来谈体育思想的。实现体育本体价值也就是实现体育的运动价值，就是要把外在的体育技术内化成人的身体技能和人的道德品质。因此，体育技术必须经过观看、模仿、教学、训练、竞赛等体育手段和体育方法才能内化成个人的体育技能。体育手段与方法是"不断提高和展现运动水平"的

有效途径与措施，进而实现运动价值。本节重点论述侧重观看、模仿、教学、训练、竞赛手段的体育思想，这也是体育思想应该研究的重点所在。

一、注重观看与模仿的体育技术思想

观察与模仿是人类学习体育技术不可或缺的重要手段。早在原始社会以及人类体育教育初期形式中，学习体育内容的主要手段就是学徒式的模仿。[①] 中国早期的主要体育活动——导引术，也是由模仿自然而产生。

导引术具有仿生的特点，是中国古人观察和模仿大自然并结合中医理论产生的健身手段。"导引"一词最早出现于《庄子·刻意》，文中描述了导引时的形象，"吹呴呼吸，吐故纳新，熊经鸟申，为寿而已矣！此导引之士，养形之人，彭祖寿考者之所好也"。虽然庄子不主张养形，但从文中可以窥得先秦导引术的发展情况。

秦汉、三国时期，导引术在医疗和养生上有了很大突破，其代表是马王堆出土的《导引图》和华佗的《五禽戏》。马王堆《导引图》绘在高50厘米、长100厘米、宽100厘米的一副缯帛的后半段上，绘有44个演练导引的动作图像，其造型均不一样。共上下4排，每排11人，人像高9～12厘米。从形态和服饰来看，有男有女，有老有少，有的穿长袍，有的穿短裙短裤，有的裸背。动作形态分为4类：一类是呼吸运动，二类是肢体运动，三类是仿生运动，四类是带器械运动。动作作用分为两类：一类用于健身，一类用于治病。[②]

华佗根据"户枢不蠹，流水不腐"的理论，结合前人的导引经验，模仿动物形态创编了套路式的导引术势《五禽戏》，从而开创了以套路为形式的中国导引养生术先河，对后世创编"八段锦""太极拳"等提供了重要的科学范式。[③]

经过两晋南北朝和隋唐五代的发展，到了宋元时期，创编了较多的以套路为形式的导引术，其中最有代表性的是宋朝的"八段锦""易筋经""陈抟的二十四势坐功"。"八段锦"一词最早出现在南宋人洪迈的《夷坚志》中，在后来的发展中有文八段和武八段之分。文八段主要是采取坐势，吸收了历史养生中的行气、叩齿、按摩等方法，配合简单的

---

① 参见郝勤《体育史》，北京，人民体育出版社，2006年，第18页。
② 参见魏刚《传统体育养生思想史研究》，苏州大学，博士学位论文，2013年，第41页。
③ 参见魏刚《传统体育养生思想史研究》，苏州大学，博士学位论文，2013年，第39页。

头颈、躯干和上肢活动。武八段主要采用站势，多以肢体动作为主，配合呼吸、咽津等为辅。宋人曾慥在《道枢·众妙篇》中记载的武八段动作口诀为：仰手向上举以治三焦者也，左肝右肺如射雕焉，东西独托所以安其脾胃矣，返复而顾所以理其伤劳矣，大小朝天所以通其五脏矣，咽津补气左右挑其手焉，摆鳝之尾所以祛心之疾矣，左右手攀其足所以治其腰亦。易筋经大致出于宋代，托名达摩所创编。易筋经是把调息练习和肢体动作紧密结合，注重内外兼练的一种健身功法。长期练习易筋经可以达到"气盈力健、骨劲膜坚"的功效。据清朝《内功图说》记载，易筋经的十二术势是：韦驮献杵第一势、韦驮献杵第二势、韦驮献杵第三势、摘星换斗势、倒拽九牛尾势、出爪亮翅势、九鬼拔马刀势、三盘落地势、青龙献爪势、卧虎扑食势、打躬势、掉尾势。北宋陈抟的二十四势坐功是按照一年二十四个节气的阴阳变化和人体经络气血运行规律等创编的。其主要的动作有按膝、捶背、伸展四肢、转身扭颈等。每势作毕，都要加上叩齿、吐纳、漱咽。每一势都注明所能治疗的病症。这套功法均取坐势，每一节以叩齿、吐纳、咽津等配合。①

二、注重教学的体育技术思想

唐朝初期王琚著有《射经》一书，又名《教射经》，属兵技巧类的兵书，很可能是当时军队练习射箭的教科书。全书分为总诀、步射总法、步射病色、前后手法、马射总法等14节内容。中心内容是讲射箭的程序、动作要领、注意事项。书中指出采用循序渐进的练习方法来逐步提高射箭技术，根据实战的要求，在不同的情况下，分步骤练习，易学易练，注重实效。同时，书中对于习射时出现的错误和纠正方法进行了较为详细的叙述，使学射者便于操作，掌握正确的动作要领。王琚的《射经》对射箭技巧和学射进行了系统的总结，是后世教射、学射的教科书。

古希腊高度繁荣的城邦国家——雅典，是全希腊教育和体育最发达最先进的地方。雅典人进行身体练习不仅着眼于军事准备，而且重视身体的匀称健美、动作协调灵活，还重视培养勇敢、果断、谦让等品质。他们视肌肉松弛、身体虚弱、发育不良为耻辱，而把裸体竞技优胜者视为人体美的代表，并作为绘画雕塑的题材，表达了雅典人对运动健将的仰慕。雅典人7岁前在家接受教育，体育活动主要是掷骰子、玩球等。

---

① 参见魏刚《传统体育养生思想史研究》，苏州大学，博士学位论文，2013年，第63～64页。

7～14岁接受智力教育，初入学的几年里只教简单的体操动作，以培养正确姿势，养成优美的举止。升入体操学校后，接受较正规的体育训练，学习赛跑、跳远、投标枪、掷铁饼和摔跤等"五项运动"，还学游泳和舞蹈。14～18岁的富家子弟可以进入国家体操馆继续学习。[①] 可见，雅典体育教育是把体育与德育、智育、美育结合起来，共同培养身心和谐发展的人。

西方最早进行现代学校教育探索的是意大利维多里诺开办的宫廷学校"快乐之家"，又叫"体操宫"或"学宫"。维多里诺主张把读书和运动结合起来，认为运动是健康的基础。他制定了各种锻炼身体的制度和方法，规定学生必须参加户外运动，并亲自带领学生从事骑马、跑、跳、击剑、游泳、射箭、角力、跳舞和球类活动。夏天，他带领学生跋山涉水、栉风沐雨，到野外做短期旅行。他还曾为城镇的贫苦儿童专门编制一套健身操。他除了积极倡导体育运动外，还注意保健管理，改善饮食，注意卫生教育。"快乐之家"很快取得了教学成效，在社会上引起巨大反响。另外，法国、西班牙等国于1534年成立的耶稣会十分重视教育工作。耶稣会学校采用寄宿制和全日制，其教学方式、方法非常富有特色。学校提倡温和管理，反对体罚，注重体育运动，重视师资的培养和教法的研究。在1559年耶稣会编写的《授课规则》中，已经采用了学级、学期和分节授课、课间休息制。这对于现代学校体育基本形式的建立起到了积极的促进作用。

夸美纽斯将教育分成婴儿（0～6岁）、儿童（7～12岁）、少年（13～18岁）和青年（19～20岁）4个阶段，相应设立母育学校、国语学校、拉丁语学校和大学。他主张学校要设置宽广的运动场，采用游戏和各种体育活动来增进学生健康并激发他们的精神。他首创了体育教学班级授课制，提出在每进行1小时智力课后，要有半小时休息，在早饭和午饭后，要有1小时的散步和娱乐活动。这样做是为了"让身体活动，而让心灵休息"，即现在世界各国学校普遍实行的课间活动、课间操制度。在夸美纽斯的教学计划中，体育首次成为教育的有机组成部分，但还不具有课程的形式。为此，某些西方学者称他为"学校体育之父"。

三、注重训练的体育技术思想

注重外烁训练手段的体育技术思想。中国武术讲究由外及内的练化

---

① 参见谭华编《体育史》，北京，高等教育出版社，2005年，第121页。

方式，注重外烁手段的身体训练。《武经总要》分门别类地编撰了《讲武》《教例》《教骑兵》《教步兵》《教弩法》《教弓法》等传授军事武艺的卷章。另外，书中前集卷二《序》中对于教兵习战、熟悉阵法、掌握作战技巧等军事武艺非常重视，详细介绍了"五教"中耳目手足心的训练，认为只有通过训练才能提高武艺水平。

明朝抗倭名将俞大猷的武术技击专著《剑经》中记述了棍法、钯、枪及射法。《剑经》总诀歌中提出要从战略思想上重视对手，要将所有与你竞技的人都视为"能者"，才能做到明己明人，制定有效战术战法，从容不迫进入武术技击之中；提出"以静待动、以逸待劳"的战略法则；提出"刚在他力前，柔乘他力后"的技击战术，适用于武术技击的各个方面。《剑经》还论述了30多种精妙实用的棍术技法。它是中国武术发展史上第一部武术技击理论专著，其内容系统充实，精妙实用，是中国武术文化的经典之作。

晚清时期的曾国藩、李鸿章、左宗棠、张之洞等洋务领袖人物在训练新军时都引进了西洋兵操的训练内容。其中，李鸿章的淮军"仿德国营制操法"，其内容主要包括单兵教练、队列训练、单杠、双杠、木马、平台等器械体操的练习。

古希腊时期的色诺芬是苏格拉底的学生，是希腊的军事家、哲学家、历史学家，他十分重视体育锻炼对国民素质的提升作用，认可斯巴达的国家强制性体育制度，认为全民都应该接受体育锻炼。他著有《运动家——关于狩猎》和《关于马术技巧》等体育方面的专业书籍。古罗马前期（公元前6～前1世纪），教育目标是培养会打仗的农民，十分重视体育内容的学习。军队里学习跑、跳、游泳、掷标枪、击剑、骑马、射箭等内容，练习急行军和实战，使青年人具有帝国必需的道德品质、强健的身体和军人素质。古罗马人的主要日常活动，就是到训练场和设有训练器械的浴室里进行训练。

文艺复兴时期，意大利医生美尔库里亚利（1530—1606）用拉丁文写成的6卷本《体操术》，是当时体操教师和医生最重要的参考书。本书前3卷对古希腊和古罗马时代的体操活动进行了总结，阐明了古代体操与医学卫生保健学的联系，以及身体活动与劳动的区别；后3卷从医学角度对各种练习的作用、效果进行了分析。美尔库里亚利根据身体练习的作用将其分为医疗的、军事的和竞技的三大类，并根据练习的特点将其分为准备运动、主体运动和整理运动三个部分。美尔库里亚利复活了古代体操，使之成为当时重要的医疗手段。

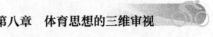

四、注重竞技表演的体育技术思想

竞技与表演是早在人类社会初期就出现的重要体育手段，其结果带来的社会利益，又成为人们积极参加体育技能训练的重要动力。在原始社会后期尤其是父系氏族社会中，原始竞技表演是极为普遍的娱乐游戏活动形式，而且被用于选择部落首领、选择婚姻配偶等活动中，甚至被视为发生争议时的仲裁手段。上古文明社会中，竞技也广泛存在于人类生活中。在古巴比伦时期（前 19 ～前 16 世纪）的两河流域地区，新年期间会举行为祭祀太阳神马杜克的祭礼竞技。古埃及地区，在宗教祭祀活动中会举行赛跑比赛，未来的法老在比赛中要有出色的表现，后又出现各阶层人士都热衷的摔跤比赛。古希腊地区，诞生了闻名遐迩的古代奥林匹克运动会，经过文艺复兴后发展为当前规模最大、水平较高的现代奥林匹克运动会，进而成为统治整个世界的西方体育竞技模式。古罗马时期，环形大竞技场是罗马体育文化的代表，人们在此观看赛马、赛车以及血腥角斗。另外，古罗马十分流行球类游戏，比如"手球"游戏、"哈帕斯特蒙"球戏法，后者玩法多变并允许使用摔跤的捉法和抓法。

中国古代早期，西周的射礼是古代中国组织最严密的竞技运动会，有详细的竞赛规则和缜密的组织分工及专职人员，有名次和奖励。元代《丸经》是关于古代捶丸运动的专著，详细地记载了捶丸的方法、规则、要求、场地、器材、设施等[①]，是综合论述中国古代游戏与竞技的技术性体育思想的代表。

古代印度流行着表演的体育手段，其中种姓制度中第三等级的犬舍阶层，就流行着舞蹈表演。先秦时期的中国，贵族"大学"教授四术（礼、乐、诗、术），其中乐包括富有体育性质的舞蹈表演。由"讲武之礼"演变而来的百戏，是中国古代表演性娱乐活动的总称，内含大量的体育表演内容，其中比较典型的有跳丸、跳剑、叠案、马戏、履索、寻幢、冲狭、燕濯、蹴鞠舞、盘鼓舞等。明朝时期形成的武术套路具有很强的表演效果，富含艺术性和观赏性。

五、从技术性视角对以往体育思想研究的评价

综上所述，从体育方法和体育手段的技术性视角来研究的体育思想

---

① 总结自郝勤《体育史》，北京，人民体育出版社，2006 年，第18 ～ 38、242 页。

还存在着诸多不足之处：运动认知方面，对中国的体育思想研究关注到了养生导引术、与医学结合的保健术；运动技术传授方面，都局限在关注军事领域内部的军事武艺的传授上，但对普遍的中国武术的具体训练方法和措施的论述很少；在比赛方面的研究内容就更少，虽然西方的竞技体育比较发达，但中国人在研究西方竞技体育时对训练、比赛的细节性研究非常少。

体育技术是为了实现运动价值才采取的方法和手段，是体育的核心内容所在，应该是体育思想研究的重点。由于以往对体育概念的认识不足，导致了对体育手段、体育方法等相关的体育技术思想研究不足。观看、模仿、教学、训练和表演等方面的研究，应该是体育思想领域研究的重点方向。

第三节　体育思想的文化性审视

文化性审视主要是从人的本质力量注入运动和运动彰显人的本质力量这个视角来研究体育思想。人的本质力量是"人在认识世界、改造世界的实践活动中形成和发展起来的，是在人类遵循客观规律和主观目的进行自由创造的活动中表现出来的"[①]。人的无意运动发展成有目的的体育运动是一种文化过程。人一旦开始有意识地改造运动，提高运动水平，来满足人的各种运动需求，体育便萌芽，这颗种子在世界各地逐渐成长，呈现不同的体育活动形态。历经漫长岁月，人利用自身的运动方式，在与自然环境互动过程中追求健康长寿，在与人的互动过程中既追求技击能力，又追求竞技娱乐，在与自我的互动过程中追求完善自身、精神永恒。直到欧洲中世纪后期，在文艺复兴和宗教改革的推动下，具有现代意义的体育运动才在西方社会萌芽，经过四五个世纪的发展，成为一种具有自己的独特性的社会文化活动。本研究主要从物态文化、制度文化、行为文化、精神文化四个层面对中西体育思想进行研究。

一、体育物态文化折射出人的本质力量

体育物态文化是指在体育发展过程中，体育物质生产方式和产品的总和，是可触知的具有物质实体的文化事物。体育器材、场地、设施以

---

① 参见刘叔成、夏之放、楼昔勇等《美学基本原理》，上海，上海人民出版社，2001年，第49页。

及体育服装等物态文化，能折射出当时人们的体育观念。纵观中西方体育的发展，都呈现出成百上千的体育运动项目，每个体育运动项目都有自己的独特之处，或表现为器材不同，或比赛场地不同，或有自己不同的服装要求，这些都属于体育的物态文化层次，都折射着不同地方人们的独特智慧、技巧、情感、意志、创造力等体现着向上发展的人的本质力量。

在中国丁村和许家窑以及半坡文化遗址的考古发掘中，发现了大量的石球，它们大小不一，有的做工精细。经考古工作者研究证实，这些石球是游戏工具。进入私有制社会后，从夏商开始，贵族们都十分偏爱狩猎、宫廷乐舞、民间百戏（古代歌舞、杂技总称）。到了秦汉时期，城市中体育休闲娱乐风气开始盛行，"角抵百戏经月而罢，钩强（拔河）牵引莫不惊骇"，围棋界国手辈出。唐宋以后，围棋、投壶、蹴鞠还远传日本、朝鲜、东南亚等国。庆祝丰收的"农作舞"发展成"村田乐"再到清朝的"扭秧歌"，祈雨的舞龙发展为舞龙灯，礼仪特点较浓的投壶发展为多种式样的投壶、投掷游戏，还有击壤、射、御、角抵、赛龙舟、蹴鞠、击鞠、捶丸、少数民族的骑射角力等活动，围棋、象棋、六博、双陆等棋类游戏，以及由"放晦气"的巫术仪式演化而来的放风筝，这些体育活动项目都有自己独特的器材或服装，折射出人们的智慧之光。比如投壶要求的木箭、踩高跷用的高跷、放风筝所用的图案丰富的风筝、围棋所用的各种材质的棋子，都从物态层面体现出人的本质力量。

在大英博物馆里，保存着公元前约1200年两河流域的浮雕，描绘了国王率领军队渡河的情景，人们的泳姿酷似现代的爬泳和侧泳，还使用气囊作为漂浮工具。在中世纪后期的欧洲农村中，以村社为中心的各种民俗活动渐渐增多。原始足球、棒球、板球、槌球、摔跤、投石、赛跑、使用棍棒的比武、滑冰、赛马、跳舞、跳跃以及攀登陡坡或盘旋形坡地的游戏，在欧洲民间广泛流行。斯堪狄纳维亚半岛农民的滑雪、荷兰的高跷和滑冰，爱尔兰和苏格兰的掷竿、链球，巴斯克人的回力球，瑞士和巴尔干农村的投石游戏极为普遍。这些早期的体育运动项目都有自己独特的器材，折射出人们的智慧、情感、创造力。

二、体育制度文化凝聚着人的本质力量

体育制度文化是指在体育发展过程中，约束人们体育活动的各种社会规范，它能比较系统地反映当时人们的体育思想。在体育发展过程中，由于体育与军事、政治、经济的相互影响，在军事体育和学校体育中都

出现了约束人们体育行为的规则，这些制度层次的体育文化现象，反映了某一领域中的体育发展已经比较成熟，朝着规范化的方向发展。

由于古代战争的胜负与人们的体力、武艺息息相关，所以军事体育得到大力发展。在军队，对军事武艺的传授、训练都有较为严格的规程，在前文军事体育思想的叙述中有充分的体现。自秦汉以来，中国社会就有尚武之风，到初唐时达到了顶峰，甚至文人都弃笔投戎。但由于军功赏赐过滥，武官的地位下降，尚武之风渐衰。武则天时期，为了招募武学人才，创立了"武举制"，使武人有了进入仕途的途径，这对后世武艺的全面发展有很大的促进作用。武举制自唐代创立，一直在后续社会传承，延续千余年，为社会为军队选拔了一定数量的武艺人才。

唐代武举中，考力量的项目是翘关和负重，考技巧的项目是马射、步射和马枪。其中每项考试都有严格的规定，比如翘关类似举重，举的是"关"（古代的门闩），"长一丈七尺，径三寸半"。翘关时要求"凡十举后，手持关，距出处无过一尺"。宋代虽然推行重文轻武的国策，但武学和武举作为国家军事制度，仍然长期实施。宋代武举不仅考核弓马武艺，还考核军事理论。明代的武学以武官子弟为主要教育对象，先后经历了卫儒学和三镇武学时期。其中，卫儒学是指在军队中给武官子弟教授儒学，使之懂得做官为人的道理，先学道德文化知识再学武艺，这导致了武官子弟纷纷应试文举。于是，在密云、遵化、永平三镇建立新式的三镇武学，首重军事理论和武艺的训练，再学文化知识。明代武学在武生条件、教学内容、日常管理、考核等方面都有严格规定，形成了成熟的武学体制。清朝十分重视武举，拟定了武举会试、受官的各项制度，并确立了武举殿试制度。清朝武举分童试、乡试、会试、殿试4级，3年举行一次，分为侧重理论的内场考试和侧重武艺的外场考试。其中，又特别重视武艺的测试，主要考察考生的射箭水平和力量素质。到清后期，又取消了内场考试的策、论。

西方社会中，随着近现代学校的发展，学校体育制度也随之建立，并不断完善。体育在学校中逐步实现了课程化进程，并完成了体育教育的制度化和科学化。1744年，德国教育家巴塞多在德绍创办了第一所博爱学校，最早把体育列为学校教育的正式课程，创造了著名的"德绍五项"，即跑步、跳高、攀登、平衡和负重。这标志着学校体育内容已经初步实现了体系化，这种新式学校体育促进了体育教师的专业化，在德绍产生了最早的专门体育教师。1784年，萨尔茨曼在《教育余论及学校通告》中，指出了他新建学校的特色就是对身体教育的关注。他的"身体养护"的内容包括：衣类、食物、身体运动的项目（如走、跳、平衡、游戏、舞蹈、骑马、乐器演奏、造园作业、指物作业、散步、旅行等）。1793年，古茨穆斯发表了《青年体操》一书。他认为体操有两个功能，一是满足人的身体需要，二是通过练习使人身体完美，从事体操的人可以获得身心的和谐和护身的技能。他指出了体操与劳动的区别，认为"劳动的客体与劳动者本人无关，而体操则针对体操者本人"。按照运动类型对体操进行分类，对体育教学最有益。体操的基本内容包括以下8项：跑、跳、投掷、角力、悬垂、平衡、搬举重物、舞蹈步行和兵式运动。（后又增加射击和剑术等内容）[1]

1937年，郝更生再次发表题为《十年来之中国体育》一文，涉及全国各项体育事业的发展，尤其是体育行政的组织和对体育法令的探讨与拟定，是我国近代体育史上的首创。他还对学校体育与社会体育的规划与实施提出了看法。认为除了锻炼身体之外，其他如运动营养、心理健康、环境卫生、身体检查等方面都很重要。

三、体育行为文化凝聚着人的本质力量

体育行为文化是指在体育实践过程中，尤其是人际交往中约定俗成的习惯性定势构成的礼俗、民俗、风俗形态。比如常常在民间体育中出现的一些约定俗成的体育节日活动，或者民间庆典活动中约定俗成的体育竞技、表演活动等，都属于体育行为文化。它广泛活跃在各种体育社会风尚中。

古埃及在新年和一些节日期间，会举行各种比赛，尤其是摔跤比赛很受社会各阶层人士的热爱。摔跤活动成为古埃及社会风尚，壁画中有320多个表现摔跤动作的画面，这充分体现了当时人们对力量、技巧、智慧、勇气、意志等人的本质力量的追求。古罗马王政时代，人们会在一些传统庆典活动中，举行各种竞技比赛。如每年2月的驱狼节举行青年的赛跑比赛；每年的3月和10月举行"萨利"舞蹈活动，手持剑、盾，有节奏地拍击，边唱边跳，绕行全场。共和时期，古罗马人的体育风尚主要是角斗。帝国时期，古罗马人的体育风尚是在浴室参加健身训练和其他文化艺术活动。[2] 不管是哪个时期的体育风尚，都反映了当时古罗马人的智慧、情感等人的本质力量。

---

① 总结自谭华《体育史》，北京，高等教育出版社，2005年，第169～172页。
② 总结自郝勤《体育史》，北京，人民体育出版社，2006年，第37～38页。

四、体育精神文化集中凝结着人的本质力量

体育精神文化是指在体育发展过程中，有关体育的价值观念、审美情趣、思维方式等主体因素构成的社会心理和社会意识形态的集合。它是体育文化的核心部分，凝结着体育的灵魂，是体育思想的精髓。追求强身健体、休闲娱乐、竞技超越、教化育人的体育思想，是体育集中凝聚着人的本质力量的突出显现，应是体育精神文化的核心理念。

（一）通过强身健体彰显人的本质力量的体育思想

强身健体是体育区别于其他社会文化活动所独有的功能，是体育的核心价值。几乎所有的体育思想都是在肯定体育强身健体功能的基础上，再去突出体育其他方面的功能，强调提高身体素质的体育健身思想。古希腊、古罗马对健身较为重视。古希腊人历来重视体育运动，认为参加体育运动时的力量是神灵赐予人类的礼物。苏格拉底反复提醒雅典人要重视身体锻炼，提高身体素质，他认为没有健全的体魄，就不可能学好文化，也更遑论捍卫国家。他说："人们所要做的一切，身体起着决定性的作用，然而，凡是需要运用身体的事，也只能取决于健康的体格，身体是成功的希望。而且，动用身体也被认为正是最少思索的时刻。有很多人不懂得身体不健康是犯有最大的错误。"柏拉图提倡简单朴素的身体锻炼，多次强调身体锻炼要适度，像职业运动员那样的运动方式有害于身体健康。女性也要参加身体锻炼，他说："造就一个男子成为一个优良的卫国者的教育，也同样会造就一个女子成为一个优良的卫国者，因为他们的本性都是一样的。"亚里士多德认为，健康是基础，勇敢是品德，所以应该优先开展体育，锻炼结实的肌肉。他说："如若（身体）状况良好是指肌肉的结实，那么，状况不佳必定是指肌肉的衰弱。要造成良好的身体，就在于使肌肉结实。"

古罗马后期（公元前30～476年）盛行军人职业化，普通人不再接受军事体育训练，只热衷于举办豪华的竞技活动，人们健康水平下滑。这引起了学者的关注，诗人朱维纳利斯（D. Juvenalis，60～127年）提出："健全的精神寓于健全的身体。"教育家、雄辩家昆体良（Quintinlianus，35～95年）认为：紧张的智力劳动应与休息轮流调剂，学习时才更有精神，而最好的休息是做游戏；体育和舞蹈有益于恢复体力，促进学习，帮助演说家养成优雅的姿态。此外，他还强烈反对体罚儿童。著名医学家盖伦（C. Galen，131～200年）对职业选手的剧烈和过度训练提出批评，认为体育应当使人全面协调发展、行动机敏，才能承担公务和军事重任；体育是既能锻炼身体又能使人心情愉快的方法。①

从公元 476 年西罗马帝国的灭亡到 1640 年英国资产阶级革命这一千多年，被称为欧洲历史的中古时期或中世纪史。在这一时期，基督教统治着欧洲社会，它宣扬的"禁欲主义"束缚着人们的思想，禁止人们进行身体练习活动，体育进入了全面衰退的状态。到 11 世纪末，形成了封建骑士教育，其中"骑士七技"包含骑马、游泳、投枪、击剑、行猎、下棋和吟诗，有 5 种是属武技范畴的，主要目的是培养武士。到了中世纪后期，工商业逐渐发展，城乡生活发生了变化。在农村，以村社为中心的民俗活动逐渐增多，其中包含大量的体育游戏活动；在城市，出现了保卫城市所必需的身体练习的特殊形式和满足新兴资产阶级生活方式所需的舞蹈和游戏。为了发展市民自治武装，还出现了有组织的射箭协会和击剑学校。总之，构成现代体育内容的多数活动方式，都可以在这个时期找到它们的原型。

"从 15 世纪开始，资本主义生产方式因素在封建制度内部产生，新的思想和文化、新的生活方式（包括体育生活方式）也随之逐渐产生，并进而开始了它们的全球化进程。"② 14～16世纪，欧洲的文艺复兴为现代体育的萌芽提供了思想条件。

（二）通过休闲娱乐彰显人的本质力量的体育思想

要研究侧重休闲娱乐的体育思想，要先厘清休闲是什么。学者们普遍认为休闲具有 3 个特征：以闲暇时间为前提；以自由心态去行为是本质；从事的活动对人的身心发展有助益。③ 根据这个标准，那么体育休闲娱乐的内涵就是：人们在闲暇时间里自由选择一种或多种体育活动项目来愉悦自我或发展自我的一种个体或群体行为。可见，休闲的本质是自由，休闲是实现"人的自由全面发展"的重要途径。④ 体育作为一种重要的休闲手段，是使人获得快乐和精神自由的重要途径，也是发展自我和完善自我的重要途径。

1. 追求精神自由的休闲观。基于精神自由的层面去理解体育休闲娱乐。道家主张"道法自然"和"静以养生"，在"坐忘"中达到精神的

---

① 总结自谭华《体育史》，北京，高等教育出版社，2005 年，第123～124页。
② 参见谭华《体育史》，北京，高等教育出版社，2005 年，第 146 页。
③ 参见于光远《论普遍有闲的社会》，北京，中国经济出版社，2005 年。
④ 参见马惠娣《休闲：人类美丽的精神家园》，北京，中国经济出版社，2004 年。

自由。但道家不反对体育休闲活动，在《道德经》中有老子"驰骋田猎心发狂"的记载，说明那时骑马狩猎是一种上层社会的休闲娱乐活动。儒家主张"德以养生"，在遵循"仁"的道德前提下去寻求快乐才能真正快乐。但孔子提倡游乐，《论语》中记载孔子向弟子们询问其志向，曾皙答曰："暮春者，春服既成，冠者五六人，童子六七人，浴乎沂，风乎舞雩，咏而归"，夫子喟然叹曰："吾与点也"，说明孔子喜欢这种时时郊外踏青的休闲生活。后世的朱熹虽然认为"开卷有益戏无益"，实际上是反对过度玩耍，而不是反对正当的休闲，因为他本人所宣示的气理观就含有善于调节的原理，他在余暇时间里面有下棋、散步以及参加其他体育锻炼（如登山）的实践，《朱子全集》中有记载："余素弥山水之趣，凡有名山大川，无不悉至，则一石一木，可寄游览而助吟咏者，悉皆留情。"① 中国古代典籍中，专门记载体育休闲思想的论述很少，这些思想都混杂在中国古人关于整体休闲的观点中。但是，中国古代的体育休闲娱乐实践活动很丰富，蕴含着朴素的休闲娱乐思想。

2. 注重体育实践的体育休闲思想。体育休闲在西方社会中一直占据重要的地位，这与古希腊罗马时期和文艺复兴时期的休闲活动传统有关。在古希腊社会中，休闲是人们生活的常态，古雅典人上午工作，下午在露天的运动场散步、聊天、娱乐或从事体育运动。同时，对休闲的认识也很深刻。亚里士多德从哲学、伦理学、政治学、教育学的角度对休闲进行了一定的研究，他指出努力地工作是为了获得休闲时间，提出休闲比忙碌更有价值的人生观。古罗马时代的色纳卡是研究休闲的著名人物，他认为自己的闲暇时间自己掌握和利用，这是天经地义的事情，别人无权干涉，而休闲则是人生的第一目标，人人都应该追求这个目标。基于此种认识，他又提出了"纯观照的生活"的生活形态，认为睿智地、科学地利用闲暇时间的生活形态，是一种最高的境界，是一种"内在的英明"。正是基于这样的人生理念，古罗马人除了酒足饭饱之余散步、游玩，还修建了大规模的竞技场，供贵族和平民在此娱乐。②

中世纪后期，经过文艺复兴运动，古希腊罗马的休闲思想也随之复活，人们的生活中出现了以体育运动为手段的休闲活动。在农村，以村社为中心的各种民俗活动渐渐增多。"原始足球、棒球、板球、槌球、摔跤、投石、赛跑、使用棍棒的比武、滑冰、赛马、跳舞、跳跃以及攀登

---

① 参见聂啸虎《中外古代休闲体育思想纵横谈》，《体育文化导刊》2008 年第 7 期。
② 总结自聂啸虎《欧洲古代休闲体育思想——非物质文化遗产的精髓》，《体育科学》2007 年第 27 卷第 12 期。

陡坡或盘旋形坡地的游戏，在欧洲民间广泛流行。斯堪狄纳维亚半岛农民的滑雪、荷兰的高跷和滑冰，爱尔兰和苏格兰的掷竿、链球，巴斯克人的回力球，瑞士和巴尔干农村的投石游戏极为普遍。受到整个欧洲欢迎的打猎既是农民的一项娱乐活动，同时也可以带回猎获的小动物。"①在城市，为了满足人们对新生活方式的需要，舞蹈和各种体育游戏活动兴起。甚至到后来由于人们对足球等游戏活动的热爱，影响了军备活动，英国政府下令禁止人们参与打球、踢球、斗鸡等嬉戏活动。

英国户外运动是一项在自然场地举行的一组集体项目群。18 世纪 60 年代，英国首先爆发产业革命，社会生产力迅速增长，社会财富快速积聚。自由竞争和和平的生活也有利于户外竞技和娱乐活动的发展，同时海上生活的枯燥和单调也需要娱乐生活的调剂。因此，英国体育一直沿着竞技和娱乐的方向发展。19 世纪初，英国率先掀起了一股户外运动热潮。这些户外活动丰富多彩，主要项目有足球、橄榄球、曲棍球、水球、网球、板球、钓鱼、登山、游泳、滑冰、滑雪等，和一些竞技性较强的田径运动。所以，英国以其丰富多彩、惊险刺激的户外运动和游戏在世界体坛独领风骚。

（三）通过竞技超越彰显人的本质力量的体育思想

追求超越精神的体育竞技是整个体育运动的灵魂所在，通过每个具体的运动项目来表现人的本质力量，在严格的竞赛规则的限制下去运动。这种近现代竞技体育运动是在西方历史进程中形成的，下面来梳理这部分。

1. 古希腊奥林匹克运动会。西方的体育竞技思想最直接地反映在古代奥林匹克运动会上。古希腊从公元前 776 年开始举办奥林匹克运动会，到公元 394 年被罗马皇帝狄奥多西一世禁止，历经 1170 年，共举行了 293 届。古代奥林匹克运动会最早是基于祭祀神的神圣目的而举办，基于"神是最美的人"这样的认知，在奥林匹亚神域举行体育比赛，把最健美的身体展示给神，是对神最好的献礼。举办盛会期间，人们举行各种祭祀仪式，运动员必须是希腊血统的自由民，并对宙斯神像宣誓没有违背奥运会规章，教练员也要宣誓保证执法公正、不受贿赂。比赛最初只有短跑一项，后陆续增加中长跑、五项竞技运动、角力、拳击、战车赛、混斗、赛马、武装赛跑、少年竞技项目，规模逐渐扩大。从公元前

---

① 参见谭华《体育史》，北京，高等教育出版社，2005 年，第 141 页。

431年至前404年爆发的伯罗奔尼撒战争开始，古代奥运会由兴转衰。体育竞技运动成为人们追求财富的手段，营私舞弊现象出现，奥运会的神圣目的不复存在，逐渐衰落。可见，古希腊奥运会是基于祭祀神、娱乐神的目的发展起来的竞技运动形式，是基于塑造自身、超越自我、追求力量的身体审美观念发展起来的竞技运动文化。

2. 中世纪后期欧洲城市体育初步孕育了地方性比赛项目。中世纪后期，随着手工业的发展，城市也逐步发展，与封建经济的依附关系减弱。为了发展城市的自治武装，出现了有组织的射箭协会和击剑学校。1399年，由佛兰德联合会在土伦市举行的弓箭手比赛有30个城市和16个村庄的选手参加。居民参加摔跤和击剑比赛时，一般按当地规则进行的一对一对抗。西班牙城市中较受欢迎的是冷兵器决斗和赛马，南英吉利较受欢迎的是拳击和探险，诺夫戈罗德也喜欢拳击，瑞士喜欢射箭和摔跤，神圣罗马帝国和荷兰则较喜欢拳击和摔跤。在行会间的劳动分工发展的情况下，反映某一职业联合会特点的活动方式和比赛占有特殊的地位。易北河上的煮盐工人便是划船、游泳和跳水的高手；船夫的撑篙打斗成了西欧渔民和船员所喜爱的竞赛形式。在沿海的城市里边，赛船是受欢迎的项目之一。类似活动在乌尔姆被看作检验少年是否成年的标准，比赛由所谓的"评判员"主持，体弱和不会游泳的人被淘汰。① 可见，人们根据地理环境、职业、喜好不同，发展了本区域内的比赛运动项目。

3. 英国绅士体育孕育了统一的社会性比赛项目。1693年，洛克发表的《教育漫话》为当时的资产阶级指明了创办新教育的方向，也强调了体育在培养绅士过程中不可替代的作用，英国的绅士体育也随之发展起来。绅士建立了自己的体育俱乐部，制定章程和竞赛规则，后来把"业余"原则写进章程，拒绝下层民众参与。于是，下层民众自行组建独立的体育组织，比如跑步者协会，举行距离跑、定时跑比赛，并进行现金赌博。同时，与赌博相联系的一些竞技运动项目盛行。"虽然绅士体育带有浓厚的阶级歧视色彩，但它使一些地方性的比赛内容变成整个社会的体育项目而流行，并使之规范化，从而使许多传统体育活动完成了向现代化转变的历史。"②

（四）通过教化育人彰显人的本质力量的体育思想

体育具有的强身健体、休闲娱乐、竞技社交的功能以及对社会产生

---

① 参见谭华《体育史》，北京，高等教育出版社，2005年，第142页。
② 参见谭华《体育史》，北京，高等教育出版社，2005年，第165页。

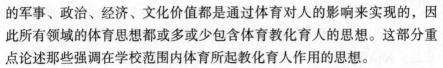

的军事、政治、经济、文化价值都是通过体育对人的影响来实现的，因此所有领域的体育思想都或多或少包含体育教化育人的思想。这部分重点论述那些强调在学校范围内体育所起教化育人作用的思想。

1. "育德于体"的学校体育思想。西周以来，"学在官府"的贵族教育体系出现。开始于公元前1046年的周王朝，要求学生掌握6种基本才能：礼、乐、射、御、书、数。《周礼·保氏》记载有："养国子以道，乃教之六艺：一曰五礼，二曰六乐，三曰五射，四曰五御，五曰六书，六曰九数。"其中，五射和五御是体育教育内容。到了孔子时期，私学成为当时高等教育所在，继续进行六艺教育。孔子在教授学生射、御时特别强调要与德行教化联系在一起，主张用"仁爱"来陶冶学生的道德情操，他曾说"射者，何以射，何以听，循声而发，发而不矢正鹄"。在后世的学校教育中，官学中以传授四书五经为主要内容，体育教育走向衰落。

2. 现代学校体育思想的确立之体育的教育化转变。中世纪后期，随着文艺复兴和宗教改革的推动，现代体育思想逐渐形成，一些有志之士把社会上的体育运动进行改造，尝试在学校进行体育教育活动。他们在进行体育教育实践的同时，也注重体育理论研究。比如，意大利医生美尔库里亚利的6卷本《体操术》、巴巴罗的《良好生活教育》等著作相继问世。但奠定现代学校教育雏形的是捷克教育家夸美纽斯于1632年出版的第一本教育学专著《大教学论》。他认为，要做一个健全的人，在具备了学问、德行、虔诚之外，必须拥有康健的身体，以保证人的机能和智能正常发展，达到"身心两方面的一种和谐"。他经常用自然界动植物的生长来比喻人的发展，倡导一种自然主义的体育观。他说："假如身体不健康，任何部分受了损害，它的客人，灵魂，便住在一个薄待客人的住所。"在1633年出版的《母育学校》一书中，他专章论述了婴幼儿体育的问题。主张"使学生的年龄及其已有的知识循序渐进地指导"，"人人都应该祈求自己具有一个健康的心理存在于一个健康的身体里面"。1693年，洛克发表著作《教育漫话》，描绘了英国绅士教育的蓝图。洛克提出培养未来的绅士应进行德智体多方位的教育，而且体育教育被放在全部教育的第一位，这是对文艺复兴以来新体育思想的高度概括。[①]

3. 现代学校体育思想的确立之体育的课程化。随着现代学校的发

---

① 总结自谭华《体育史》，北京，高等教育出版社，2005年，第158～162页。

展，体育在学校中逐步实现了课程化进程，并完成了体育教育的制度化和科学化。详见前文第二部分所述裴斯泰洛齐的"和谐发展"体育教育思想。裴斯泰洛齐是19世纪瑞士著名的民主教育家，于1805年开办伊佛东学校，包括小学班、中学班和师范部，是当时世界教育发展的顶峰。裴斯泰洛齐由"和谐发展"的教育理想出发，建立一整套和谐发展的课程体系，主要包括体育和劳动教育、道德教育、智育。他把体育看成人的和谐发展教育的重要内容，并且主张体育跟劳动教育应紧密联系。他认为体育的任务，就是要把所有潜藏在人身上的天赋的生理力量全部发展出来。裴斯泰洛齐体育教育思想的一个突出特点是突破了之前人们对体育作用的认识，认为体育在形成人格的过程中占有重要地位，奠定了现代体育在教育中的地位。

4. 军国民主义的学校体育思想。18世纪到19世纪，欧洲大陆兴起的德式体操和瑞典体操是欧洲军国民教育的重要内容。"所谓军国民体育，本源于资本主义国家的军国民教育，主要是在"尊君""爱国"的口号下，借口培养"军国民"而用专制主义和沙文主义毒害青少年和国民，并强制其接受军事训练，以培养对外侵略的士卒和对内镇压人民的打手。"[1]

中国的军国民体育思想最早是由留日学生蔡锷、蒋百里、飞生等人直接从日本引进，他们发表相关文章，造成了一定的社会舆论。在抵御外强的社会背景和军国民教育舆论影响下，"中华民国"第一任教育总长蔡元培先生正式提出了"军国民教育"，要求各级各类学校实行军事编制，开设以兵士体操为主的体育课程。他认为，"军国民主义者，筋骨也，用以自卫，"军国民主义就是体育，"兵士体操，军国民主义也；普通体操，则兼美育与军国民主义二者"。范源濂曾任"中华民国"教育次长、教育总长，主张培养学生和国民的尚武精神，积极推行军国民教育。他说："思夫不武者，不足以为国民；不武者，不足以为男子"，"诚以充实国力之最良制度，莫如全国皆兵。"我国著名体育家徐一冰也认同军国民体育，认为"通过体育来强民强种，伸张中华之气"，"体育不讲，人种不强，人种不强，国将安赖"，"学校体操为教育之本"。[2]

5. 实用主义的学校体育思想。斯宾塞的功利主义体育观。斯宾塞的

---

① 参见崔乐泉、罗时铭《中国体育思想史（近代卷）》，北京，首都师范大学出版社，2008年。

② 总结自崔乐泉、罗时铭《中国体育思想史（近代卷）》，北京，首都师范大学出版社，2008年。

教育和体育思想深受进化论的影响，提倡科学教育，促进教育、体育与生活的联系，体现出功利主义的价值取向。他主张在英国教育中废弃古典教育内容，提出以科学为主的课程体系，体育教育就是他所提倡的科学教育的重要内容。斯宾塞的功利主义体育观主要表达了这样的精神：其一，体育科学教育是实现"完满生活"之首要，认为学校课程中排在第一位的是生理学、解剖学，认为这是"防止丧失健康来直接保全自己的知识"，是"合理的教育中最重要的一部分"。其二，体育是人类生存竞争的需要。他从人类生存竞争观点出发，指出"在训练儿童的时候，使他们不只在心智方面适合于面临的斗争，也在身体方面经得起斗争中的过度损耗，就显得特别重要了"。[①]

美国"新体育"学说。对世界学校体育产生巨大影响的另一批学者是美国教育家杜威和美国"新体育"学派。杜威高度评价游戏的教育作用，他认为"任何时代任何人，对于儿童的教育，尤其是对于年幼儿童的教育，无不在很大程度上依赖于游戏和娱乐"。他主张从儿童的特性出发进行教育。伍德（T. D. Wood）和赫塞林顿（C. Hetherington）的"新体育"理论是美国新教育（或称进步主义教育）运动中体育课程改革的主要理论。"新体育"理论认为：传统的德式体操和瑞典体操未能很好地完成体育的任务，需要对体育的目标和手段重新进行诠释。赫塞林顿认为："新体育"理论强调"育"，"'体'字表示整个机体的活动，而不是仅有智力才是教育的手段"，"教育既不是为身体，也不是单为精神，而是要发展由教育活动而实现的人类的一切能力"。他把新体育分为四个方面：机体教育、神经肌肉活动教育、品德教育和智力教育。

五四运动以后，中国的学校中出现实用主义和自然主义两大体育思想。实用主义体育思想认为体育就是通过身体活动进行的教育，目的是培养全面发展的人，采用更自然、自愿、活跃的体育运动项目和体育手段；否定了军国民体育，确立了体育在学校中的地位，构建了我国近代学校体育模式。但是，到了 20 世纪 30 年代，由于中国遭受了日本的侵略，学校体育强调从实用出发，又向着军事体育的方向发展。我国实用主义体育思想的代表人物为陶行知、郝更生、梅贻琦、蒋梦麟等。

6. 自然主义的学校体育思想。卢梭的自然体育观。卢梭于 1762 年发表的《爱弥儿》一书系统阐述了他的"自然教育"观。其中，有关体育教育的部分，我们称为"自然体育"思想，主要包括以下三部分内

[①]　以上三段总结自谭华《体育史》，北京，高等教育出版社，2005 年，第184～195页。

容：第一，体育是一切教育的前提。卢梭说："如果你想培养你的学生的智慧，就应当先培养受他的智慧所支配的体力。不断地锻炼他的身体，使他健壮起来，以便他长得既聪慧又有理性。"第二，体育教育的任务是使受教育者的身体获得自然的发展。认为对儿童进行身体教育，必须遵循自然的要求，顺应人的自然本性。卢梭提倡的体育主要包括身体的护养和锻炼。第三，体育教育是阶段性教育的基础。卢梭重视儿童成长的阶段性和顺序性，强调要根据不同年龄段的身心特点来实施教育。卢梭说，"我们的教育是同我们的生命一起开始的"，他将婴儿和童年的教育中最重要的任务定为体育。卢梭的自然体育观对后世产生了重大影响，是后世自然体育思想的来源。

奥地利的自然体育学说。高尔霍夫尔（Karl Gaulhofer, 1885～1941）是 20 世纪前期奥地利体育课程改革的主要设计者和推动者。作为奥地利教育部体育局局长，他著有《奥地利学校体育概要》。此书阐述了奥地利教育改革三原则（自主活动原则、乡土化原则和综合教学原则）在体育课程中的应用。他建立了以保健和有利于促进青少年发育为特色的教材体系，主要包括补偿运动（柔软性、弛缓和肌肉力量的补偿，以消除或改善体格上的欠缺）、形成运动（运动形成与姿势形成）和完美运动（竞争游戏、防卫运动、冬季运动、游泳和基本运动等）。在教学法方面，他提出了以生物学为基础的儿童中心主义（尊重儿童的运动需求），在授课安排上，他第一次提出要系统地考虑速度、耐力和灵敏的运动学特性，这是他在方法论上的突出贡献。奥地利的体育课程体系和高尔霍夫尔的自然体育思想对欧洲各国的体育课程产生了极大的影响。

20 世纪 20 年代，自然主义体育思想传入中国，对中国近代学校体育理论与实践的发展产生了较大的影响：确定了学校体育教育化、生活化和自然化的指导思想；使人们对学校体育功能有了更全面的认识，相应地对学校体育目标的研究也多样化，强调运动的竞技化、生活化和娱乐化。但是，由于当时中国客观条件的限制，学校过于强调儿童为中心，使得"放羊式"教学广为流行。我国自然主义体育思想的代表人物为吴蕴瑞、袁敦礼、方万邦、董守义等。

五、从文化性视角对以往体育思想研究的评价

体育是一种文化活动，由物态文化层、制度文化层、行为文化层、精神文化层构成。不管哪种文化层，都反映人的本质力量，具体表现为

"人的能力、技巧、智慧、情感、意志、品德、思想观念、创造力"[①] 等积极向上的力量，并随着人们改造世界的水平而不断变化。"体育是人的本质力量的运动化"，强调体育的本质是通过运动过程来呈现和发展人的本质力量。体育就是人的本质力量注入人的运动的过程，也是通过人的运动来彰显人的本质力量的文化。回归到体育文化视角来研究体育思想，是关注人的本质力量的研究，是未来继续努力的方向。

---

① 参见陆作生《我国体育概念的界定》，《体育学刊》2010 年第 17 卷第 12 期。

第九章 体 育 文 化

　　文化概念的多样性使得对体育文化进行探讨时总是充满不确定性，依据马克思文化观理论界说"人的本质力量运动化"的体育文化理论，并将理论的提出与发展实践相结合，提出体育文化自觉发展要遵循"人的本质力量运动化"规律：充分发挥人的主体力量，增强体育文化自觉意识；将意识形态自觉赋予体育活动，提高体育文化自信与认同感；融入辨识度的文化符号特征，增强体育文化自觉的创造力；多元体育文化交流，实现优秀体育文化共存俱荣。

　　随着人们对体育和文化认识的加深，体育脱胎于教育走向文化活动的属性逐渐展现出来。当前作为实践意义的体育文化自信被反复提及，口号提得高，理论研究却缺乏深度，特别是核心概念"体育文化"的理解总是含糊不清，致使很多举措都显得"苍白无力"，无法触及发展的根本。文化概念之大，是造成体育文化研究困境的根源，作为体育文化自信前提和基础的体育文化自觉的规律又难以捉摸。从"人的本质力量运动化"视角审视体育文化自觉的学理性，从理论上了解其根源，把握其规律，揭示其本质，找到理论与实践结合的体育文化自觉发展道路，对实现中华民族体育文化自信有重要意义。

第一节　体育文化与人的本质力量运动化

一、中外学者体育文化观点的梳理

　　国外体育文化研究主要存在于东欧、苏联和西欧、美国等一些西方国家。从体育文化的产生看，德国学者费特 1818 年最早在"体育史"中提出，体育文化是指"斯拉夫民族的沐浴和按摩等保健养生活动"；后期体育文化属概念基本是身体运动或教育概念而存在，具有代表性的是法国启蒙主义思想家卢梭的"培养人的健全理性"的体育思想[①]；爱德

[①]　参见高尔泰《关于"体育文化"的一些思考》，《学术月刊》1987 年第 10 期。

华·泰勒、A. L. 克罗伯与 C. 克拉克洪等最早将体育文化从文化视角的社会形态、生活方式、意识形态等角度出发进行阐释和研究[①]；"二战"结束后，西欧、美国以及苏联、东欧形成了两大体育文化学术派别，苏联和东欧强调体育文化的社会性，将体育文化归属于文化的组成部分。西欧和美国则侧重体育的文化性，把体育的文化性与社会性综合起来加以考虑，偏重于体育文化的具体性研究；现代西方社会语境下，越来越多的学者开始以"body culture"来取代"physical culture"，体育运动被作为"身体文化"的主流内容来认知[②]。

国内对体育文化的研究始于 1986 年，卢元镇先生在第 5 期《体育与科学》上刊登了《体育运动的文化学断想》，指出了体育文化研究的重要性；熊晓正教授则分析了体育文化的研究对象和研究目的，指出了揭示价值观念为核心的文化选择趋向对体育演进的重要影响[③]；杨文轩教授界定了体育文化的概念，并指出体育文化在我国精神文明建设中的重要地位及作用[④]；2009 年 12 月在全国体育发展战略研讨会上，国家体育总局局长刘鹏首次将体育文化与群众体育、竞技体育和体育产业并列为建设体育强国的四大重要目标，预示着中国体育文化发展理念的变化。我国体育文化概念界定的区分大部分是研究角度的差别，其表达的是体育文化的概念内涵，而其属概念则是对体育文化的本质理解。其中，研究涉及哲学、艺术、科学、文化学、体育学、人类学等多位角度，属概念大部分被界定为社会现象、实践活动或者身体文化。自此以后，对体育文化的研究主要从文化角度外推定义体育文化，或分析体育与其他文化形态的关系。见表 9 - 1。

表 9 - 1　国内学者界定体育文化的概念的角度及属概念

来源	概念	角度	属概念
陈晓峰[⑤]	体育文化是指人们在从事体育活动过程中所呈现出来的文化属性	哲学、科学和艺术等	文化属性

---

① 参见郝勤《论体育与体育文化》，《上海体育学院学报》2012 年第 36 卷第 3 期。

② 参见王涛、王嵘蓉、王健《体育文化基本概念分析》，《体育文化导刊》2014 年第 3 期。

③ 参见熊晓正《文化　体育　体育文化》，《体育与科学》1987 年第 1 期。

④ 参见杨文轩、冯霞《体育文化在社会主义精神文明建设中的地位和作用》，《体育学刊》2006 年第 1 期。

⑤ 参见陈晓峰《多维视角下体育文化的内涵、价值与建设》，《上海体育学院学报》2012 年第 36 卷第 2 期。

续表 9 – 1

来源	概念	角度	属概念
张进才①	以描述与社会现象有关的理论对体育文化进行文化学的分析	文化学角度	社会现象
郝勤②	广义的体育文化是指由思想和行为构成的，以身体活动为基本特征，以健康和娱乐为目的的社会现象与文化样式	体育和文化	社会现象
熊晓正③	体育文化是以"体育意识"为研究对象，以揭示价值观念为核心的文化选择趋向对体育演进的影响为其研究目的，介于文化学与体育学之间的交叉学科	体育意识角度	交叉学科
杨文轩④	广义体育文化包括"人类在体育活动方面所创造出来的物质文化、制度文化和精神文化等多从面的文化形式	文化理论	文化形式
高永强⑤	体育文化是指人类通体育运动创造出来的一种精神文化。内化于体育的物质形态、知识、制度之中，本质是人类的自我实现、自我完善、自我批判的思想和精神	文化哲学视角	精神文化
易剑东⑥	体育文化是一种利用身体活动以改善人类身体素质、追求精神自由的实践活动	体育学和文化哲学	实践活动
卢元镇⑦	体育文化是人类体育运动的物质、制度、精神文化的总和。大体包括体育认识、体育情感、体育价值、体育理想、体育道德、体育制度和体育物质条件等	体育学	文化

　　① 参见张进才《从文化学的角度——体育文化基本概念辨析》，《体育与科学》2003 年第 11 期。
　　② 参见郝勤《从学术界和实践分别论述——论体育与体育文化》，《上海体育学院学报》2012 年第 5 期。
　　③ 参见熊晓正《文化　体育　体育文化》，《体育与科学》1987 年第 1 期。
　　④ 参见杨文轩、冯霞《体育文化在社会主义精神文明建设中的地位和作用》，《体育学刊》2006 年第 1 期。
　　⑤ 参见高永强《论体育文化需要与人的发展》，《北京体育大学学报》2015 年第 38 卷第 3 期。
　　⑥ 参见易剑东《论体育的文化本质与特征》，《南京体育学院学报》2000 年第 1 期。
　　⑦ 参见卢元镇《中国体育社会学（修订本）》，北京，北京体育大学出版社，2001 年。

二、对传统体育文化研究的质疑

究竟应该从什么角度界定体育文化？如果我们将体育文化定义为一种社会现象或者实践活动，就是将体育认定为广义的"文化"概念中，社会文化现象与社会实践活动其实是平行的概念，就失去了"体育"科学研究的目的。如果将体育文化界定为身体文化，体育文化和体育就是等同的概念，失去了"体育文化"存在的意义。这两种划分都只是将体育划到文化的范畴，并没有真正提出"体育文化"的概念。当概念界定出现困难时，开始出现"广义体育文化"和"狭义体育文化"的论述，却没有从体育和文化的本质解释出体育文化究竟是什么。如果要探讨体育文化的本质，就要透过现象看本质，寻找其内在的、深层的、稳定的东西，体育的本质与人的本质永远是体育哲学的始基与归宿，而以此为标尺对体育文化进行不断地反思与建构才是促进其发展的真正使命[1]。

三、从人的本质力量运动化角度下探讨体育文化

唯物史观中认为文化是"人的本质力量对象化"，文化要有一定的"载体"，"文化不是文学、艺术法律等具体意识形态的组合体，而是潜藏于其背后的东西，意识形态只是文化的外化"[2]，文化是人的本质力量在自由自觉意识下实践的产物，体育亦然，体育的本质就是文化，体育是人类文化的一种具体形式。文明象征的体育的人文化，其根本的核心和灵魂就是"人"[3]。从"人的本质力量"的视角研究体育，是因为体育就是"人"的文化，是"人化"的表现形式。体育的对象是运动，体育通过运动实现运动价值，"运动化"是体育文化区别于其他文化的根本所在。因此本文通过研究"人的本质力量运动化"，揭示体育文化与人的本质之间的密切联系，探索体育文化的历史起点，寻找体育文化的本质内涵，理解体育与人的关系。

---

[1] 参见张宏宇《现代体育文化的哲学反思与重构》，苏州大学，博士学位论文，2016 年。

[2] 《文史哲》，1986 年第 5 期，第 15 页。

[3] 参见高尔泰《关于"体育文化"的一些思考》，《学术月刊》1987 年第 10 期。

第二节 "人的本质力量运动化"视角下的体育文化

一、"人的本质力量对象化"的观点

（一）人和文化的本质

人的本质作为"哲学上最高的东西"，一直是哲学家们所热衷的研究话题。马克思从唯物主义实践论出发，阐释了人的个体本质和类本质，从而全面认识人的本质。马克思认为"人以一种全面方式，也就是说作为完整的人把自己的全面的本质据为己有"，[①] 这里说的"完整的人"是指健全的人和社会的人，这里说的"全面的本质"是指马克思解释的包括五官感觉在内的人的肉体和精神的全部社会性功能，人的体力和脑力的总和。马克思认为自由和有意识的活动是人区别于动物而自成一类的本质属性，但延伸到人与人之间，个体人的本质属性则是一切社会关系的总和。[②] 随后，马克思、恩格斯在《德意志意识形态》中，把自然属性的类本质和社会属性的个体本质进一步深化，从而揭示了精神层面的人的本质——"他们的需要即他们的本性"，从而促使社会中的人由低级向高级不断发展。[③] 因此，我们认为人的本质力量是由人的自然本质和社会本质所决定的人的内体和精神两方面的基本能力，是人的一切思维、感觉和实践能力的综合，包括人的生命力、体力、运动能力、激情、理想、愿望、意志、品格、智慧、才能、创造力、想象力、审美力等。

而对于文化的理解，马克思在人与文化的互动关系中理解文化的本质。认为具有自我意识主体的人，根据人类生存发展的需求，通过对客体对象的认识和改造，在实践中建立起对象性关系创造出文化，即"文化是人的本质力量对象化"。文化是人与自然、主体与客体在实践中的对立统一。而这里的"自然"不仅是指自然界，也指人类的本能、人的身体的各种自然属性。文化的实质即"人的本质力量对象化"，是人作为主体通过社会实践改造客观世界的过程。而结果就是客观世界功能、形

---

① 参见中共中央马克思恩格斯列宁斯大林著作编译局，《马克思恩格斯选集：第42卷》，北京，人民出版社，1995年，第123～124页。

② 参见中共中央马克思恩格斯列宁斯大林著作编译局，《马克思恩格斯选集：第1卷》，北京，人民出版社，1995年，第56页。

③ 参见中共中央马克思恩格斯列宁斯大林著作编译局，《马克思恩格斯选集：第3卷》，北京，人民出版社，1960年，第514页。

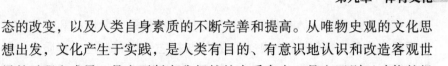

态的改变，以及人类自身素质的不断完善和提高。从唯物史观的文化思想出发，文化产生于实践，是人类有目的、有意识地认识和改造客观世界的过程和成果，是人不断自我超越的本质存在，是人区别于动物的根本属性。

（二）体育是文化活动

文化的结构解剖是文化研究的首要程序，其中有几种关于文化结构的剖析，大致可分为物质文化和精神文化，或物质文化、精神文化和制度文化，抑或是物质文化、制度文化、风俗习惯、行为习惯等。但无论何种划分方法，其基本认识是一致的，即文化包括精神文化和物质文化，而制度文化、行为文化、风俗习惯等都是对精神文化的再次区分，实质并没有改变。精神文化是"属于精神、思想、观念范畴的文化。是代表一定民族的特点的反映其理论思维水平的思维方式、价值取向、伦理观念、心理状态、理想人格、审美情趣等精神成果的总和"①，精神文化是人类认识和改造客观世界的结果，是人类思维意识进步的体现，是人的本质属性的展现。所以，从广义文化上看，体育不是物质文化，而是精神文化。

狭义的文化，特指精神创造的活动和结果。当然，我们探讨体育文化，不能忽视体育物质生产实践的影响，体育文化是人类在物质生产时间基础上形成的，由物质生产时间需要所推动，由物质生产实践能力所决定，是人类一切精神实践活动的过程和结果。

从横向的体育与人类生活关系上看，体育是不是文化呢？体育是人类物质生产实践的产物，是人类文化的表现形式，体育就是一种文化活动。体育文化是人类进步和社会发展文明的重要标志，核心在于通过体育文化体现人的本质属性。因此，需要从人的本质力量出发审视体育的文化内涵。首先，体育是人的本质力量自然属性展现的一种形式。人的本质力量中的自然属性在运动中凝结，通过运动展现出来，进而超越自我，使运动的人成为更加全面发展的人。其次，体育是推动人的本质力量社会属性进步的一种方式。人的本质力量中的社会属性通过体育得以发展，体育文化可以实现不同的运动价值，不仅包括体育健身价值，还包括体育娱乐价值和体育休闲价值等，这些都是体育促进人类社会属性

_____

① 参见曾丽雅《关于建构中华民族当代精神文化的思考》，《江西社会科学》2002 年第 10 期。

的重要标志。最后，体育是促进人类自然属性和社会属性的和谐统一的重要载体，是人类创造精神财富的载体与标志。体育促进人本质力量的和谐统一，体育以改善人的身体为目标，为精神活动提供物质基础，同时对人的心理和精神进行全面的塑造，培养无畏、勇敢、坚毅等优良素质。通过展现和改造人的本质力量，锻造身心健康全面发展的人，将人的精神风貌及行为习惯推向精神文件建设的高点，为社会文明的建设奠定坚实的基础。

首先，从纵向的体育和文化发展维度看，人类经过漫长的进化，逐渐演变成为能够使用工具、具有独立意识的人。在这个过程中，文化逐渐形成并发展起来，随着人类思想的革新，人类文化也在不断地创新与发展。人类从原始的基于生存本能的奔跑、跳跃，逐渐演化成为追求速度、耐力、力量、灵敏与身心健康全面发展的人，这个过程中，人类创造了体育所需的物质设施和精神文化，对客观世界进行和改造并产生了结果，这符合文化的概念和特性；其次，体育文化在社会历史发展的各阶段都产生了深远的影响，在中西方的体育发展历程中，体育文化都是时代精神的展现；最后，体育作为文化中的一部分在其形成和发展过程中，主体是人，客体不仅是自然，还包括人类自身，体育文化在改造自然社会的同时，也在改造运动着的人。因此，体育具有与其他文化相似的一般文化特性，同时由于其特有的"运动化"，体育文化还有自身独特的文化特性。

（三）体育文化的起源论

体育文化的起源理论学说见表 9−2。

表 9−2　体育文化的起源理论学说

体育文化起源	类别解析
劳动起源论	劳动起源理论认为人类的文化是在人类的生产劳动及与自然界的斗争过程中创造出来的，人类在早期的生存过程中学会了奔跑、跳跃，提升了速度、耐力、力量、灵敏等各种身体素质
军事起源论	军事起源论认为体育文化的产生是人类在生存过程中为了生存和争夺生产资料发生战争，在战争的过程中为了保护自己消灭对手逐步积累技能经验，掌握摔跤、飞镖、棍棒等技能
游戏起源论	游戏起源论认为，人类在获取生产资料或者战争胜利后，为庆祝战争的胜利和维持机体的平衡而保持生物优势，常常以游戏的方式进行庆贺和锻炼。这种锻炼逐步演化为体育活动和体育文化

续表 9 - 2

体育文化起源	类别解析
宗教起源论	宗教起源论认为在原始社会，由于生产力水平低下以及对一些出现的自然现象的困扰，原始人类开始逐步求助神祇和图腾，企图通过神来获得力量。这种祈祷的仪式逐步演变为体育活动或文化形式
教育起源论	教育起源论主要是一种技能和理论的传授，认为原始先民在游戏、战争中积累的经验要通过教育的方式传授给下一代，这种教育活动也促进了人类的发展和进步，形成了具有文化内涵的社会活动

注：表中资料摘自王智慧①。

体育文化的形成受制于客体的形式和属性，而主体的意识和能动性，也因为社会环境以及时代和民族的心理环境会有一定的影响。无论体育文化起源于宗教、军事，抑或是游戏、教育，都是人类从自觉的无意识的活动向有意识的活动转变的过程中逐渐形成的体育文化。人类社会对自然规律的认识和运用上升成为一种"自由自觉的活动"和"有意识的生命活动"[6]。也就是说，体育文化是人类在有意识地改变自我本质力量的过程中，通过劳动、游戏、宗教、教育等外化而成。体育由最初较强的实用价值，转化成为现代脱离实用价值的文化活动，从原始的同外在自然抗争形成的文化转化为与自身抗争的文化，当人类本质力量发生变化，有意识地运动时，隐藏的体育因素得以展现，体育文化便产生了。在体育文化发展的过程和结果中，通过运动不断展现人的本质力量，同时通过"运动"，人的本质力量得以进步，从而实现运动价值。

二、从"人的本质力量运动化"视角界说体育文化

（一）人的本质力量对象化的观点

要探讨体育的本质，就要透过现象看本质，寻找其内在的、深层的、稳定的事物。本质是隐藏在事物中的，物质决定意识，意识反作用于物质。研究体育的本质，也要透过现象看本质。

人为什么称之为人，就是因为人有不同于动物的本质力量。人能够

① 参见王智慧《体育强国战略背景下体育文化实力的维度解析与提升路径研究》，《体育与科学》2011 年第 32 卷第 4 期。

直立行走，人能够使用工具，更重要的是人有思维能力，具有主观能动性。马克思唯物史观认为，人的实践活动是以自由自觉的意识为基本特性的，是人在对世界规律的认识基础上，有意识、有目的的改造。人的本质力量对象化，就是人通过实践活动改造客体（人类本身和自然界）从而体现出人的本质力量。上文论述了文化是人的本质力量对象化，人为了生存发展，需要将自己的类本质、本质属性、内在需求等通过实践活动施加于社会和自然界。人的本质力量对象化是指人的本质力量通过外化向对象转移，把自己的本质力量体现在客体中，客体则成为人的本质力量的确证和展示。在体育中，这种对象就是运动，人的本质力量向运动中转移，在运动中凝结，所以体育在本质上是"人的本质力量运动化"。体育是人们在满足物质生活需求后追求本质力量而展现得更为高级的运动形式，也就是说这种文化形成中有体育所特有的目的、手段、内容，并通过这些体现出人的本质力量，这就是"运动化"的过程。

（二）体育文化的内涵与外延

其一，"人的本质力量运动化"解释了体育文化的内涵，体育文化是运动的人与人的运动相互作用的产物，表现在主体客体化和客体主体化上，在"运动化"过程中，运动的人自由自觉地认识运动的本质和规律，并作用于客体——人的运动，同时人的运动也反作用于运动的人，展现出人的本质力量，这是"运动化"主客体相转化的重要方式，将运动的人在运动中实现物质与精神、社会本质与个体本质的和谐统一。"运动化"的客体主体转化体现在作为主体的人在运动化过程中实现了最为根本的文化价值所在，即人的身心和谐发展，不仅是人的个体本质发展，还包括人的社会本质。人的本质力量运动化的产物是体育文化，这个过程显然不仅仅是动物性的、生理性的、体能性的简单生产和开发使用的过程，而是能动地、有意识地能够"把本身固有的（内在的）标准运用到对象上"来发展自身自然，包括个体到群体的心理自然到生理自然的过程，是按照"美的规律"亦即文化的规律来创造人本身的伟大实践过程。[①] 运动化对人内在精神与外在形体的影响都反映了人对更完整的自身身体的全面占有。体育运动在展现人的本质力量的过程中，以运动项目为载体，表现出追求极限和超越自我的文化特征以及顽强拼搏、公平竞争的精神面貌，倡导了健康文明生活方式和人生观念，让不论是观看、

---

① 参见郝勤《体育与运动的文化特质和价值》，《体育与科学》1989 年第 3 期。

模仿还是参与运动的人们都能得到美的享受，满足精神文化需求，促进了人的个体本质力量的发展。同时，通过运动化产生的体育文化还服务于人的社会本质，人们在参与运动实践活动过程中，通过运动发生社会化，例如通过比赛表演、广播电视等体育文化媒介的方式，将具有共同价值观的人们凝聚成一体，体现出体育文化的社会纽带功能，也充分证明了体育文化在促进"人的本质力量"发展的重要地位。体育文化对人的发展所起的作用很好地展示了体育文化与人之间的内在联系，这也是促进人的本质力量发展的重要手段。

其二，"人的本质力量运动化"规定了体育文化的外延，在运动的人与人的运动相互作用的过程中，人的发展不仅可以产生体育精神文化，还带动了体育物质文化和体育制度文化的发现。第一，人作为文化创造的主体，一旦思想上、观念上提出某种适应社会文化生活的需要，散布于社会文化各层面中的体育文化因素就具有了动态的性质，即体育文化实体。[1] 因此，当人产生对运动的需要时，体育文化因素会反映在客观世界上，从而出现满足人的运动需求的体育物质文化。经过改造后的自然客观世界，因为内化了人的本质力量而成为体育物质文化，这是人将自我的体育意识和思想外化在自然客观世界上的结果，以体育场馆、体育器械为代表。第二，人通过认识掌握运动规律，让人的本质力量充分发挥，展现出运动的力量和价值，在这个过程中产生体育精神文化。体育精神文化是以体育的物质保障、制度等为载体的精神存在，是通过运动作用于人的本质力量的精神文化，具有很强的独立性，也是人区别于动物的类本质的主要体现。体育精神是体育文化的重要组成部分，可以说没有体育精神，体育文化就失去了"脊梁"。[2] 在体育活动中，运动者的本质力量内化为高超的运动技能，坚韧不拔的意志信念、勇往直前的精神品质，外化为强健的体魄、灵活的动作这些外在表现形式，从而成为其他"人"的典范，在这个过程中对人本质力量升华的追求形成了体育精神文化，以体育思想、观念为代表。第三，人与人之间的运动化需要约束人们体育行为的规程和准则，这便产生了体育制度文化。一是体育制度的构成是由社会人的传统、习惯、经验与知识等本质力量积累形成的制度文化的基础层面，二是通过人类有意识的能动性设计和建构制

---

① 参见周爱光、宋亨国《对体育文化内涵的思考》，《体育与科学》2004 年第 4 期。

② 参见学民《体育精神、体育文化及教育》，《体育文史》1994 年第 4 期。

度的高级层面，三是包括机构、组织、设备等实施机制层面。① 制度文化的基本层面与高级层面在"运动化"过程中相互统一协调，从而实现现代制度文化的功能，维持整个体育文化的稳定秩序。

（三）体育文化的内容

从体育文化的分层看，人在各种各类体育实践活动中充分发挥人的本质力量，创造了丰富的体育精神文化，它包括以体育思想、观念为代表的精神因子，以体育组织、制度为主的制度文化因子和以体育活动运动技能、活动规程、手段方法为主的行为文化因子等方面。

1. 体育精神因子。由人的本质力量中的审美意识、价值观念、思维方式等构成精神文化因子，是体育文化的核心部分。体育精神因子分为社会心理和社会意识形态两个子层次，社会心理指精神状态和思想面貌，是较为原始的心态，例如人的运动愿望、体育理想、体育追求等。而社会意识形态是经过整理归纳和完善后的社会心理文化的形态，通常表现为体育价值观、体育精神、体育著作、运动视频等。

体育精神文化因子，是人的本质力量在运动过程中产生的"意识觉醒"。体育意识的觉醒是当代体育精神的内涵，也是推动体育精神发展的动力。这里说的体育意识，指的是人的本质力量下的自由自觉的活动。张岱年认为，精神本是对形体而言，文化的基本精神应该是对文化的具体表现而言。就字源来讲，"精"是细微之义，"神"是能动的作用之义。② 体育精神强调"以人为本""公平竞争""团结协作""顽强拼搏"，也有的体育精神则注重"天人合一""修身养性""以神养形"等，这些体育精神构成了体育文化的主要内容。

2. 体育制度因子。在不同时代，制度文化的内容和方式有所不同，成为约束人们体育行为的规程和准则。体育制度的构成有三个层面：一是由社会人的传统、习惯、经验与知识等本质力量积累形成的制度文化的基础层面，二是通过人类有意识的能动性设计和建构制度的高级层面，三是包括机构、组织、设备等实施机制层面。制度文化的基本层面与高级层面在"运动化"过程中相互统一协调，从而实现现代制度文化的功能，维持整个体育文化的稳定秩序。

体育制度规范着体育运动过程中人们的行为，保障体育活动顺利开

① 参见张喜艳、常海《论人本思想指导下的民办培训学校制度文化建设》，《当代教育论坛（管理研究）》2011 年第 12 期。

② 参见张岱年《张岱年哲学文选（上）》，北京，中国广播出版社，1999 年。

展。1995 年国务院颁布了《全民健身计划纲要》，2010 年 2 月和 2011 年 3 月颁布了《全民健身计划纲要》第二期工程（2001—2010 年）规划与《全民健身计划（2011—2015 年）》，政府颁布文件保障的同时，社会参与的公共体育服务体系也日益规范，使全民健身工作持续不断地开展下去。体育制度是人类智慧的结晶，不仅可以规范体育活动中的不良行为，还能够指导和支持体育运动的发展，增强人民体质和提高体育运动水平。

3. 体育行为因子。体育行为因子主要包括运动技能、活动规程、手段方法等，是体育文化的基础。竞技体育如何达到更高水平、休闲体育如何愉悦身心、健身体育如何强健体魄，都是通过体育行为实现的，体育既不是直接对人的机体进行改造，也不是直接对机械物体或者动物身体进行改造，而是通过人的体育行为发展运动提高和展现运动水平，从而促进人的全面发展。

体育行为以运动技能、活动规程、手段方法影响体育运动的效果。不同的体育目的需要不同的体育行为，展现出不同的人的本质力量。例如在竞赛规则的变化上，以排球为例，为提高运动员的运动水平，增加比赛观赏性，从 1947 年制定的世界六人制排球规则开始，历经 50 年，排球规则有了近 30 次的改革变化。体育规则的变化，目的是促进体育运动的不断完善，提高和展现运动水平，体育行为的变化体现了人类的智慧，也成为推动体育运动发展的重要手段。

总而言之，体育文化是对运动的精神化、内在的运动技能和外在的运动形式在运动上的表现。体育文化的过程是运动的过程，是由愿望、意志等人的本质力量引起的，使得运动超越自身自然的界限，并以反作用刺激我们自身。在这个过程中，我们培养了运动，也培养了自己：这是一个运动价值增值的过程，从主体出发创造体育文化，经过客体后又回到主体，主体的本质力量让自身到达更为高级的层次。创造体育文化的根本在于促进人的本质力量的提升，为个体内化从而丰富运动人格内涵，体育文化的发展意味着通过对运动的培养达到对人的培养。体育物质文化、体育制度文化和体育精神文化是体育文化的构成要素，可以从外延上规定体育文化，而人的本质力量运动化的思想则从内涵界定了体育文化，两者互补统一。

（四）解读体育文化自觉的新视角："人的本质力量运动化"

构建新时期的体育文化认识论，需要体育文化自觉。根据马克思文化观，体育文化的本质在于人类基于运动实践对体育规律进行科学认识

和把握，在此过程中形成运动的人作为主体的文化准则，并将其本质力量实现在运动中，表现为一种自觉的行为。体育文化自觉是在马克思文化观的指导下，在运动中自觉展现符合民族价值观的人的本质力量，正确认识体育文化与政治、经济的关系，正确处理体育主导文化与亚文化，民族文化与外来文化的关系，从而建立和谐可持续发展的体育文化体系的过程。

体育文化是体育对文化的选择，体育是文化的载体，文化通过体育进行传播与继承。那么"什么样的体育才最具有传承价值"？究竟要选择何种体育进行传承？这是体育文化自觉的问题。体育发展需要建立在对文化的合理选择上，需要建立标准的筛选流程和规则。而合理的体育文化选择需要建立在人的需要和社会需要上，要从中挖掘人类的共性，即人的本质力量的，然后思考如何将这些共同的特征与体育结合。中国足球为什么发展不起来？很大程度上是因为足球属于舶来品，在发展中一味地模仿外来的发展模式是无法展现出自主的本质力量的，而乒乓球技术战术可以在国内乃至世界体育文化上都占有一席之地，是因为凝结了中国几代人的力量积淀，在竞争激励的体育竞赛中展现出中国人民强大的力量，增强了民族自豪感和认同感。因此，外来的体育文化不能照搬照用，要积极探索符合自己国家、民族本质力量的体育文化自觉发展道路。

第三节　"人的本质力量运动化"的体育文化自觉探析

一、"运动化"理解体育文化自觉概念

体育是自觉实现运动价值，不断提高和展现运动水平的文化活动。体育对象是体育行动或思考时作为目标的事物，即人的运动。体育直接作用于运动而实现运动价值，在此过程中需要人的力量发展运动，提高和展现运动水平，这就是体育的根本目的。体育的根本任务不是对人进行直接改造，而是通过改造和发展人的运动提高和展现运动水平，愉悦身心、强身健体，促进人类发展[①]。从主体意义上看，发展体育的核心

---

① 参见陆作生、任雅琴《体育学基本内容的反思与探析》，《上海体育学院学报》2021 年第 45 卷第 8 期。

要义就是促成作为体育参与主体的人的运动技能水平的提升①。"对象化"是通过实践的方式，实践的运用解释了文化自觉发生的内在逻辑。而实践作为最一般的概念，具有规律和特征分享在具象化于概念之中，"运动化"可以看作实践在体育中的表达，当"运动化"进入实践的范畴，体育文化就有了区别于其他文化"运动化"的特征。

"运动化"对人内在精神与外在形体的影响都反映了人对更完整的自身身体的全面占有。体育运动在展现人的本质力量的过程中，以运动项目为载体，展现出追求极限和超越自我的文化特征以及顽强拼搏、公平竞争的精神面貌。倡导健康文明生活方式和人生观念，让不论是观看、模仿还是参与运动的人们都能得到美的享受，满足精神文化需求，促进人的个体本质力量的发展。通过运动化产生的体育文化还服务于人的社会本质，人们在参与运动实践活动过程中，通过运动发生社会化，例如通过比赛表演、广播电视等体育文化媒介的方式，将具有共同价值观的人们凝聚成一体，体现体育文化的社会纽带功能，也充分证明体育文化自觉是促进"人的本质力量"发展的重要手段。

二、"运动化"的体育文化自觉逻辑分析

体育文化是"运动的人"创造的，是人的一切思维、感觉和实践能力的综合，包括人的生命力、体力、运动能力、激情、理想、愿望、意志、品格、智慧、才能、创造力、想象力、审美力等②。体育文化主体的精神境界、思想深度对体育文化的理解，以及性格、气质决定了所创造体育文化的精神境界的高度③。人们将愿望、理想等对象化于人的自由理想的运动中，这实质是区分了人与动物，特指运动是人的一种需要，也是一种生活方式。人的本质力量中的自然属性在运动中凝结，通过运动展现出来，进而超越自我，使运动的人成为更加全面发展的人，人的本质力量中的社会属性通过运动得以发展，实现不同的运动价值，成为体育文化自觉促进人类社会属性的重要标志。

人类基于运动实践对体育规律进行科学认识和把握，在此过程中形成"运动的人"作为主体的文化准则，并将其本质力量实现在运动中，表现为一种自觉实现的行为。体育与文化的关系中体育是文化的载体，

---

① 参见唐炎《〈青少年运动技能等级标准〉的研制背景、体系架构与现实意义》，《上海体育学院学报》2018 年第 42 卷第 3 期。

② 参见陆作生《我国体育概念的界定》，《体育学刊》2010 年第 17 卷第 12 期。

③ 参见周爱光《对体育文化内涵的思考》，《体育与科学》2004 年第 4 期。

文化通过体育进行传播与继承。那么"什么样的体育才最具有传承价值"？究竟要选择何种体育进行传承？这是体育文化自觉的问题。体育发展需要建立在文化自觉上，需要建立标准的筛选流程和规则。合理的体育文化自觉需要建立在人的需要和社会需要上，要从中挖掘人类的共性，即人的本质力量，然后思考如何将这些共同的特征"运动化"。在法国梅洛·庞蒂（Merleau Ponty）身体的行动与生命态的现象学影响下，具身理论成为解释身体与运动的视角，在体育中，身体成为运动的主体，体育的对象从"身体"转为"运动"。在梅洛·庞蒂看来，身体是主体性和自觉意识的场所，人们是通过身体感觉去感知世界，赋予事物以意义。身体图式的概念和理论对我们理解体育运动能力的发展意义匪浅①，身体图式的延伸实际上是运动融合技能，将身体投射到客体运动的表现，这也是体育技能形成的过程。寻找体育文化自觉与运动的关系，需要通过"运动化"展示"运动的人"的本质力量，才能促进体育文化自觉。

三、"运动化"的体育文化自觉哲学解读

"运动的人"与"人的运动"相互作用表现在主体客体化和客体主体化上。在"运动化"过程中，"运动的人"自由自觉地认识运动的本质和规律，并作用于客体"人的运动"，同时"人的运动"反作用于"运动的人"，展现出人的本质力量，这是"运动化"主客体相转化的重要方式，将"运动的人"在运动中实现物质与精神、社会本质与个体本质的和谐统一。受传统身体思想的影响，我国传统文化认为以身体运动为主要手段的体育，是体力活动，是被轻视的。但其实运动并不是体育的手段，理应是体育的对象。体育的目的不仅仅是运动，而且是实现人的身心和谐发展，只有树立这样的观念，才能形成正确的体育文化观，身心分离的二元思想是错误的，要树立人的本质力量与运动化相结合的思想，促进身心合一的运动观理念的形成。"运动化"的客体主体化体现在作为主体的人在运动化过程中实现了最为根本的文化价值，即人的身心和谐发展，不仅是人的个体本质发展，还包括人的社会本质。人的本质力量运动化的过程也是体育文化自觉的过程，这个过程显然不仅仅是动物性的、生理性的、体能性的简单生产和开发使用的过程，而是能动地、有意识地能够"把本身固有的（内在的）标准运用到对象上"来

---

① 参见宋晓红《西方身体社会学对体育现象的理论阐释》，《体育与科学》2013 年第 34卷第 4 期。

发展自身自然，包括个体到群体的心理自然到生理自然的过程，是按照"美的规律"亦即文化的规律来创造人本身的伟大实践过程①。

体育文化自觉是由愿望、意志等人的本质力量内化给运动者，使运动超越自身自然的界限，并外化展现的过程。体育文化自觉的根本在于促进人的本质力量的提升，为个体内化从而丰富运动人格内涵，体育文化自觉意味着通过对运动的培养达到对人的培养。自觉的理想状态就是在体育过程中实现运动价值最大化，这需要人的本质力量运动化的阶段性和连续性相统一，是其内部矛盾所推动和外部条件所制约而呈现的运动、变化、发展的次序。体育物质文化、体育制度文化和体育精神文化是体育文化的构成要素，可以从外延上规定体育文化，而人的本质力量运动化的思想则是从内涵界定了体育文化自觉，两者互补统一（图9-1）。

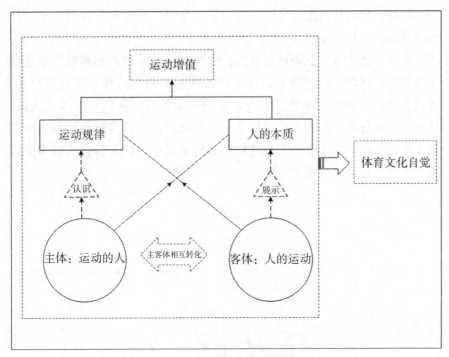

图9-1　人的本质力量运动化过程

①　参见郝勤《体育与运动的文化特质和价值》，《体育与科学》1989年第3期。

第四节 "人的本质力量运动化"的体育文化自觉诠释

一、"运动化"的体育文化自觉机理

体育文化自觉发展，一方面要认清体育文化的自我本质，了解自身文化存在的意义和价值；另一方面要尊重其他不同的体育文化类型。体育文化自觉是要处于体育文化转型的国家民族都可以建立一个"天下大同"的体育文化和谐发展的世界，首先要承认体育文化多元性，对传统民族体育文化寻根探源；其次要促进不同体育文化之间自觉地交流融合，促进传统体育文化创新再融合；最后要掌握体育文化发展外部的行为准则，自觉形成本土体育文化。自觉的手段包括回顾历史、把握规律、创新超越等，在运动实践中找到不同文化背景下具有普适性的价值标准，即挖掘符合民族价值观的人的本质力量，通过"运动化"实现增值，从而推动体育文化自觉。

从体育文化自觉机理可以看出，体育文化自觉与人的本质力量运动化是相互作用的，在过程中，运动的人通过不断提高和展现运动水平，提高主体的运动发现水平，实现客体的运动价值，从而产生体育文化。体育文化越自觉，人的本质力量运动化程度越高，越能够提高和展现运动水平，获得运动增值从而促进运动价值的实现，产生符合人的本质力量发展的体育文化（图9-2）。

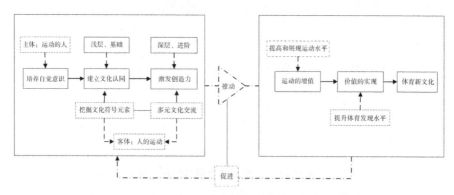

图9-2 "人的本质力量运动化"的体育文化自觉机理

二、"运动化"的体育文化自觉特征

文化是"人的本质力量对象化"，体育文化作为文化的重要组成部

分，是在"人的本质力量运动化"的过程中产生的。体育的属概念是文化活动，体育也可以认为是"人的本质力量运动化"的结果，如此看体育文化与体育有什么区别？

事实上，体育讨论的是体育与运动，研究依据是运动对人的价值功用与意义。而体育文化讨论的是体育与人，主要探讨的是体育对人发展的功用、意义和价值，是与人的关系领域。从对体育本质的研究而言，体育本身就是一种文化。无论将体育视为文化的一部分，还是作为文化研究的领域之一，在对体育的研究中必然要具有文化视野，这也正是体育文化自觉对体育研究的启示。体育文化自觉从文化层面进行解读，既具有文化特征的普遍性，又具有体育的特殊性。首先，体育文化自觉发展具有本质同一性，是人的本质力量运动化的结果；其次，体育文化自觉发展具有过程运动性，通过运动不断促进人的本质力量发展，不仅是民族性凝聚力和生命力的来源，也是社会发展的动力；最后，体育文化自觉发展具有内隐和外显性，反映人对更完整的自身身体的全面占有，竞技体育中的体能、技术，学校体育的育人、育心以及群众体育中的娱乐、休闲都是体育在发展"完整的人"中的体现。

每个国家代表的体育文化不同，是因为各民族崇尚的本质力量是有区别的，不同价值观、不同文化的人如何和平相处，共同发展。如果只有经济上的绑定，没有道义上的认同，就只会"各自其美"，不能达到求同存异的目的。现实世界的体育发展中还是有很多异化现象的，不同文化甚至会引发体育场内的冲突和矛盾，体育文化自觉的道路是曲折的，但趋势是前进的。每个时代都有不同于其他时代的物质生产方式、特殊的人与自然关系和人际关系，任何文化的发展都不是一成不变的，有其时代特点和差异。体育文化自觉的历史决定了人的本质的历史演变，而人的本质力量的变化也反作用于体育文化自觉。如盛唐时期，激烈的竞赛项目具有刚强进取的精神，反映当时人的坚强、勇敢、进取精神，而到了宋代以后，对人的创造本能进行压抑，体育文化就缺乏生命的激情①。每个时代的体育文化都充满着人类的智慧和精神，时刻体现着人的本质力量，都可以看出不同的时代特征。

三、"运动化"的体育文化自觉手段

体育文化自觉是需要认识并且按照"美的"规律运动的，运动不是

---

① 参见张玲、汪伟信《试论奥运精神与中国体育文化》，《西安体育学院学报》1999 年第 3 期。

随意建立的，需要具有一定水平的运动，因此体育文化自觉需要关注运动水平的提高。人的本质力量运动化的客体是"人的运动"，只有当人按照客观规律通过"运动化"的手段让人的身心得到发展，满足人的需求时，体育文化才得以产生。尼采说过这样一句话："不洞悉生命智慧的文化不是文化，那只是在重复表演别人的技巧。"所以要看到"人的本质力量运动化"的规律，洞悉生命的智慧，才能通过运动化占有人的全面本质，实现最为根本的文化价值即人的自身价值。

　　"人的本质力量运动化"的主体客体化是运动的人为了满足运动需求，将自己的类本质、本质属性、内在需求等通过运动化施加于具体的运动，促进体育文化自觉的过程。并不是所有人的运动都能够产生体育文化，只有那些"奋勇争先、努力拼搏"，朝着更高水平发展的运动才是包含体育文化的运动，这样就可以将普通的"运动化"与"人的本质力量运动化"进行区分了。有人会说，一个不会打羽毛球的人打了一场羽毛球比赛也是人的本质力量运动化，却并不能认为其自觉创造了体育文化，所以"体育文化自觉是人的本质力量运动化"是不对的。站在哲学的视角，如此荒谬的推论其实是对方法论的误解，是一种典型的经验主义思想作祟。事实上，正如上文所述，"人的运动"是"运动化"的对象，但并不是所有"人的运动"都可以称之为"人的本质力量运动化"。蒋孔阳先生的阐述中表现得最为明显，在他看来，只有那些在外在形式上鲜明生动，内在意蕴中充满生气，并能给欣赏者以强烈的情感感染的"对象化"的成果，才称得上是"人的本质力量对象化"的成果①。人们在竞技中获得的是自我价值以及人的攻击本能的实现，而非竞技运动所要战胜的则是一个内在的自我，只要是具有一定水平的运动都可以成为"人的本质力量运动化"的方式和手段。但是通常情况下，在竞技体育中更加容易通过"人的本质力量运动化"产生具有时代特征的体育文化，比如"不是赢得冠军，而是有时候明知道不会赢，也竭尽全力"的女排精神。中国女排在一次次比赛中展示出的人的全面的本质力量，充分诠释了人的生命力、崇高理想和坚强意志，这才是具有时代精神的体育文化自觉。

---

　　① 参见黄健云《也论"美是人的本质力量的对象化"》，《福建论坛（人文社会科学版）》2008 年第 195 卷第 8 期。

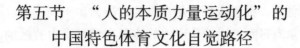

第五节 "人的本质力量运动化"的
中国特色体育文化自觉路径

"自觉"与"自信"都是作为主体的人的"内化"结果，根据马克思对象化的观点，内化是对外在事物的反映，自觉需要外在的肯定，必然是与客观实际相联系，从而能够产生具有关联且反馈的文化。体育文化自觉本质上是人在运动化过程中的自我觉醒，人对于体育文化是什么？如何创造体育文化？如何寻求体育文化？应该实现怎样的体育文化自信？体育文化自觉是有机理和规律可循的，研判一个国家或者一个民族能否具有较强的体育文化自觉，需要满足以下四点：（1）充分发挥人的主体力量，增强体育文化自觉程度；（2）提高运动化水平，破除体育文化自觉困境；（3）增强体育文化认同感，注重体育文化自觉过程；（4）多元体育文化交流，把握体育文化自觉规律。

一、充分发挥人的主体力量，增强体育文化自觉程度

文化是民族的灵魂，一个国家、一个民族的体育文化自觉是人民群众本质力量在运动中的展现。要促进体育文化的发展，就必须充分发挥群众的主体性，将人民的主体力量和文化特征注入运动项目中，让群众能够真正地参与体育，这需要政府明确主体的任务和职能，不能越位也不能缺位，要注重体育文化的"最近发展区"，在期望理论的基础上不要提出过多的需求，尊重市场的发展规律，相信市场的力量，才能广泛吸引群众的参与。1980 年，作者赵瑜在《强国梦》中感慨国外马拉松运动火热的同时中国城市马拉松的落寞。而今日中国城市马拉松却成为中国体育最靓丽的风景，其中重要原因就是 2014 年国务院发文"取消商业性和群众性体育赛事活动审批"，这成为马拉松赛事井喷的政策因子[1]。只有当群众作为运动主体的力量展现时，体育文化自觉意识才能迸发，才能产生推动体育文化自觉的根本力量。

中国体育文化与中国文化一脉相承，都是源于儒家"正心、诚意、修身、齐家、治国、平天下"思想的影响[2]，其中"中庸之道"的道德评价标准、人与自然的和谐统一、国家和集体的利益、健康长寿的养生

---

① 参见吴驷《论中国体育的"自信力"》，《体育学研究》2018 年第 1 卷第 2 期。

② 参见费孝通《文化自觉的思想来源与现实意义》，《文史哲》2003 年第 3 期。

活动等，这些具有文化辨识的符号如何根植于体育文化，就需要在传统中不断融合创新，提高体育文化自觉的创造力。不同国家、不同民族间人的本质力量有区别，运动化产生的体育文化类型也有区别，在传统中创新，才能找到符合国家和民族愿望、本性、灵魂的体育文化，才能不断满足国民的需求。比如现代运动项目多定型起源于英国，但作为殖民地的美国，在运动项目的选择上却独树一帜，全世界都热爱足球运动，但美国人却玩出了"美式足球"——橄榄球，并创造出高于足球的经济价值。美国人将棒球塑造为"国球"，是因为这项运动适合美国人并满足了他们。所以，一项体育运动成为一个国家民族的凝聚和象征取决于体育文化的创造力①。在南美国家，有着浓厚的足球文化氛围，就连乌拉圭、哥伦比亚这种相对贫穷的国家，都随处可见儿童青少年在社区空地乃至贫民窟路边踢球，社会的足球文化氛围在某种程度上奠定了这些足球强国的基础。反观中国足球却面临"文化缺失"的困境，如何将"金元足球"发展为"文化足球"，是中国足球文化自觉的必然选择。所以，体育文化自觉不仅要关注训练选材，更要注重补齐落后项目的文化资源，丰富体育项目的文化内涵②，才能创造满足人民群众需求的体育文化。

二、提高运动化水平，破除体育文化自觉困境

依据马克思主义历史分期理论来对体育文化自觉历程进行梳理，可以看出中国近代体育经历了从强兵、强国到娱乐、健身、休闲的演变路径，从计划性的指令到促进人自由自觉的全面发展的价值观和生活观的巨大转变，在不断的体育文化自觉中，从自卑走向自信。随着体育内容的不断丰富，体育对社会的作用和意义也得到了广泛认同，体育文化自信得以彰显，但中国体育文化自觉并不是一帆风顺的，近代体育文化因受西方体育文化的影响，从文化冲突到文化认同，中西方体育文化的契合性一直在发生变化。当一个社会出现文化的"无根"现象时，随之而来的必然是文化自信的不足、认同危机的产生、文化凝聚力的消解乃至对自身文化不切实际的否定③。"二战"以后，中西方体育文化融合的

---

① 参见吴驯《论中国体育的"自信力"》，《体育学研究》2018 年第 1 卷第 2 期。

② 参见田野《改革开放以来中国体育文化成就与发展战略》，《体育文化导刊》2019 年第 201 卷第 3 期。

③ 参见孙燕青《文化自觉与文化自信视野下的传统文化定位》，《哲学动态》2012 年第 8 期。

过程中就因为社会文化背景影响而出现了不自觉的现象。当时由于苏美冷战对决，西方的体育文化分成了两大流派，一派以西欧和北美为代表，一派以苏联、东欧为代表，中国当时认为西欧、北美派体育文化都是没落的、腐朽的，唯有社会主义体育文化才是先进的、完美的①。从1966年5月开始的"文化大革命"，中国体育文化与西欧、北美派西方体育文化仍处在冲突之中，与苏联、东欧派西方体育文化也由融合转为了冲突，体育被看作政治的附庸，被政治所代替。这两个阶段实际上都是中西方体育文化的融合不自觉的体现，中国体育文化的发展只是社会文化背景的影响，融合当时与我国意识形态基本相同的体育文化，对其他的体育文化基本采取了排斥的态度。

新中国成立70多年来，中国体育文化在继承创新民族传统体育文化的基础上，自觉融合东西方体育文化，才形成了具有中国特色体育文化发展道路。这是在不断的冲突融合中发展得到的，与中国社会文化背景息息相关。促进体育发展的手段很多，很难一一表达，但无论什么手段必须满足"不断提高或展现运动水平"这个条件。通过发展体育手段来提高和展现"运动水平"，是体育生存的根本，也是体育文化自觉的不竭动力。人类的发展需要体育的发展，体育成为现代生活的重要内容，现代化的体育强调人性的回归，在人的本质力量下，不断提高运动技能，然后通过技能的提高来达到，提高人的本质力量，促进人的全面发展的目的。现代化的体育文化是以人的全面发展为核心，人们通过参与体育运动实现运动价值，通过不断丰富体育手段，提高和展现运动水平，虽然它的发展并不是完美的，存在很多冲突和矛盾，但在自觉过程中不断探索，必然可以走出一条中国特色体育文化自觉道路。中国特色体育文化自觉成果梳理见表9-3。

表9-3　中国特色体育文化自觉成果梳理

历史时期	体育文化	人的本质力量	运动表现方式	代表性项目	民族时代特征
1840—1949 洋务运动	文化自卑	强兵御侮，救亡图存	西方兵式体操	步阵操、水操、枪炮、射击等	"西体中用"传统民族体育衰落

---

① 参见茹秀英、王揖涛《新中国50年来中西方体育文化冲突与融合的历史透视及原因剖析》，《天津体育学院学报》2003年第3期。

续表 9 – 3

历史时期	体育文化	人的本质力量	运动表现方式	代表性项目	民族时代特征
1949—1978 新中国成立	文化冲突	集体生产，保家卫国	现代体育文化项目	跑步、体操、射击等	"乒乓外交"，体育成为实现政治目的的载体
1979—2008 改革开放	文化自强	务实进取，展现形象	竞技体育项目	乒乓球、排球、体操，围棋，跳水等	"女排精神"，展现国家形象的体育大国
2008 年至今 后奥运时代	文化自信	人文精神，和平发展	民族传统体育项目	中华武术、太极、舞龙、舞狮等	"健康中国"，建设全民健身的体育强国

三、增强体育文化认同，注重体育文化自觉过程

首先，价值观和信念是文化最集中的体现形式①，体育文化自觉意识中蕴含的体育价值观和信念是建立体育文化认同的关键。体育文化自觉是人对体育文化背景的认知定位及担当，这是体育文化自信形成的前提条件。要对民族体育文化产生自觉意识，首先要找到民族体育文化的价值，由于传统体育文化在发展过程中会受到认识的局限性，所以要以历史唯物主义、辩证唯物主义的精神分析民族传统体育文化，发挥其优秀部分、淘汰其糟粕部分以显示体育文化自觉的"自知之明"。如何对中国民族传统文化进行挖掘，在传统文化元素中找到民族传统体育的时代特征变得十分重要。卢元镇先生提出："中国体育文化对于平衡西方体育文化的偏颇，可以起到难能可贵的互补作用。"② 传统文化观念的和谐、仁爱，包含了民族传统体育健身养生的价值性；传统文化观念的祭祀、娱乐，包含了民族传统体育的娱乐休闲性；传

---

① 参见曾麒玥《文化自信的实现路径——习近平的文化自信观探究》，《社会主义研究》2017 年第 234 卷第 4 期。

② 参见卢元镇《东西方文化对接中的奥林匹克运动》，《体育科技文献通报》2007 年第 171 卷第 3 期。

统文化观念的道德、仁义，包含了民族传统体育的宗法道德性；传统文化观念的集体、伦理，包含了民族传统体育的宗法伦理性。中国体育文化特有的文化元素包含了人的本质力量的时代特征，在挖掘时代特征的过程中，正确的态度应该是："以历史为坐标观照传统文化的本来面目、尊重其历史作用，并以此为基础，再以时代性为现实关怀对传统文化进行科学的评判，在对传统文化的评判中寻找出民族文化繁荣发展的路径选择，从而对传统文化进行超越。"① 见表9-4。

表9-4　优秀的民族传统体育文化元素

时代特征	传统文化元素	人的本质力量	运动化的代表性项目
健身养生性	仁爱、和谐统一，人自身元气、精神以及人与环境	天人合一、以和为贵，对长寿健康的愿望和理想	气功、太极拳
娱乐休闲性	祭祀祈福、精神娱乐、家族传承	对未来美好生活的期望	舞龙、舞狮、龙舟
宗法道德性	道德规范，儒家的仁、义、礼、智，道家的"道法自然"	正身重德、克己复礼，对人的道德品质的教育，展现优雅和礼仪	投壶、射箭、马球
宗法伦理性	集体主义文化，重家族轻个人、重群体轻个体	维护血缘宗法关系，规范"三纲五常"，宗族和家庭的聚集，保守文化氛围	抢狮②、独木龙舟③

其次，体育文化自觉除了要不断进行认知和反思外，其中最重要的是要建立心理上的认同。文化自觉和文化自信在根本上是一种价值认同。而价值认同就是社会成员对一定信仰、理想、信念、规范等的共有和分享④，这些流传千年的中国体育文化核心价值内容值得不断反

---

① 参见孙燕青《文化自觉与文化自信视野下的传统文化定位》，《哲学动态》2012年第8期。

② 参见白晋湘《少数民族聚居区传统体育非物质文化遗产保护的社会建构研究——以湘西大兴寨苗族抢狮习俗为例》，《体育科学》2012年第32卷第8期。

③ 参见胡小明、杨世如、夏五四等《黔东南独木龙舟的田野调查——体育人类学的实证研究》，《体育学刊》2009年第16卷第12期。

④ 参见张雷声《文化自觉、文化自信与社会主义核心价值体系》，《思想理论教育导刊》2012年第1期。

思与创新，在中国传统体育文化中蕴含的精神理念，一直影响着中国人对体育的选择。归纳一下民族传统优秀体育文化"和谐统一、家族传承、道德规范、集体主义"这些具有辨识度的体育文化符号，代表了中国体育文化的特色。因此，在适应时代的前提下需要不断发挥传统文化的价值结合时代提出发挥体育功能、维护体育文化多样性等要求。比如，中国武术种类繁琐，各门各派、刀枪棍剑、十八般武术，如果被西方体育的理性化、专业化、量化所局现，事实上就失去了这项运动的本质属性——由象形仿生所表达出人身体的展示，也就无从谈及发展。所以，提高中国体育文化自信，需要玩出"自己的体育"。如果武术同棒球或橄榄球一样，创造出满足国民需求的文化价值，谁敢否定它是一项伟大的现代竞技体育项目呢？所谓价值所在不一定是经济价值，还有可能是精神价值、理想价值、身体价值，只要实现增值就是体育文化自觉。

四、多元体育文化交流，把握体育文化自觉规律

随着现代科学的发展，西方体育的科学理念影响着现代人的体育观，中国体育文化自觉可以借鉴西方现代体育科学的优秀要素，在运动形式、运动项目、运动规则、运动手段等方面不断改进创新，不断丰富自身的精神价值体系。但西方体育由于过分追求运动表现，容易忽视体育的内在文化修养，中华民族在长期的实践中培育和形成了独特的道德规范，有守诚信、崇仁爱、求大同等儒家思想，有自强不息、奋勇拼搏的传统美德，都是永不退色的精神财富，这些文化观念恰好可以弥补西方体育内在文化修养的缺失。

在中国特色社会主义进入新时代发展的特殊时期，中国体育文化应该积极"走出去"，展示中国体育的特殊魅力，提升中国体育的国际影响力。在全球化带来的体育文化冲突和融合过程中，体育文化自觉的问题凸显，只有通过"人的本质力量运动化"实现体育文化自觉，深入挖掘中华民族的体育文化内涵，弘扬中华体育精神，积极融入世界体育文化的浪潮中，才能最大限度地避免冲突，实现融合，让蕴含中国力量的体育文化为世界体育文化注入活力。坚守本根，增强体育文化自信心，在体育运动中培育共同的理想、精神、情感和价值，才能使中国体育文化达到费孝通先生所倡导的"美美与共，天下大同"，也只有在多元文化的交融过程中，本民族的体育文化特点会更加清晰，中国特色体育文化自觉才能实现。

　　总而言之，体育文化自觉总体方向是前进的，但也要看到道路的曲折性。体育文化自觉发展包括体育文化的自我认知、融合创新到本土体育文化的形成。结果可能会出现两种情况：一种是获得符合当代社会认可的体育文化，一种是会被社会摒弃的体育文化。规律的把握在于融合创新过程中是否会出现"异化"现象，所以能否克服"异化"对于人的本质力量与体育文化融合起到关键作用。异化运动对于体育发展产生消极影响，但由于异化现象是不断运动，并且总体呈螺旋式上升的历史发展。运动的人必然要追寻扬弃异化的方式方法，保障体育文化的先进性，通过"自觉"遵循人的本质力量发展规律，克服异化运动所带来的负面影响，这是非常艰难并且紧迫的任务。所以，无论采取什么途径提高体育文化自觉及文化自信，重要的来源始终是"人的本质力量"，是人民创造了体育文化自觉。要引导人民在运动化中树立正确的价值观、人生观、世界观，人们要有信心克服异化的现象，要让运动更加有益于人的身心健康，这也是体育文化自觉与人的本质力量最为直接的联系。

参 考 文 献

一、中文文献

（一）中文书籍文献

［1］A. J. 哈罗、E. J. 辛普森：《教育目标分类学：第三分册动作技能领域》，施良方、唐晓杰译，上海，华东师范大学出版社，1989 年。

［2］〔奥地利〕路德维希·维特根斯坦：《哲学研究》，李步楼译，北京，商务印书馆，1996 年。

［3］鲍冠文、体育概论教材编写组：《体育概论》，北京，高等教育出版社，1995 年。

［4］曹守和、傅砚农：《中国体育思想史（现代卷）》，北京，首都师范大学出版社，2008 年。

［5］曹湘君：《体育概论》，北京，北京体育大学出版社，1995 年。

［6］陈安槐、陈萌生：《体育大词典》，上海，上海辞书出版社，2000 年。

［7］陈小平：《竞技运动训练实践发展的理论思考》，北京，北京体育大学出版社，2008 年。

［8］陈燮君：《学科学导论——学科发展理论探索》，上海，上海三联书店，1991 年。

［9］陈扬勇：《建设新中国的蓝图》，北京，社会科学文献出版社，2013 年。

［10］崔乐泉、罗时铭：《中国体育思想史（近代卷）》，北京，首都师范大学出版社，2008 年。

［11］〔美〕戴安娜·克兰：《无形学院——知识在科学共同体的扩散》，北京，华夏出版社，1988 年。

［12］〔美〕丹尼尔·F·史普博：《管制与市场》，余晖译，上海，

上海人民出版社，1999 年。

［13］邓树勋、王健、乔德才：《运动生理学》，北京，高等教育出版社，2011 年。

［14］〔法〕弗朗索瓦·佩鲁：《新发展观》，北京，华夏出版社，1987 年。

［15］郭树理：《外国体育法律制度专题研究》，武汉，武汉大学出版社，2008 年。

［16］国家体育总局普法办公室：《体育法规知识读本》，北京，中国法制出版社，2003 年。

［17］国家体育总局《全民健身指导丛书》编委会：《国外大众体育》，北京，北京体育大学出版社，2003 年。

［18］"国立"教育资料馆：《体育理论基础经典丛书（上）》，台北，"国立"教育资料馆，2007 年。

［19］郝勤：《体育史》，北京，人民体育出版社，2006 年。

［20］胡小明、石龙：《体育价值论》，成都，四川科学技术出版社，2008 年。

［21］胡小明：《体育休闲论》，成都：四川科学技术出版社，2008 年。

［22］华勒斯坦：《学科·知识·权力》，北京，生活·读书·新知三联书店，1999 年。

［23］黄世席：《欧洲体育法研究》，武汉，武汉大学出版社，2010 年。

［24］金炳华：《马克思主义哲学大辞典》，上海，上海辞书出版社，2003 年。

［25］李淮春：《马克思主义哲学全书》，北京，中国人民大学出版社，1996 年。

［26］林文弢：《运动能力的生物化学》，北京，人民体育出版社，1995 年。

［27］刘彩霞：《百年中文体育图书总汇》，北京，北京体育大学出版社，2003 年。

［28］刘叔成、夏之放、楼昔勇等：《美学基本原理》，上海，上海人民出版社，2001 年。

［29］刘蔚华、陈远：《方法大辞典》，济南，山东人民出版社，1991 年。

［30］卢元镇：《中国体育社会学（修订本）》，北京，北京体育大学出版社，2001 年。

［31］马惠娣：《休闲：人类美丽的精神家园》，北京，中国经济出版社，2004年。

［32］马云泽：《规制经济学》，北京，经济管理出版社，2008年。

［33］毛泽东：《毛泽东选集（第一卷）》，北京，人民出版社，1991年。

［34］毛泽东：《体育之研究》，北京，中共中央文献研究室，1990年。

［35］毛振明：《体育教学论》，北京，高等教育出版社，2005年。

［36］〔美〕埃德加·博登海默：《法理学：法律哲学与法律方法》，邓正来译，北京，中国政法大学出版社，2004年。

［37］曲振涛：《规制经济学》，上海，复旦大学出版社，2006年。

［38］全国人大财政经济委员会办公室/国家发展和改革委员会发展规划司：《中华人民共和国国民经济和社会发展第六个五年计划（1981—1985）》，北京，中国民主法制出版社，2007年。

［39］全国体育学院教材委员会：《体育理论》，北京，人民体育出版社，1993年。

［40］全国体育院校教材委员会：《运动训练学》，北京，人民体育出版社，2000年。

［41］阮青：《价值哲学》，北京，中共中央党校出版社，2004年。

［42］史征：《媒介规制论》，杭州，浙江工商大学出版社，2014年。

［43］〔苏〕列巴马特维也夫：《体育理论与方法》，北京，北京体育大学出版社，1994年。

［44］孙绵涛：《教育政策学》，武汉，武汉工业大学出版社，1997年。

［45］孙有平：《运动训练实践问题探索》，上海，华东师范大学出版社，2012年。

［46］谭华：《体育史》，北京，高等教育出版社，2005年。

［47］王伯英：《体育教学论》，成都，四川教育出版社，1988年。

［48］王建、侯斌：《体育原理导论》，武汉，华中师范大学出版社，2002年。

［49］吴志宏：《教育政策与教育法规》，上海，华东师范大学出版社，2003年。

［50］夏大慰、史东辉：《政府规制理论、经验与中国的改革》，北京，经济科学出版社，2003年。

［51］〔日〕相川量平：《体育学概论》，东京，文化书房博文社，1981年。

［52］《新词语大词典》编写组：《新词语大词典》，上海，上海辞书

出版社，2003 年。

［53］熊斗言：《熊斗言体育文选》，贵阳，贵州人民出版社，1996 年。

［54］徐世芳：《英汉汉英灾害科学词典》，北京，北京科学技术出版社，1992 年。

［55］许慎：《说文解字》，天津，天津古籍出版社，1991 年。

［56］闫旭峰：《体育法学与法理基础》，北京，北京体育大学出版社，2007 年。

［57］杨文轩、陈琦：《体育原理》，北京，高等教育出版社，2004 年。

［58］杨文轩、林笑峰、郑俊武等：《体育学原理》，广州：广东高等教育出版社，1996 年。

［59］杨文轩：《体育概论》，北京，高等教育出版社，2005 年。

［60］杨锡让：《实用运动生理学》，北京，北京体育大学出版社，1998 年。

［61］杨向东、张雪梅：《中国体育思想史（古代卷）》，北京，首都师范大学出版社，2008 年。

［62］叶加宝、苏连勇：《体育概论》，北京，北京体育大学出版社，2006 年。

［63］易剑东：《百年奥运史》，南昌，江西出版集团，2008 年。

［64］于春池：《牛津·外研社英汉汉英词典》，北京，外语教学与研究出版社，2010 年。

［65］于光远：《论普遍有闲的社会》，北京，中国经济出版社，2005 年。

［66］于涛：《体育哲学研究》，北京，北京体育大学出版社，2009 年。

［67］余源培：《哲学辞典》，上海，上海辞书出版社，2009 年。

［68］袁振国：《教育政策学》，南京，江苏教育出版社，1996 年。

［69］张岱年：《张岱年哲学文选（上）》，北京，中国广播出版社，1999 年。

［70］张文显：《法理学》，北京，高等教育出版社、北京大学出版社，2011 年。

［71］张昕竹：《中国规制与竞争：理论与政策》，北京，社会科学文献出版社，2000 年。

［72］张扬：《体育法学概论》，北京，人民出版社，2006 年。

［73］〔日〕植草益：《微观规制经济学》，冯金华译，北京，中国发展出版社，2003 年。

［74］〔日〕植草益：《微观规制经济学》，朱绍文等译，北京，中国发展出版社，1992 年。

［75］中共中央马克思恩格斯列宁斯大林著作编译局：《1844 年经济学——哲学手稿》，北京，人民出版社，1932 年。

［76］中共中央马克思恩格斯列宁斯大林著作编译局：《马克思恩格斯选集：第 1 卷》，北京，人民出版社，1995 年。

［77］中共中央马克思恩格斯列宁斯大林著作编译局：《马克思恩格斯选集：第 3 卷》，北京，人民出版社，1960 年。

［78］中共中央马克思恩格斯列宁斯大林著作编译局：《马克思恩格斯选集：第 42 卷》，北京，人民出版社，1995 年。

［79］中国大百科全书总编辑委员会《体育》编辑委员会、中国大百科全书出版社编辑部：《中国大百科全书·体育》，北京，中国大百科全书出版社，1982 年。

［80］中国群众体育现状调查课题组：《中国群众体育现状调查与研究》，北京，北京体育大学出版社，1998 年。

［81］周其仁：《产权与制度变迁》，北京，北京大学出版社，2004 年。

［82］周西宽：《运动学》，成都，四川教育出版社，1990 年。

［83］周西宽：《体育基本理论教程》，北京，人民体育出版社，2004 年。

（二）中文期刊文献

［1］陈长礼、杨忠伟：《体育的目的价值分析》，《体育学刊》2006 年第 5 期，第 24 ～ 25 页。

［2］陈林祥：《体育管理学学科体系建立的战略转变》，《武汉体育学院学报》2003 年第 2 期，第 149 ～ 151 页。

［3］陈晓峰：《多维视角下体育文化的内涵、价值与建设》，《上海体育学院学报》2012 年第 2 期，第 21 ～ 24 页。

［4］陈玉忠：《论休闲体育与体育休闲》，《上海体育学院学报》2010 年第 1 期，第 25 ～ 28 页。

［5］程蕉、袁古杰：《美国、澳大利亚、南非、日本体育立法比较研究》，《体育科学研究》2012 年第 5 期，第 40 ～ 47 页。

［6］邓星华：《论我国社会体育指导员的培养》，《体育学刊年体系》2001 年第 1 期，第 30 页。

［7］丁念金：《走出教育目的研究误区的途径》，《教育评论》1998

年第 6 期，第 13 页。

[8] 董德龙、刘文明：《归属、规模、规制：对中国体育学科发展的认识———一种学科方向探究》，《体育科学》2015 年第 3 期，第 83 ～ 89 页。

[9] 董艳芹：《体育学科、体育专业、体育课程辨析》，《南京体育学院学报》2015 年第 2 期，第 104 ～ 107 页。

[10] 冯国有：《公共体育政策的利益分析与选择》，《体育学刊》2007 年第 7 期，第 15 ～ 19 页。

[11] 冯向东：《张力下的动态平衡：大学中的学科发展机制》，《现代大学教育》2002 年第 2 期，第 67 ～ 71 页。

[12] 付善民：《体育休闲学研究主体领域分析——西方社会学视角下休闲学研究的启示》，《武汉体育学院学报》2009 年第 6 期，第 72 ～ 75 页。

[13] 高尔泰：《关于"体育文化"的一些思考》，《学术月刊》1987 年第 10 期，第 21 ～ 27 页。

[14] 高永强：《论体育文化需要与人的发展》，《北京体育大学学报》2015 年第 3 期，第 40 ～ 45 页。

[15] 郭道全：《体育概念研究中价值预设问题的探讨》，《体育学刊》2008 年第 4 期，第 5 ～ 7 页。

[16] 郭玉成：《论体育教练员的哲学素养》，《中国体育教练员》2013 年第 1 期，第 7 页。

[17] 韩丹：《俄（苏）体育的基本概念和基本原则》，《体育学刊》2001 年第 2 期，第 15 页。

[18] 韩庆祥：《社会层级结构理论与中国和谐文化建设》，《科学社会主义》2007 年第 3 期，第 81 ～ 85 页。

[19] 韩庆祥：《社会层级结构与理论创新》，《江苏行政学院学报》，2007 年第 5 期，第 57 ～ 60 页。

[20] 郝勤：《从学术界和实践分别论述——论体育与体育文化》，《上海体育学院学报》2012 年第 5 期，第 36 页。

[21] 郝勤：《论体育与体育文化》，《上海体育学院学报》2012 年第 3 期，第 3 ～ 6 页。

[22] 胡敏洁：《规制理论是否足以解释社会政策》，《清华法学》2016 年第 3 期，第 26 ～ 38 页。

[23] 胡伟、程亚萍：《论我国体育立法的价值选择》，《体育与科

学》2011 年第 1 期，第 1 ～ 4 页。

［24］胡小明：《体育的价值区域与探索路径》，《体育科学》2007 年第 11 期，第 9 ～ 14 页。

［25］胡小明：《体育人类学与学科建设》，《体育学科》2013 年第 4 期，第 1 ～ 4 页。

［26］胡小明：《体育研究重在实证与应用》，《体育与科学》2013 年第 6 期，第 1 ～ 5 页。

［27］胡小明：《中国少数民族传统体育的文化多元价值》，《体育学刊》2007 年第 8 期，第 5 ～ 9 页。

［28］胡晓风：《关于体育科学体系的若干问题——在成都体院一次学术报告会上的发言》，《成都体育学院学报》1980 年第 1 期，第 12 ～ 17页。

［29］华洪兴、李江：《体育执法中的问题及其对策》，《体育与科学》2000 年第 3 期，第 14 ～ 17 页。

［30］黄新华：《放松规制与激励规制》，《云南民族大学学报（哲学社会科学版），2004 年第 5 期，第 46 ～ 51 页。

［31］黄兴裕：《高校体育保健课开设坐式太极拳的必要性与可行性》，《体育学刊》2013 年第 6 期，第 81 ～ 84 页。

［32］纪成龙：《学科逻辑起点的问题与体育休闲学研究》，《南京体育学院学报》2015 年第 3 期，第 62 ～ 67 页。

［33］季卫东：《法律程序的意义——对中国法制建设的另一种思考》，《中国社会科学》1993 年第 1 期，第 83 ～ 103 页。

［34］金涛、王永顺：《美国〈业余体育法〉解读与启示》，《体育学刊》2014 年第 2 期，第 56 ～ 60 页。

［35］旷言：《论政策在体育发展中的作用》，《上海体育学院学报》1987 年第 3 期，第 5 ～ 8 页。

［36］李健民：《语篇中社会身份和社会活动的构建》，《重庆工学院学报》2006 年第 7 期，第 158 页。

［37］李金奇、冯向东：《学科规训与大学学科发展》，《高等教育研究》2005 年第 9 期，第 79 ～ 83 页。

［38］李益群、李静：《政府与体育的公共政策研究》，《北京体育大学学报》2003 年第 2 期，第 151 ～ 153 页。

［39］李元书：《什么是政治》，《学习与探索》1997 年第 5 期，第 78 页。

［40］李政涛：《教育学科发展中的"制度"与"制度化"问题》，《教育研究》2001年第3期，第76～87页。

［41］廖进球、陈富良：《政府规制俘虏理论与对规制者的规制》，《江西财经大学学报》2001年第5期，第10～12页。

［42］凌平、冯宇超：《略论美国体育管理法规的立法形式和司法程序对我国体育法制建设的借鉴价值》，《浙江体育科学》2003年第3期，第4～7页。

［43］凌平：《体育价值初探——兼谈体育价值的构成系统》，《体育与科学》1989年第4期，第22～24页。

［44］刘复兴：《教育政策的四重视角》，《清华大学教育研究》2002年第4期，第13～19页。

［45］刘青：《我国政府职能转变与体育行政管理体制改革》，《经济体制改革》2003年第6期，第129～132页。

［46］刘苏、张林：《中国职业足球"管办分离"改革的逻辑分析——从质疑与反思到完善与创新》，《成都体育学院学报》2013年第11期，第52～58页。

［47］鲁长芬：《我国体育学科体系研究的必要性及策略》，《上海体育学院学报》2008年第2期，第6～10页。

［48］鲁长芬、杨文轩、罗小兵：《对体育学科分类的分析与调整建议》，《体育学刊》2009年第4期，第6～10页。

［49］陆作生：《我国体育概念的界定》，《体育学刊》2010年第1期，第2页。

［50］陆作生、周爱光：《我国体育法规体系的研究》，《中国体育科技》2008年第5期，第3～7页。

［51］罗思婧：《我国体育行业自治及其法律规制重构》，《北京体育大学学报》2017年第3期，第16～21、32页。

［52］罗云：《关于学科、专业与课程三大基本建设关系的思考》，《现代教育科学》2004年第3期，第32～34页。

［53］马健：《文化规制：第三种规制》，《学术论坛》2012年第3期，第156～160页。

［54］马健：《文化规制：概念及其解读》，《经济研究导刊》2016年第31期，第179～183页。

［55］马思远、李相如：《体育项目业余锻炼等级标准制定与落实的现状及对策》，《首都体育学院学报》2016年第6期，第503～507页。

［56］马宣建：《北京奥运周期的中国体育政策分析》，《成都体育学院学报》2004 年第 6 期，第 1～6 页。

［57］马宣建：《论中国群众体育政策》，《成都体育学院学报》2005 年第 6 期，第 1～7 页。

［58］马忠利：《俄罗斯体育重归政府管理的过程及缘由探析》，《成都体育学院学报》2008 年第 3 期，第 8～11 页。

［59］马忠利、叶华聪：《苏联解体后俄罗斯体育政策的演进及启示》，《上海体育学院学报》2014 年第 1 期，第 12～17 页。

［60］孟凡强：《"体育"术语与实践的矛盾及体育概念的争论》，《体育学刊》2009 年第 1 期，第 11 页。

［61］〔日〕楠户一彦、孙喜和：《スポーツ概念の定义》，《体育文化导刊》2007 年第 1 期，第 70 页。

［62］聂啸虎：《欧洲古代休闲体育思想—非物质文化遗产的精髓》，《体育科学》2007 年第 12 期，第 14 页。

［63］聂啸虎：《中外古代休闲体育思想纵横谈》，《体育文化导刊》2008 年第 7 期，第 78 页。

［64］宁伟、谭小勇：《国外体育赛事球场观众暴力法律规制评介》，《体育科研》2013 年第 6 期，第 32～26 页。

［65］钱景：《试论体育政策的科学性》，《四川体育科学》1987 年第 4 期，第 9～13 页。

［66］邵伟德：《学校体育学科中运动技术、运动技能和终身体育习惯等概念之关系探讨》，《北京体育大学学报》2004 年第 27 期，第 83 页。

［67］孙金亮：《浅谈体育的分类及其他》，《天津体育学院学报》1990 年第 8 期，第 40～44 页。

［68］谭镜星、曾阳素、陈梦迁：《从学科到学科群：知识分类体系和知识政策的视角》，《高等教育研究》2007 年第 7 期，第 31～36 页。

［69］汤在新：《宏观调控和微观规制、产业政策》，《当代经济研究》2000 年第 5 期，第 39～44 页。

［70］唐炎：《〈青少年运动技能等级标准〉的研制背景、体系架构与现实意义》，《上海体育学院学报》2018 年第 3 期，第 2～7 页。

［71］田麦久：《赛前训练中运动员竞技能力的优化组合》，《中国体育教练员》2015 年第 2 期，第 6～8 页。

［72］王颢霖：《从学科交叉与分化管窥近代中国体育学演进发展》，《体育科学》2015 年第 6 期，第 3～12 页。

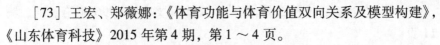

［73］王宏、郑薇娜：《体育功能与体育价值双向关系及模型构建》，《山东体育科技》2015 年第 4 期，第 1～4 页。

［74］王健：《理顺宏观调控和微观规制关系》，《国家行政学院学报》2002 年第 5 期，第 20～25 页。

［75］王涛、王嵘蓉、王健：《体育文化基本概念分析》，《体育文化导刊》2014 年第 3 期，第 181～184 页。

［76］王知津、刘念：《信息检索分类理论研究的实用主义视角》，《图书馆学刊》2009 年第 11 期，第 1～4 页。

［77］王志威：《英国体育政策的发展及启示》，《上海体育学院学报》2012 年第 1 期，第 5～10 页。

［78］王智慧：《体育强国战略背景下体育文化实力的维度解析与提升路径研究》，《体育与科学》2011 年第 4 期，第 28～34 页。

［79］王子朴：《西方经济学发展史对当今体育经济思想的影响研究》，《体育科学》2006 年第 11 期，第 15～21 页。

［80］韦曙林、李龙一：《论西方政府规制理论与中国规制实践之差异》，《经济问题研究》2003 年第 10 期，第 4～6 页。

［81］吴启超：《论运动技术与运动技能的关系》，《体育文化导刊》2004 年第 3 期，第 51 页。

［82］吴向宁：《从动作要素的构成导引运动技能学习及其效果论证》，《体育科技文献通报》2013 年第 2 期，第 28～29 页。

［83］吴叶林、崔延强：《基于学科文化创新的一流学科建设路径探论》，《清华大学教育研究》2017 年第 5 期，第 89～97 页。

［84］吴义华：《美国体育立法概况及体育纠纷解决机制研究》，《山西师大体育学院学报》2009 年第 1 期，第 24～26 页。

［85］席翼、郭永强：《大众乒乓球技术等级标准研制》，《体育科学》2013 年第 7 期，第 12～20 页。

［86］肖焕禹：《休闲体育的演进、价值及其未来发展取向》，《上海体育学院学报》2010 年第 1 期，第 6 页。

［87］肖楠、杨连生：《学科及其"两态"互动的本质》，《中国高教研究》2010 年第 7 期，第 45～48 页。

［88］谢解飞：《论身体养护在体育过程中的地位与作用》，《体育学刊》1996 年第 3 期，第 78 页。

［89］辛利、周毅、庄弼：《动作教育在幼儿园课程设置中的地位》，《体育学刊》2015 年第 11 期，第 71～74 页。

［90］熊斗寅：《什么是体育》，《体育文史》1996 年第 6 期，第 11 页。

［91］熊文：《体育科学学科体系的解析与多维构建》，《上海体育学院学报》2015 年第 1 期，第 1～6 页。

［92］熊晓正：《文化　体育　体育文化》，《体育与科学》1987 年第 1 期，第 19～21 页。

［93］许仲槐、王国辉：《对重建〈体育原理〉的初步探讨》，《广州体育学院学报》1985 年第 2 期，第 1～5 页。

［94］杨桦：《20 世纪 80 年代以来我国竞技体育发展的成功经验及存在的问题》，《成都体育学院学报》2002 年第 1 期，第 1 页。

［95］杨天平：《学科概念的沿演与指谓》，《大学教育科学》2004 年第 1 期，第 13～15 页。

［96］杨文轩、冯霞：《体育文化在社会主义精神文明建设中的地位和作用》，《体育学刊》2006 年第 1 期，第 4～7 页。

［97］杨小永、王健：《体育学科体系的分类：宏观、中观与微观》，《武汉体育学院学报》2009 年第 7 期，第 19～23 页。

［98］姚颂平：《依法治体——俄罗斯联邦体育改革与启示》，《上海体育学院学报》2015 年第 2 期，第 1～4 页。

［99］叶文振：《社会学的学科体系构想》，《厦门大学学报（哲学社会科学版）》2001 年第 2 期，第 149～154 页。

［100］叶文振：《社会学的学科体系构想》，《厦门大学学报（哲学社会科学版）》2001 年第 2 期，第 149～154 页。

［101］易剑东：《论体育的文化本质与特征》，《南京体育学院学报》2000 年第 1 期，第 12～16 页。

［102］易剑东、熊学敏：《当前我国体育学科发展的问题》，《体育学刊》2014 年第 1 期，第 1～10 页。

［103］于立：《规制理论发展综述》，《财经问题研究》2001 年第 1 期，第 18～25 页。

［104］袁振国：《政策型研究者和研究型决策者》，《教育研究》2002 年第 11 期，第 3～7 页。

［105］曾丽雅：《关于建构中华民族当代精神文化的思考》，《江西社会科学》2002 年第 10 期。

［106］曾令斌：《国内外高校学科分类与院系设置的比较分析》，《重庆高教研究》2016 年第 1 期，第 104～109 页。

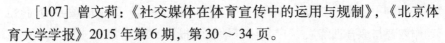

[107] 曾文莉：《社交媒体在体育宣传中的运用与规制》，《北京体育大学学报》2015 年第 6 期，第 30 ～ 34 页。

[108] 张红凤：《西方政府规制理论变迁的内在逻辑及其启示》，《教学与研究》2006 年第 5 期，第 70 ～ 77 页。

[109] 张厚粲：《当前西方心理学主要思潮——认知心理》，《外国心理学》1983 年第 4 期，第 18 ～ 20 页。

[110] 张进才：《从文化学的角度——体育文化基本概念辨析》，《体育与科学》2003 年第 11 期，第 24 ～ 6 页。

[111] 张良桥、冯从文：《理性与有限理性——论经典博弈理论与进化博弈理论之关系》，《世界经济》2001 年第 8 期，第 74 ～ 78 页。

[112] 张锐、胡琪：《美国大学体育联合会的立法分类与程序》，《北京体育大学学报》2003 年第 4 期，第 534 ～ 535 页。

[113] 张天白：《"体育"一词引入考》，《体育文史》1988 年第 1 期，第 14 ～ 16 页。

[114] 张晓慧《对艺术学学科建设的思考》，《教育教学论坛》2017 年第 52 期，第 233 ～ 234 页。

[115] 赵承磊：《生命视域中的体育经济散议》，《上海体育学院学报》2011 年第 7 期，第 22 ～ 25 页。

[116] 赵东平：《美国业余体育法及其对中国的启示》，《暨南学报（哲学社会科学版）》2011 年第 3 期，第 73 ～ 77 页。

[117] 赵睿翔：《数码艺术中的虚拟运动》，《上海工艺美术》2008 年第 2 期，第 106 ～ 107 页。

[118] 赵修涵：《权利冲突视域下公共体育设施使用冲突与解决》，《体育科学》2018 年第 1 期，第 27 ～ 33 页。

[119] 甄媛园、缪佳：《英国体育政策的嬗变及启示》，《西安体育学院学报》2015 年第 3 期，第 264 ～ 269 页。

[120] 周爱光：《体育休闲本质的哲学思考——兼论体育休闲与休闲体育的关系》，《体育学刊》2009 年第 5 期，第 1 ～ 7 页。

[121] 周然毅：《人的本质力量的对象化与美的本质》，《广西师范大学学报（社会科学版）》1992 年第 S1 期，第 22 ～ 24 页。

[122] 周武：《美国职业体育产业政府规制体制探析》，《中国体育科技》2008 年第 3 期，第 52 ～ 58 页。

[123] 周武：《我国职业体育产业政府规制的现状分析》，《上海体育学院学报》2009 年第 2 期，第 6 ～ 10 页。

［124］周毅、庄弼、辛利：《儿童早期发展与教育中最重要的内容：动作教育与综合训练》，《广州体育学院学报》2014 年第 11 期，第 108 ～ 112 页。

［125］朱小龙：《我国体育彩票业政府规制改革思路》，《武汉体育学院学报》2012 年第 12 期，第 34 ～ 38 页。

（三）中文学位论文

［1］董丽：《基本公共服务质量评价问题研究》，吉林大学 2015 年博士学位论文。

［2］姜熙：《比较法视角下的我国体育立法研究——以〈体育法〉修改为切入点》，上海体育学院 2017 年博士学位论文。

［3］刘峥：《新中国体育发展战略的演变（1949—2008）》，北京体育大学 2011 年博士学位论文。

［4］李启迪：《体育政策学构想》，金华，浙江师范大学，硕士学位论文，2005 年。

［5］罗思婧：《体育行业自治与法律规制问题研究》，武汉大学 2014 年博士学位论文。

［6］苗治文：《当代中国体育政策分析》，北京体育大学 2006 年博士学位论文。

［7］唐月娟：《美国非法体育博彩的法律规制研究》，湘潭大学 2016 年博士学位论文。

［8］魏刚：《传统体育养生思想史研究》，苏州大学 2013 年博士学位论文。

［9］张宏宇：《现代体育文化的哲学反思与重构》，苏州大学 2016 年博士学位论文。

二、外文文献

［1］B. J. Cratty, *Psychology of Motor learning*, 2nd Edition, NJ: Prentice-Hall, 1984: 72 – 129.

［2］Mandigo J., Francis N., Lodewyk K., et al., 2009: "Physical Literacy for Educators", *Physi Health Edu J*, Vol. 75, No. 3, pp. 27 – 30.

［3］Zeithaml, Valarie, *Defining and Relating Price, Quality, and Perceived Value, Report* No. 87-101, Cambridge, MA: Marketing Science Institute, 1987.

［4］ Ministry of Education, *Health and Physical Education-The curriculun in action-Moving in Context-Years*7 - 8, Welling-ton, New Zealand: Learning Media Limited, 2003.

［5］ Gellhorn, Pierce, Regulated Industries, St. Paul: West Publishing Company, 1982.

［6］ Landes Posner, 1971: "The Theory of Economic Regulation", *Bell Journal of Economics and Management Science*, No. 1, pp. 3 - 21.

［7］ Mitnick B. M. , *The Political Economy of Regulation*, New York: Columboa University Press, 1980: 7.

［8］ Riply, Franklin, *Policy Implementation and Bureaucracy*, 2nd ed. , Chicago: porsey Press, 1986: 1.

［9］ Meier. K. J. , *Regulation: Policics, Bureaucracy and Economics*, New York: St. Matins Press, 1985: 8.